Paukenschläge aus dem Paradies

Ethel Smyth

Paukenschläge aus dem Paradies
Erinnerungen

Herausgegeben und aus dem Englischen übersetzt von Heddi Feilhauer

ebersbach & simon

Sturmvogel Ethel

Eines Tages, es war zu der Zeit, als mein Bruder Johnny noch lebte, der eine Begabung für Mathematik und ein phänomenales Gedächtnis hatte, versuchten wir Kinder, das Datum unserer frühesten Erinnerungen herauszufinden. Bei mir handelte es sich um einen Sprung aus unserem Ponywagen, während dieser den St.-Mary-Cray-Hügel heraufkroch, und der damit endete, dass ich rücklings auf dem Weg landete. Ich hatte nicht genau zugeschaut und so war mir entgangen, dass Johnny und der Stallknecht immer in Fahrtrichtung absprangen. Auf diese Weise begann meine bewusste Lebensrückschau mit der ersten von einer langen Reihe schmerzhafter Landungen – gar kein schlechter Beginn!

Sidcup Place, in der Gemeinde Footscray in Kent, war ursprünglich ein kleines quadratisches Haus im Queen-Anne-Stil, dessen weitläufiger Garten zur Straße hin von einer hohen, efeubewachsenen Mauer geschützt war. In späteren Zeiten war es durch einen geräumigen Flügel erweitert worden, der sich die Gartenseite entlang erstreckte, wie eine mir damals endlos erscheinende Galerie, in der es sich herrlich toben und herumschreien ließ.

Es gab weiträumige Stallungen, und darüber erhob sich der uralte Kornspeicher, über den uns Kindern erzählt wurde, er sei durch und durch rattenverseucht – und das erfüllte seinen Zweck. Zur einen Seite des Kricketrasens standen eine riesige Akazie in nimmermüder Blüte und eine herrliche Zeder, zur anderen lag der Küchengarten, auf dessen hohe Mauern heimlich hinaufzuklettern und nach verbotenen Früchten zu angeln eine besondere Mutprobe war. Einmal erwischte uns der Gärtner, nahm die Leiter weg und drohte uns mit einer langen Gerte: »Jetzt hab ich euch, ihr Frettchen«, worauf ich Johnnys Beispiel folgte und, so klein ich auch war, in die rettende Tiefe sprang. Zwischen herabhängenden Weiden schipperten wir in Fässern und Bottichen auf dem Ententeich herum, an dessen Ufer Johnny und meine große Schwester Alice zusammen mit einem Freund in einer alten Ulme nach dem Vorbild des allseits beliebten Romans ›Die Schweizer Familie Robinson‹ von Johann Wyss ein Baumhaus gebaut hatten, was uns den Spitznamen ›The Smyth Family Robinson‹ einbrachte. Es hatte einen festen Boden und es gab jede Menge Bücher – wenn wir besonders brav waren, durften wir dort oben sogar Tee trinken.

Mein großer Bruder Johnny war mein Vorbild, denn ich bevorzugte seine Jungenspiele – eine Vorliebe, der er mit einer Mischung aus Missbilligung und Herablassung begegnete. Ich bemerkte bald, dass ich höher kletterte und waghalsiger war als er, was unsere Sympathie füreinander zuweilen etwas eintrübte; vielleicht fand er auch meine Art, wegen der mich meine Mutter ›Sturmvogel‹ nannte, viel zu ungestüm, denn er war ruhiger und gesitteter.

Ich erinnere mich noch besonders gut an zwei Geschichten. Einmal versprach mir ein Schulfreund von Johnny ein Sixpencestück, wenn ich auf Fairylight, unserem kräftigen, muskulösen Hausschwein, über den Hof reiten würde. Aus irgendeinem Grund waren wir alle gerade blitzsauber, gestärkt und herausgeputzt, und als ich nach meiner

Landung auf dem Misthaufen von der erbosten Kinderfrau in das Arbeitszimmer meines Vaters gezerrt wurde, geriet er völlig außer Fassung.

Ein andermal bestach ich, ebenfalls mit Sixpence, einen der Viehzüchter, damit er mich beim Schweineschlachten zusehen ließ – was meinen großen Bruder zutiefst erschütterte, denn ein solcher Anblick war doch reine Männersache! Das folgende Donnerwetter war im Prinzip überflüssig, denn noch Monate danach wurde ich grün im Gesicht, wenn ich irgendwo ein Schwein quieken hörte.

Ich glaube, wir waren ein ziemlich aufsässiger und streitlustiger Haufen. Mein Vater heftete sogar einmal einen Zettel an die Wand: »Wenn du nichts Nettes zu sagen hast, dann halt gefälligst den Mund!« Ein Diktum, das zwar ein hervorragendes Erfolgsrezept für den gesellschaftlichen Umgang war, aber völlig unbrauchbar in einer Kinderstube wie der unsrigen, in der die unvermeidlichen Wortgefechte fast immer zu Handgreiflichkeiten führten – wir liebten den offenen Kampf. Ich erinnere mich sogar daran, meine Schwester Mary mit einem Messer am Kinn verletzt zu haben, worauf sie mich mit einer Gabel bedrohte, die meinem Auge gefährlich nahekam.

Wir wurden natürlich für unser Benehmen zur Rechenschaft gezogen und des Öfteren hart bestraft, wobei Ohrfeigen damals als ungefährlich galten und von meiner Mutter mit ihrem Sinn fürs Dramatische perfekt eingesetzt wurden. Mit zusammengepressten Lippen holte sie aus, hielt die Handfläche nahe vor unsere Augen, so als wolle sie sagen: »Schau sie gut an! Gleich wirst Du sie zu spüren bekommen« – und peng hatte man eins auf die Ohren bekommen!

Die einzige der sechs Smyth-Töchter jedoch, die einmal richtig verprügelt wurde, war ich. Es geschah, nachdem ich beim Stibitzen von Malzbonbons erwischt worden war und dennoch den Diebstahl hartnäckig leugnete. Mein Vater schlug mit Großmamas Stricknadeln zu, den langen mit dem Elfenbeinknopf an einem Ende. Er war eigentlich kein brutaler Mann und die Gegner der körperlichen Züchtigung werden sagen, dass es die Schläge selbst waren, die ihn immer mehr in Rage brachten, denn als ich schrie, sagte er nur: »Je mehr Lärm du machst, desto mehr schlage ich zu.« Und er schlug so hart zu, dass Alice, die bei einer Tante zu Besuch gewesen war, noch nach zwei Wochen beim Baden die Striemen bemerkte. Ich sagte ihr, sie kämen vom Sitzen auf meinem Reifunterrock. Noch Jahre später war meiner Mutter der Gedanke an diese Züchtigung unerträglich, aber ich für meinen Teil kann sagen, dass sie keine tiefe Verletzung bei mir hinterlassen hat.

Es wird niemanden verwundern, dass ich nichts für Puppen übrighatte, aber eigenartigerweise galt das auch für meine ältere Schwester Mary. Natürlich besaßen wir welche, aber sie waren meist unter strikter Quarantäne, weil wir ihnen immer hoch ansteckende Krankheiten andichteten. Die Tatsache, dass sie uns einfach nur langweilten, hätte zu viele Diskussionen heraufbeschworen, also erschien uns dies der plausibelste Grund, um die Puppen loszuwerden.

Damals wurde oft mein geliebtes Kricket gespielt, aber leider nicht auf Kindergeburtstagen. Ich hasste diese Gartenpartys, denn man wurde zu den unpassendsten Tageszeiten furchtbar fein gemacht, musste sich wie eine kleine Lady benehmen und nur dumm herumstehen; was bedeutete, dass der männliche Teil der Gesellschaft, der im Privaten nicht ohne uns auskam, uns in der Öffentlichkeit einfach überging – genau wie das viel später während der langen Kämpfe für das Frauenwahlrecht der Fall war. Und man kann sich vorstellen, wie sehr das schon damals einen *tomboy*, ein burschikoses Mädchen wie mich, geärgert hat.

Die folgende Episode aus meiner Kindheit wurde aus dem ersten Teil meiner Autobiografie, die während des Krieges 1917 in Paris erschien, auf ausdrücklichen Wunsch des englischen Verlegers, der dort auf Fronturlaub war (und vielleicht noch unter dem Kriegstrauma litt) gestrichen, obwohl zwei gute Bekannte ihn beschworen, sie unbedingt zu veröffentlichen, weil sie so herrlich komisch sei.

Wir Puritaner verschließen für gewöhnlich jegliche einsilbigen oder sonst haarsträubenden Wörter tief in unserer Brust. Aber nun, fast zwanzig Jahre später, versichern mir meine literarischen Freunde, dass die Prüderie der Vergangenheit angehört. ›Stimmt das wirklich?‹, fragte ich mich, gab es da nicht vor Kurzem diese Verurteilung eines Lyrikers, dessen Verleger seine Gedichte aus eben diesem Grund nicht nur ablehnte, sondern ihn schließlich hinter Gitter brachte? Und in mir steigt das Bild einer Dame von unvorteilhaftem Äußeren auf, wie sie für ihre Ausdrucksweise, die alles andere als ladylike ist, an den Pranger gestellt wird. Aber das wäre doch etwas – mit einem Doktortitel in Musik unerkannt vorgeladen zu werden! Inmitten dieser hinreißenden Roben bei Gericht zu sitzen, so ganz dem Protokollbüro des Lord Chamberlain zu entsprechen …

Risiko oder nicht, welche Konsequenzen auch folgen mögen, ich kann diese Geschichte, auch ›Der Wasserfall‹ tituliert, nicht länger für mich behalten: Wie die meisten kleinen Mädchen beneidete ich die Jungen in vieler Hinsicht, aber hauptsächlich wegen ihrer Kleidung, die jene Schwierigkeiten oder Gefahren gar nicht erst aufkommen ließ, die das Leben ihrer athletischen Schwestern überall und immer behinderten. Was für ein Segen, beim Bäumeklettern nicht dem Risiko ausgesetzt zu sein, plötzlich an deiner Schärpe mitten in der Luft festzuhängen; oder über einen Schubkarren zu springen, ohne dass sich dein Zeh im Kleidersaum verfängt; oder ungehindert von Unterröcken durchs Gebüsch zu kriechen; oder hinzufallen, ohne der zusätzlichen Blamage darüber ausgesetzt zu sein, was unsere französische Gouvernante eine entblößende ›exposition geben‹ nannte! Wie wunderbar müsste ein Leben ohne Haken und Ösen und Bänder und Nadelschließen sein, ein Leben, das nur auf soliden Knöpfen beruhte!

Wir Kinder liebten das Verkleiden, das Herumwühlen in unserer großen Kleiderkiste von ›grandeurs‹, in der es alte Ballkleider, Kränze und Flitter meiner Mutter gab, alte Überbleibsel aus Vaters Militärzeit sowie Federn, Bärte, abgelegte Sachen von uns und vieles mehr.

An einem kalten Tag in den Herbstferien, an dem wir uns, wie es unser Fundus hergab, Fenimore Coopers Wildwestgeschichten angenähert hatten, stürzten wir allesamt mit Kriegsgebrüll in den Garten.

Ich hatte mir Sachen von meinem Bruder ausgesucht, die ich besonders bewunderte. Er war zwölf und ich erst acht und meine Idee wurde als herabwürdigend für die Manneskleidung angesehen, bis ich meinem Outfit eine goldverzierte Kappe der Nachschub-Artillerie und eine tiefrote Bauchbinde hinzufügte und damit gnädig zum Buschpolizisten ernannt wurde.

Meine Aufgabe war es, mich in den Büschen versteckt

zu halten, um den Apachen aufzulauern. Aber sehr bald kam der Moment, in dem brave kleine Mädchen erklären, dass sie ihr Taschentuch im Haus vergessen hätten und ganz schnell wieder zurück wären. Nicht so diese Buschpolizei. Jetzt war die Chance gekommen, den größten aller Vorteile männlicher Kleidung auszuprobieren: Hatte ich nicht gesehen, wie mein Bruder hinter einem Baum verschwand – um im Nu wieder aufzutauchen und harmlos dreinzuschauen, als habe er nach einem Vogelnest Ausschau gehalten?... Die Apachen schienen schon schwächer zu werden ... also keine Zeit mehr zu verlieren ... ich sprang schnell tiefer ins Gebüsch ...

Oh Graus! Mitten in die niederschmetternde Erfahrung hinein, wie wenig meine Vorstellung der realen Situation entsprach, ertönten mit dem Getrampel heraneilender Schritte die Rufe: »Ethel! Sammel Holz, wir bauen ein Wigwam, schnell, schnell, wir brauchen Holz!«

So gut wie erwischt in einer schockierenden Lebenslage, viel zu durcheinander für eine Ausrede, warum ich nicht ins Haus gelaufen war, wurde ich in meinem ganzen Elend dazu verdonnert, den Rest des eisigen Nachmittags meinen älteren Geschwistern Zweige anzureichen. Ich glaube, selbst der strengste Moralist muss zugeben, dass das Strafmaß weit über die Schwere der Verfehlung hinausging.

Die Tat wurde nie öffentlich gemacht; in Fällen wie diesen besitzen Kinder eine unendliche Findigkeit. So seltsam es für ein Landkind wie mich klingen mag, es dauerte noch Jahre, bevor ich wirklich begriff, warum dieses Experiment unweigerlich danebengehen musste. Kinder können sehr unaufmerksam sein, und das verhielt sich bei mir so.

Ich will nur hinzufügen, dass, um möglichen Missverständnissen vorzubeugen, vielleicht schon früher hätte ausdrücklich gesagt werden sollen, dass unser Wigwam genau an der Stelle gebaut wurde, an dem ein kleines Bächlein sich gurgelnd in den Teich ergießt. Und das ist der Grund – der einzige Grund –, warum diese Story später unter dem Titel ›Der Wasserfall‹ im *New Statesman* erschien. Der Herausgeber hat mir übrigens freundlicherweise eine Leserzuschrift zugeleitet, in der es heißt: »Es könnte Dame Ethel Smyth interessieren, dass das walisische Wort für Wasserfall *Pistyll* ist ...«

In dieser Phase meiner Kindheit hatte ich großen Respekt vor meinem Vater, aber meine Mutter vergötterte ich. Oft lag ich schlaflos im Bett und weinte bei der Vorstellung, dass sie einmal alt werden und weniger hübsch sein könnte. Abgesehen davon machte eine wilde Zuneigung zu älteren Mädchen und Frauen einen großen Teil meines Gefühlslebens aus, und ich steigerte mich in diese Liebesqualen noch hinein, indem ich mir vorstellte, wie eine schreckliche Krankheit mir das Objekt meiner Leidenschaft entreißen würde. Ob das einfach Morbidität war oder die frühzeitige Intuition einer Wahrheit, wie sie von den Dichtern seit jeher beschrieben wird – von Jonathan und David bis Tristan und Isolde –, nämlich, dass Liebe und Tod Zwillinge sind, das weiß ich nicht. Nur, dass strotzende Gesundheit mich nicht von dieser Idee abhalten konnte. So verehrte ich zum Beispiel Ellinor B., eine kräftige junge Frau, die mit der Hundemeute jagte, eine fantastische Bogenschützin war und lauthals im Kirchenchor sang: Ein kerngesunderes Beispiel einer jungen Frau hätte man nicht finden können. Dennoch war ich überzeugt, sie würde demnächst von der Schwindsucht dahingerafft. Als ich meine Besorgnis einem älteren Bekannten mitteilte, meinte der jedoch fachkundig: »Es ist wohl möglich, dass sie vor lauter Sucht dahinschwindet, aber nicht in dem Sinn, den du meinst!«

Meine Mutter war sehr sprachbegabt. Sie sprach fließend Französisch, denn sie hatte, bis zu deren Mesalliance, bei meiner geheimnisumwobenen Bonne Maman in Paris gelebt, von der es unter anderem hieß, sie sei sehr schön gewesen, habe eine wunderbare Stimme gehabt und in ihrem Salon Chopin persönlich empfangen. Zudem konnte meine Mutter Deutsch, Italienisch und Spanisch, obwohl sie diese Länder nie besucht hatte, und sie hatte in den Jahren, in denen mein Vater in Indien stationiert war, dort Hindustani gelernt. Außerdem besaß sie eine außerordentliche, angeborene Musikalität. Alte Freunde sagten immer, dass ihr Gesang in der Jugend Steine zum Schmelzen gebracht hätte, was ich sehr wohl glaubte, denn obwohl sie später vieles davon verloren hatte, blieb noch genug zurück, sodass ich ihr ganz besonderes, bewegendes Timbre kennenlernen konnte.

Was meine eigene Musikalität betrifft, so erinnere ich mich an kein ernsthaftes Interesse, bevor wir nach Frimhurst umzogen. In Sidcup habe ich jedenfalls noch nicht komponiert, aber Mary und ich sangen einfache, kleine Duette, wobei ich die zweite Stimme und das Klavier übernahm. An der Art meiner Begleitung hätte man vielleicht meine Begabung erkennen können, aber dazu wäre ein kundigeres Ohr nötig gewesen als das meiner Mutter, die keine fachliche Ausbildung hatte. Das Transponieren in eine andere Tonart und das Spiel nach Gehör geschahen bei mir ebenso selbstverständlich wie bei ihr, und so habe ich sie damit nicht beeindruckt. Vielleicht dachte sie auch, ich sei schon selbstsicher genug, als dass man von diesem Punkt viel Aufhebens machen sollte. Also spielte die Musik zunächst keine große Rolle für mich.

Der Umzug war nötig geworden, weil mein Vater, Generalmajor Smyth, der nach der Rückkehr von seinem Einsatz in Indien den Posten des Kommandeurs der Königlichen Artillerie in Aldershot erhalten hatte, den Dienst quittierte. Es war im Jahr 1872, als einigen wohlverdienten Offizieren seines Ranges die Möglichkeit geboten wurde, sich mit der Beförderung zum General und der stattlichen Generalspension in den Ruhestand zu begeben. Da er eine große Familie zu versorgen hatte und seine nächste Versetzung ihn wahrscheinlich wieder nach Indien geführt hätte, nahm mein Vater das Angebot an und kaufte Frimhurst, das in der Gemeinde Frimley liegt, einige Meilen entfernt von Farnborough; dort lebten wir bis 1894.

Es war eine kluge Entscheidung, dass der alte Soldat seinen zivilen Wohnsitz nicht zu weit entfernt von seinen weiterhin aktiven Kameraden wählte; ich glaube, er liebte es, dass einige seiner früheren Untergebenen, die inzwischen weiter die Leiter hinaufgestiegen waren, ihm immer noch mit Verehrung begegneten. Er konnte sogar nicht weit von unserem neuen Grundstück manche Übungseinsätze beobachten; und da er nicht zu den Veteranen gehörte, die stets der Meinung sind, dass alles den Bach heruntergeht, nur weil sie ausgeschieden sind, führte er mit den Mitgliedern seiner alten Einheit die lebhaftesten Unterhaltungen über technische und sonstige Verbesserungen und Neuheiten in der Armee.

Der Kontakt zu den ›nice people‹ in der Umgebung von Frimley wurde gewissenhaft gepflegt. Nachbarschaft und

Unterhaltung wurden, wie der sonntägliche Kirchgang, als Pflichtübung betrachtet; wer einen Garten hatte, gab Gartenpartys, wer es sich leisten konnte, gab Dinnerpartys, wo nach dem Essen schreckliche musikalische Darbietungen stattfanden. Einer unserer ›nice people‹-Nachbarn erschien zu jeder Einladung mit seinem Kornett, auf dem er ›Ah, che la morte ognora‹ aus Verdis *Troubadour* zum Besten gab, wozu seine Frau sanft lächelte; sie erzählte immer, dass sie sein Kornett auch deshalb so schätze, weil der Transportkoffer ihr in der Kutsche die Füße so schön vor der kalten Luft schützte.

Ich weiß noch, dass eine gewisse, unausgesprochene moralische Rigorosität vorherrschte. Über ein Ehepaar ging das Gerücht, dass vor langer Zeit die Dinge zwischen den beiden nicht so waren, wie sie sein sollten. Er war das ziemliche Gegenteil eines Schwerenöters, ein dicklicher, einfältig aussehender Kerl, sie hochgewachsen und elegant. Beide befleißigten sich eines unterwürfigen, fast entschuldigenden Tons, was nur rechtens war, wie man fand, denn es gab da wohl etwas Undurchsichtiges, wenn überhaupt ... und es war schon so lange her, dass man nicht mehr so recht wusste ... aber der dunkle Fleck blieb. Immerhin, sie lebten mitten unter uns, kinderlos, mittelalt und eng verbunden in ehelicher Gemeinschaft. Nichtsdestoweniger war die Ausgrenzung ihr Schicksal geworden, eine zwar gemilderte, aber unabänderliche. Zu großen Gartenpartys wurden sie eingeladen, zu kleineren so gut wie nicht, zum Dinner niemals. Doch, einmal hat die ehrenwerte Mrs. Soundso, die Frau des Offiziers der Führungsakademie, deren Namen ich vergessen habe, aber deren freundliches Herz ich noch nachträglich preise, diese Außenseiter tatsächlich zum Dinner gebeten. Und damit schossen ihre Aktien durch die Decke. Doch da die ehrenwerte Mrs. Soundso zu den Zugvögeln der Garnison gehörte, konnte ihre Extravaganz nach ihrem Weggang nicht die gefestigte Meinung der eingesessenen Gemeinschaft ändern; das arme Ehepaar wurde wieder »auf Eis gelegt«.

Frimhurst wurde nach dem Kauf erweitert, wir durften nie nach den Kosten fragen, die die Schätzungen wohl weit übertrafen. Es wurde sogar ein Sandplatz für Tennis angelegt (dummerweise lag ein Abwasserkanal in der Nähe, sodass mein Vater bei einer bestimmten Windrichtung immer von einem ›herzhaften Stink‹ sprach). Da wir nun wohlhabender waren, kaufte er einige Pferde hinzu, es wurden Zäune gesetzt, und er ermutigte, nein, drängte uns geradezu, uns mit den Pferden auf den angrenzenden Feldern nach Herzenslust auszutoben. Marys Sache war das überhaupt nicht, aber als sie unter meines Vaters Zurufen immer schneller ritt und zweimal stürzte, hielt er sie sofort wieder dazu an, erneut aufzusteigen. Ein Elternteil, das seine Kinder mehr ermutigte, Risiken einzugehen, als er es tat, kann man sich kaum vorstellen. Er traute uns viel zu und wusste, wir konnten auf uns aufpassen; wenn wir wieder einmal nach einem unserer notorischen Unfälle von einem halsbrecherischen Wagenrennen zurückkamen, fragte er immer als Erstes: »Das Pferd ist doch nicht verletzt?«

Nach seiner Pensionierung entwickelte mein Vater ein stärkeres Interesse an den landwirtschaftlichen Möglichkeiten unseres Hauses, denen die Schönheiten des Blumengartens zum Opfer gefallen wären, wenn meine Mutter keinen Einspruch erhoben hätte; sie schätzte zwar frische

Sahne und Eier, aber sie hatte etwas dagegen, dass die Hühner überall herumscharrten und die Kühe alles zertrampelten. Eine unserer Jersey-Kühe gab unübertroffen viel Milch, so viel wie zwei andere zusammen, allerdings nur unter der Bedingung, dass sie sich eines uneingeschränkten Daseins erfreuen durfte. Manch eine Morgenandacht der Hausgemeinschaft musste mein Vater, der von seinem Lesepult die ungehinderte Aussicht auf den Rhododendron hatte, mit einem geflüsterten »Schnell, Boy – die Kuh!« unterbrechen, worauf der eben noch kniende Knecht sich auf Zehenspitzen hinausschlich. Und wieder wurde ein ›Vater Unser‹ mit lauten Warnrufen durchsetzt und mit Schlägen verstärkt. Diese Jersey-Kuh war eine ganz eigene Persönlichkeit. Sogar im kältesten Winter verweigerte sie den Stall und bestand darauf, im tiefen Schnee herumzuwandern, gut eingepackt in Sackleinen. In einem Winter erschien sie auf einmal in einem neuen Kostüm, einem schönen Aubusson-Teppich, der kein bisschen abgenutzt war; meine Mutter hatte sich an ihm sattgesehen und ihn voreilig im Stroh abgelegt, wo ihn der Stallknecht an sich genommen hatte, nicht, um ihn selbst zu benutzen, sondern für seine Jersey. Das Muster setzte sich aus lauter Kornähren und blühenden Zweigen zusammen – und wir Kinder glaubten fest daran, dass die Kuh auf diese Weise meinte, es sei Sommer, und daher mehr Milch gab.

Die Zeit in unserem neuen Haus Frimhurst teilt sich für mich in zwei Epochen, die der Gouvernanten und die der Mädchenschule. Unsere englischen und deutschen Gouvernanten bilden vor meinem inneren Auge eine lange, triste Prozession meist hässlicher, von chronischen Magenbeschwerden oder schlechter Laune geplagter Damen, denen es nur sehr bedingt gelang, den Unterricht spannend oder gewinnbringend zu gestalten. Wir waren sicher schwierige Schüler, frech und renitent, aber wir waren auch aufgeweckte Kinder.

Bis auf eine, die, ohne es wirklich zu beabsichtigen, meinen Lebensweg bestimmte, waren all unsere Erzieherinnen ziemliche Dilettanten. Das ganze Gouvernantensystem erscheint mir heute grässlich und ineffektiv, sogar als Kind bedauerte ich diese armen, unwilligen Eindringlinge in den familiären Kreis.

Als ich zwölf Jahre alt war, erschien ein ›neues Opfer‹ für unsere Streiche, doch diese Erzieherin hatte am Leipziger Konservatorium studiert, und sie war es, die mir die klassische Musik näherbrachte. Ich fing an, die leichteren der Klaviersonaten von Beethoven einzuüben, und damit betrat ich eine ganz neue Welt. Meine wahre Veranlagung war mir eröffnet worden, und ich fasste auf der Stelle den Entschluss, den ich dann sieben Jahre später umsetzte, in Leipzig zu studieren und mein Leben ganz der Musik zu widmen. Sofort erzählte ich allen von meinem Plan. Niemand nahm ihn ernst, was mich aber nicht störte – ich wusste, mein Traum würde irgendwie und irgendwann wahr werden, ich hatte keine Eile, denn mein Entschluss stand felsenfest. Ach, wie sehr habe ich später diese sieben verschwendeten Jahre bereut!

Kurz darauf wurden Mary und ich in ein Internat nach Putney geschickt, wo wir bis 1875 blieben. Es war unseren Eltern wärmstens von Mrs. Longman, der Gattin des bekannten Verlegers, empfohlen worden, und die Direktorin überzeugte meine Mutter vollends, als sie durchblicken ließ, dass die Töchter eines Baronet und anderer Honoratioren ihre Schule besuchten.

Mein Schulleben erscheint mir rückblickend wie ein geschlossener Block, es heben sich nur einige Details heraus. Natürlich vervollständigte ich den »Katalog meiner Passionen«, jener Liste von über hundert Mädchen und Frauen, die ich, wäre ich ein Mann gewesen, um ihre Hand gebeten hätte. Auf einem der Ausflüge, bei denen wir immer zu zweit Hand in Hand gehen mussten, klopfte mein Herz zum Zerbersten, als wir am Haus von Jenny Lind vorbeikamen. Die Berichte über ihre herausragende Stimme im *Punch* und von meiner Mutter hatten sie längst zu meiner angebeteten Heldin gemacht, und hätte mir damals jemand erzählt, dass ich diese schrecklich beeindruckende ›schwedische Nachtigall‹ einmal persönlich kennenlernen würde, wäre das Schulmädchen, das ich war, sicher völlig verrückt geworden. Für die Fächer Musik, Zeichnen, Astronomie und Chemie kamen eigens Lehrer aus London. Ich hatte begonnen zu komponieren, den Schwestern zu Hause meine Lieder und Hymnen beizubringen und dem Musiklehrer, Herrn A. S., meine Kompositionen zu zeigen. Ich glaube, ein Teil seines Lehrvertrages bestand darin, dass er seine eigenen Werke an die Eltern zu einem kleinen Preis verkaufen durfte; ich fand sie ziemlich uninteressant und schaute sie nicht einmal an, was nur verständlich ist, da ich mich bereits mit Schumann, Schubert und Beethoven beschäftigte.

Mary und ich meinten, dass wir im Großen und Ganzen doch einiges im Internat gelernt hatten, wobei ich immer noch denke, dass es sich dabei im Wesentlichen um das Strümpfestopfen und Einsortieren sauberer Laken in den Schrank handelt – nämlich immer schön unter den Wäschestoß, was ich auch beibehielt, als ich selbst ein Haus mein Eigen nannte. Und was das Stopfen betrifft – es ist doch viel mehr als nur nähen, es ist wie Brücken errichten und Häuser bauen (denn so erstellst du Putzträger für den Putz eines Gewölbes) oder wie Gartengestaltung (denn so kannst du etwas heranziehen, wo vorher nichts wuchs). Kurzum, es hat den Charme von all diesen Tätigkeiten, die mit der Formel beginnen: »Bei einer Öffnung beginnt man mit …«, und die ich tunlichst vermeide.

Gegen Ende der Schulzeit zählte Mary nicht nur jenen umschwärmten blonden Oxfordstudenten mit den grauen Augen, sondern viele weitere zur Schar ihrer glühenden Verehrer, wobei sie auch ihre früheren nicht vergaß. Johnnys langjähriger, enger Freund Maunsell B. brachte sich ernsthaft in Stellung und verlobte sich heimlich mit ihr – was seine Mutter Mrs. B. in höchste Aufregung versetzte, als sie zu ahnen begann, was da vorging; zwar war sie mit unserer Mutter befreundet, aber sie hatte nicht die Absicht, ihren geliebten einzigen Sohn ein Mädchen mit begrenzten Mitteln ehelichen zu lassen. Bekanntlich hatte mein Vater nach Beendigung seines Dienstes durch den Zusammenbruch der argentinischen Agra Bank leider einen Großteil seiner Ersparnisse verloren, nun ein geschmälertes Einkommen und sechs Töchter zu verheiraten! Aber in diesem Moment war Mrs. B. weit weg, und Mary und Maunsell saßen in der Abenddämmerung auf dem Sofa und baten um sanfte Musik. Und da ich, wie schon bemerkt, allen Liebesaffären wohlgesonnen war, entsprach ich ihrem Wunsch mit dem ersten Satz der *Mondscheinsonate*, der die emotionale Situation in besonderer Weise aufzunehmen schien. Wer auch immer meine musikalischen Darbietungen nicht zu schätzen wusste, diese beiden gehörten sicher nicht dazu.

Es kam der von mir lange gefürchtete Tag, an dem Mary ihr Debüt hatte und das Internat verließ. Das war schrecklich, aber schließlich gaben meine Eltern meinem Drängen nach, und ich durfte die Schule vorzeitig beenden; für die bereits gezahlten Gebühren nahm meine bedauernswerte Schwester Nina meinen Platz ein. Nun wurde ich zu Hause von meiner Mutter in Italienisch unterrichtet, was wir beide genossen, denn sie war eine famose Lehrerin. Ich unterzog mich außerdem dem lokalen Cambridge-Examen, fiel aber wegen schwerwiegender Mängel in Mathematik durch. Johnny ging wortlos darüber hinweg, aber unser stets herziger Cousin schrieb mir eine reizende Beileidskarte, auf der er seiner großen Freude Ausdruck verlieh, dass ich nun M. A. hinter meinen Namen setzen könnte, ›Mathematik Ausfall‹ – was ich gar nicht lustig fand.

Dann zog der Sommer von 1875 herauf, der die am meisten geliebte Tochter Alice aus dem Haus führen sollte – und in dem meine Mutter gleichzeitig den entsetzlichsten Kummer ihres Lebens erlebte. Alice war verlobt mit Harry Davidson, einem jungen Schotten, und die beiden warteten auf seine anstehende Beförderung, um zu heiraten, als auch Mary sich verlobte. Nicht etwa mit Maunsell B., sondern mit Charlie Hunter, dem Bruder einer Schulkameradin; im Juli war die Doppelhochzeit geplant und die Einladungen bereits verschickt. Da verschlechterte sich Johnnys Krankheit plötzlich dramatisch. Nach einem Reitunfall war er bereits seit Langem an den Rollstuhl gefesselt und das hatte zu monatelangem Siechtum geführt. Nun hatte sich ein Tumor in seinem Kopf gebildet, der zu platzen drohte. Seine letzten klaren Worte waren: »Lasst meine Krankheit nicht die Heirat der Mädchen aufhalten!«

Da man jedoch hoffte, dass er noch eine Weile unter uns bliebe, hatten wir zwar die Einladungen zum Hochzeitsfest abgesagt, aber die Eheschließungen fanden früh morgens in der Kirche von Frimley statt – mit mir als einziger Familienangehöriger. Die beiden Bräutigame fuhren buchstäblich von der Kirchentür zurück nach London, nur um ein paar Tage später zu Johnnys Beerdigung wieder zurückzukommen. Als er starb, waren die Mädchen bei einer freundlichen Nachbarin, und Nelly erzählte, dass die Mutter sie tränenüberströmt mit der Nachricht an der Haustür empfing und dennoch versuchte, sie anzulächeln. Ein Bild des Jammers, das sie nie wieder verlassen hat.

Dies war meine erste Begegnung mit dem Tod, und sein fremdes, hartes Gesicht rief Schrecken und Schmerz hervor. Am Tag nach der Beerdigung fuhren die beiden jungen Ehepaare davon, und ich war fortan die Älteste der Geschwister im Haus.

Während all der Zeit, ob in der Schule oder zu Hause, hatte sich mein Lebensziel, wiewohl mitunter verdunkelt, doch niemals gewandelt. Es verhielt sich mit ihm ähnlich wie mit dem Basso Ostinato, der, bisweilen an eine weniger auffällige Position inmitten der anderen Stimmen tritt, wie mich meine Musikstudien gelehrt hatten, und es daher für weniger Kundige so scheint, als sei er ganz verschwunden.

Ich spielte in Gedanken die verschiedenartigsten Lebensentwürfe durch, wie zu heiraten, zu reisen, zum Katholizismus zu konvertieren oder sogar Nonne zu werden. Letzteres erscheint mir heute wie ein Fantasiegebilde, aber damals, gleich nach meiner Konfirmation, war ich der festen Überzeugung, und bin es in einem anderen Sinne immer noch, dass nur eine einzige Sache wirklich zählt – dein Verhältnis zu Gott. Und wenn dem so ist, wie steht es mit deinem Gehorsam gegenüber den Eltern? Ich wusste, dass mein Vater mir niemals gestatten würde, ins Ausland zu gehen, und sei es auch nur aus ökonomischen Gründen. Ich sah völlig ein, dass es einen Unterschied machte, einer verheirateten Tochter eine Mitgift mitzugeben, für deren Zukunft er nicht mehr verantwortlich war, oder auf unbestimmte Zeit die unproduktive Marotte einer unverheirateten zu finanzieren. Ich konnte mir gut vorstellen, dass er mich als Versagerin sah, die sich zu spät auf dem Heiratsmarkt zeigte und deren Lebensunterhalt er zwangsläufig weiterhin würde finanzieren müssen; und das bei seinem Einkommen, das zwar die Kosten seines eigenen Haushalts deckte, aber nicht sehr viel mehr!

Und dennoch, inmitten meiner Zukunftsszenarien, die kamen und gingen, wurde der Basso Ostinato immer lauter, die Wiederholungen drängten immer mehr nach vorn. Ich ließ Bemerkungen fallen, bemühte mich, dem Vater meinen unverrückbaren Wunsch zu übermitteln, aber er würgte alle Anspielungen mit dem Geraschel seiner *Times* ab und murmelte nur: »Verdammter Blödsinn.« Und obwohl meine Mutter ihn selbstverständlich unterstützte, hatte ich das Gefühl, dass sie heimlich auf meiner Seite war.

So wie die Gouvernante, die mir einst klassische Musik vorgespielt hatte, der erste Meilenstein auf meinem Weg war, tauchte nun ganz plötzlich, als ich am wenigsten mit etwas Dramatischem rechnete, der zweite auf: Zu meiner großen Begeisterung wurde Alexander Ewing, Offizier und Komponist des allseits bekannten Kirchenlieds

Jerusalem the Golden in Aldershot stationiert, zusammen mit seiner Frau Judy, der Verfasserin der Kindergeschichten in *Aunt Judy's Magazine*! Nach dem etwas armseligen Herrn A.S. würde ich endlich einem wahren Musiker begegnen. Und ich behielt recht; zudem stellte sich Mrs. Ewing als eine der liebenswürdigsten, originellsten und verschmitztesten Personen der Welt heraus! Meine Mutter und Mrs. Ewing wurden sofort ein Herz und eine Seele, und wir Kinder durften sie Tante Judy nennen. Sie war dem anderen Geschlecht sehr zugetan und hatte gleichzeitig mit zweien oder dreien der Offiziere der Royal Engineers, die als die Intellektuellen in der Britischen Armee galten, einen diskreten, harmlosen Flirt, der natürlich auf rein geistigem Austausch beruhte. Das fand allerdings gar nicht meine Zustimmung, vermutlich aus Eifersucht, denn sie war sofort zu meiner »Passions«-Königin im Katalog der Leidenschaften geworden. Und Mr. Ewing wollte mich tatsächlich unbedingt spielen hören und meine Kompositionen sehen – worauf er unserem gesamten kleinen Universum mitteilte, dass ich die geborene Musikerin sei und sofort unterrichtet werden müsse.

Mein Vater schäumte vor Wut; er konnte meinen neuen Freund nicht leiden, denn er sah voraus, dass die Leipzig-Idee nun wiederbelebt und von einem Kenner unterstützt werden würde. Was ihn endgültig in Rage versetzte, war, dass Mr. Ewing anbot, mich selbst in Harmonielehre zu unterrichten. Unterstützt von Mrs. Ewing, die große Stücke auf ihres Mannes Urteil hielt, wechselte meine Mutter an diesem Punkt offen auf meine Seite. Also wurde beschlossen, dass ich zweimal wöchentlich nach Aldershot fuhr, um meine Übungen von Mr. Ewing begutachten zu lassen.

Diese Praxisstunden waren die Highlights meines damaligen Lebens. Die Ewings wohnten in einem der Holzhäuser, aus denen die gesamte Garnison, mit Ausnahme der Kasernen, bestand; im Sommer stickig und im Winter eisig, besaßen sie dennoch großen Charme, und das Ewing-Haus hatte sogar einen Garten, den die Hunde- und Pflanzenliebhaber sehr genossen. Ich brachte der von mir angehimmelten Tante Judy oft einen selbst gepflückten Strauß ihrer Lieblingsblumen mit, wenn ich um elf Uhr zum Unterricht erschien. Mein Lehrer analysierte stets auch meine Kompositionen, und ich spürte, wie seine Kritik bei aller Gnadenlosigkeit fundiert und gehaltvoll war. Mit seinen Fingern, die eher für die Orgel als für das Klavier geschaffen waren, und seiner harten, knarzigen Stimme schlug und brüllte er sich durch die Szenen von *Lohengrin* und dem *Fliegenden Holländer*, um mir Wagner nahezubringen. Ich erinnere mich, dass ich Beethoven und andere Komponisten lieber hatte, aber dennoch faszinierte mich die Oper als Kunstform, was bis zu meiner Leipziger Zeit im Hintergrund blieb – aber ich schrieb in mein Tagebuch, dass es mein größter Wunsch sei, vor meinem vierzigsten Lebensjahr eine Oper in Deutschland zur Aufführung zu bringen. Und er sollte wahr werden! Nach dem Lunch korrigierte Mrs. Ewing mitunter meine kleinen Artikel, die ich für ein lokales Blättchen schrieb, und meinte wohlwollend, sie könnte aus mir eine Schriftstellerin machen, wenn ich mich etwas anstrengte, aber ich spielte lieber mit den Hunden oder unterhielt mich mit den Ewings, während sie im Garten arbeiteten. Aber letztendlich wurde Officer Ewing – ›that fellow‹, wie mein Vater, der nie aufhörte, ihn misstrauisch zu beäugen, ihn zu nennen pflegte – an einen anderen Standort versetzt.

Danach folgte ich der Einladung von Colonel O'Hanlon, einem Freund meines Vaters, zu seiner Familie nach Irland, wo ich viel mit dessen Tochter zu Pferd unterwegs war, die zu seinem Stolz eine bessere Figur im Sattel machte als jedes andere irische Mädchen. Seine freundliche Frau gab mir den gut gemeinten Rat, dass da ein gewisser, benachbarter junger Gutsherr nicht uninteressiert scheine und ich nur den kleinen Finger heben müsse, und sie fügte hinzu: »Denk daran, meine Liebe, dein armer Vater hat immer noch vier Mädchen unter die Haube zu bringen ...!« Worauf ich erwiderte, dass ich nicht zu heiraten gedächte, weil ich andere Pläne hätte. Diese Antwort erwies sich allerdings als etwas erstaunlich im Lichte des Abenteuers, das sich auf meiner Heimfahrt von Irland zutrug.

Meine Begleitung für die Reise, Mrs. Wood, hatte für uns vor der Überfahrt einen Aufenthalt bei ihrem Schwager Lord Fitzgerald in Bray arrangiert. Dort traf ich Mr. William Wilde, einen jungen Rechtsanwalt, mit dem ich Tennis spielte, über Poesie und Kunst diskutierte und in den abgelegeneren Winkeln des Gartens auch über Philosophie. Mir fiel gleich auf, dass er sehr clever war, und nach dem Dinner zeigte er seine musikalische Ader, indem er zu den Chopin-Etüden sein eigenes Ende spielte. Wahrscheinlich hätte ich ihm dafür zu späteren Zeiten die Finger mit dem Klavierdeckel gebrochen, aber an jenem Abend fand ich es ganz wundervoll, und ich freute mich, als es hieß, dieser von unserem Gastgeber überaus hoch geschätzte junge Mann werde mit uns zusammen nach England zurückreisen.

Als wir am folgenden Abend an Bord gegangen waren, zeigte er auf eine große, dunkelblaue Gestalt, die an der Reling lehnte und auf die See hinaussah: »Mein Bruder,

der Dichter«. Es war der große Oscar Wilde, den er mir vorstellte und auf den ich, wie ich später hörte, glücklicherweise einen guten Eindruck gemacht hatte. Aber da er sich außerhalb von Oxford noch keinen Namen gemacht hatte, begegnete ich ihm relativ gleichgültig.

Es war eine herrliche Nacht, Vollmond und windstill, und so wunderte ich mich, dass Mrs. Wood sich gleich in ihre Kabine zurückzog, denn auch auf dem Hinweg nach Irland hatte das Meer ruhig wie ein Mühlteich dagelegen, sodass ich allmählich den schlechten Ruf der Irischen See für absolut ungerechtfertigt hielt. Willie Wilde holte Wolldecken, und wir saßen an Deck und diskutierten über – Auguste Comte! Auf einmal begann ich die Art, wie der Mast langsam vor dem Mond von einer Seite auf die andere schwankte, gar nicht mehr schön zu finden. Ich muss etwas in der Richtung gesagt haben, denn mein Begleiter eilte sogleich hinweg, um etwas Brandy zu holen, der, wie er versicherte, alles in Ordnung bringen würde. Im nächsten Augenblick stolperte ich an seinem Arm in den Ladys-Waschraum, und noch bevor die Stewardess mir beistehen konnte, »schlug das Schicksal zu«, wie ein alter Freund zu sagen pflegte, »und die Verdammnis nahm ihren Lauf«. Willie Wilde zog sich fluchtartig zurück, aber ich war schon jenseits jeder Sorge, wer eventuell was gesehen haben könnte.

Das Nächste, woran ich mich erinnere, ist der lang gestreckte Zugwaggon nach Holyhead mit seinem Abteil für Frauen an dem einen und für Männer am anderen Ende, dazwischen eine Art kleines, offenes Schaffnerabteil mit einem Einzelsitz. Mrs. Wood war auch die ganze Nacht seekrank gewesen; sie, die unkomplizierteste Anstandsdame, die ich jemals getroffen habe, verschwand einfach an das

Frauenende, während Willie und ich uns in dem Schaffnerabteil niederließen. Willie hatte eine große Huntley & Palmers-Keksdose gefunden, auf der er zu meinen Füßen saß. Und dort, trotz des Vorkommnisses auf dem Schiff, ergriff er einfach meine Hand und begann eine pathetische Rede, in deren Mitte die Blechdose unter ihm zusammenbrach. Dieses Missgeschick hätte einen Engländer total aus dem Konzept gebracht, Willie ging darüber hinweg mit einer nonchalanten Bemerkung, deren Wortlaut mir zwar entfallen ist, nicht aber deren irische Heiterkeit; er führte einfach seine leidenschaftliche Erklärung fort, und bevor der Zug am Morgen nach Euston hinein dampfte, war ich verlobt mit einem Mann, in den ich ebenso wenig verliebt war wie in den Lokomotivführer!

In Euston erwartete uns schon Major Wood, der seine Frau anbetete; zu jener Zeit hatten die Züge keinen direkten Anschluss, also wurde beschlossen, dass wir ein paar Stunden in dem gegenüberliegenden Hotel verbleiben würden, um uns frisch zu machen, bevor es weiter ging nach Waterloo. Mein Geliebter war natürlich mit von der Partie. Die Woods hatten ihre Korrespondenzen durchzusehen und aktuelle Angelegenheiten hinsichtlich neuer Termine zu besprechen. Sie nahmen ein spätes Frühstück auf ihrem Zimmer ein, wir saßen im Speiseraum, und als ich hinauflief, um zu fragen, ob ich mit Willie Wilde ins Städtchen gehen dürfe (in Wahrheit, um einen Ring zu kaufen), ertönte es im Duett hinter der verschlossenen Tür: »Ja, ja, natürlich, geht nur zu!«

Ich kam nach Frimhurst zurück, mit einem goldenen Band an dem dafür vorgesehenen Finger, das in zwei ineinandergelegte Hände zusammenlief. Es war verborgen unter meinen Handschuhen, die ich sonst selten trug, denn mein Verlobter hatte mich gebeten, die Sache im Moment noch geheim zu halten. Bei genauerem Nachdenken war ich damit eigentlich nicht einverstanden; ich mochte sowieso keine Geheimniskrämerei, und worin sollte bitte der Spaß liegen, wenn man es bereits vor seinem Debüt geschafft hatte sich zu verloben, und niemand ahnte etwas davon? Und dann – regnete es Liebesbriefe! Und ich sagte mir, sich mit einem Mädchen zu verloben, nur fünf Stunden, nachdem man sie von der Seekrankheit geschüttelt gesehen hat, das musste wahre Liebe sein! Und mit seinem Antrag fortzufahren, obwohl die Sitzgelegenheit unter dir zusammenbricht, das zeugte nicht nur von Leidenschaft, sondern auch von Humor, Unerschrockenheit und sonstigen bewundernswerten Qualitäten. Aber da blieb diese kleine Tatsache, dass ich diesen jungen Mann eher aus geschmeichelter Eitelkeit erhört hatte, aus Leichtsinn oder Abenteuerlust oder was auch immer, nur nicht aus Liebe. Folglich sprachen mich seine Briefe sehr bald nicht mehr an, und es gefiel mir auch gar nicht, dass er weiter auf strikter Geheimhaltung bestand. Kurz gesagt, noch bevor drei Wochen vorüber waren, löste ich, wahrscheinlich zu seiner inneren Erleichterung, unsere Verlobung. Den Ring behielt ich, bis ich ihn ein oder zwei Jahre danach verlor, als ich zwei Hunde trennen musste, die in tief verschneiter Heide aufeinander losgegangen waren. So endete meine erste und letzte Verlobung, dessen Held ich nie wiedergesehen habe – was schade ist, denn er soll ein noch besserer Redner geworden sein als sein Bruder.

Obwohl der Konflikt mit meinem Vater weiterschwelte, fiel ich nicht offen bei ihm in Ungnade. Er bereitete mir sogar hin und wieder eine kleine Freude, indem er mir zum Beispiel meine Lieblingsdrucke aus der National Gallery rahmen ließ. Zwei Dinge, meine Liebe zum Reiten und mein wachsendes Interesse an der Politik, knüpften sogar ein zartes Band der Sympathie zwischen uns. Bevor es zur großen Krise kam, schenkte er mir ein von ihm selbst gezüchtetes Fohlen, das ich zureiten durfte, was mich wirklich freute und ihm Kosten ersparte. Ich absolvierte einige Präsentationsbesuche, unter anderem bei Onkel Harry, dem Vorstand der Familie meiner Mutter, damit er mich vor meinem Debüt begutachten konnte. Außerdem fuhr ich zu meinen verheirateten Schwestern und schrieb bei Alice die Ballade *Schön Rothraut*, mit der ich mich später in die Leipziger Musikzirkel einführte. Bei Mary ritt ich mit dem schwerfälligen Gaul vom alten Mr. Hunter zur Jagd und hatte eine Menge Spaß bei ihnen. Aber die ganze Zeit über wuchs meine Überzeugung, dass es für mich nur eins gab, und das war nach Leipzig zu gehen.

Mitunter fuhr ich ins Konzert nach London, und das hieß, ich wurde von vertrauenswürdigen Freunden oder Tante Susans Bediensteter in Waterloo abgeholt und zur St. James Hall geleitet. Einmal musste mich eine Freundin von Mutter begleiten, Mrs. George Schwalbe, die eine alte Bekannte von Clara Schumann war, und sie hat mich ihr tatsächlich kurz vorgestellt. Als ich sie später wirklich kennenlernte, konnte sie sich natürlich nicht an mich erinnern.

Bald darauf hatte ich ein weiteres einschneidendes Erlebnis, ich hörte zum ersten Mal Brahms! Es war bei einem Sonntagskonzert, bei dem die *Liebeslieder-Walzer* von vier Interpreten gesungen wurden, von denen die drei deutschen Frauen den Komponisten persönlich kannten;

sie sollten in meinem Leben noch eine große Rolle spielen. Brahms' Genius überwältigte mich auf der Stelle, und ich fuhr nach Hause mit meinem unabdingbaren Entschluss im Herzen.

An demselben Abend wurde bei Tisch diskutiert, wo ich noch präsentiert werden sollte. Und plötzlich konnte ich nicht mehr an mich halten und verkündete, dass es sinnlos sei, mich irgendwo zu präsentieren, weil ich fest vorhätte, nach Leipzig zu gehen, auch wenn ich dafür von zu Hause weglaufen und dort Hunger leiden müsste! Ich frage mich, ob jemand heutzutage, da die Welt sich so schnell weiterentwickelt hat, noch ermessen kann, wofür solch ein Schritt in der Vorstellung meines Vaters stand. Keiner unserer Freunde war Künstler, allein das Wort klang für ihn wie die willentliche Übertretung der Zehn Gebote. Ohne Übertreibung kann man sagen, dass das Leben, das ich führen wollte, für ihn gleichbedeutend mit dem eines Straßenmädchens war. Daraus erklärt sich sein hervorgestoßener Satz, den er mir zornig entgegenschleuderte, ganz wie eine außer sich geratene Vaterfigur in einem Drama von William Congrave oder John Webster: »Da will ich dich lieber tot und begraben sehen!«

Nach einer längeren Spanne vergeblichen Bemühens, seinen Widerstand zu überwinden, der so erbittert wurde, dass ich das Thema lieber gar nicht erst anschnitt, ging ich dazu über, andere Methoden zu erproben. Sie wurden Jahre später als einzig effektiver Weg im politischen Kampf eingesetzt, nachdem die Frauen von der Unverrückbarkeit männlicher Vorurteile die Nase voll hatten. Ich rollte nicht nur die rote Fahne aus, sondern nahm mir vor, das häusliche Leben für die Eltern so unerträglich zu machen, dass sie mich schon aus Selbstschutz gehen lassen müssten. (Ich sage ›sie‹, aber ich war mir sicher, dass meine Mutter entgegen ihrer öffentlichen Äußerungen innerlich auf meiner Seite stand.)

Damals fuhr kein anständiges junges Mädchen unbegleitet in der Gegend umher; Zugfahrten in der dritten Klasse oder Omnibusse gab es für unsere Kreise nicht, und ich hatte ohnehin kein eigenes Geld. Also stahl ich mich heimlich über die Felder zum Bahnhof Farnborough, fuhr dritter Klasse nach London und weiter mit dem Bus zu jedem Konzert, das ich hören wollte. Das Geldproblem löste ich, indem ich einen Ladenbesitzer am Markt oder den Postmann bat, mir 5 Schilling zu geben und »auf die Rechnung des Generals zu setzen«. Um jemanden wie Joseph Joachim auf seiner Geige zu hören, stand ich stundenlang an der St. James Hall an, und dann Ah – was war Schuberts *Quartett in A Moll* für eine Offenbarung! ... Mein ganzes Leben hindurch war seine Musik meinem Herzen näher als jede andere – dieser kristallene Strom, der ewig weiter wallt und wallt ...

In meine größte Aufregung geriet ich, als es mir einmal nach einer Vorstellung gelang, an dem wachhabenden Zerberus vorbei ins Allerheiligste der Künstlergarderobe vorzudringen. Ich machte die Bekanntschaft der Fräulein Friedländer und Redeker, drückte ihnen meine Bewunderung für ihren Gesang aus. Sofort verliebte ich mich Hals über Kopf in Redeker, deren Vortrag des göttlichen Brahms'schen Liebeslieds *Wie bist du, meine Königin* mir das Herz zerrissen hatte. Die beiden waren gerührt von so viel Enthusiasmus und luden mich ein, an einem Vormittag bei ihnen vorbeizukommen, was ich auch tat. Stufe um Stufe erklomm ich, hinauf zu ihrem gemeinsamen

Zimmer. Es war elf Uhr und sie waren noch nicht angezogen, die Betten ungemacht, und sie tranken Portwein aus Eierbechern. Dieser ungewohnte Anblick versetzte mir einen leichten Schock und ließ mich einen Moment lang an meinen Vater denken, aber dann nahm ich einfach an, das sei eben Teil des Künstlerlebens, und in der Tat, ein paar Monate danach hätte mir eine solche Szene keinerlei Anlass mehr zur Verwunderung gegeben.

Mein finanzielles Arrangement mit den Händlern kam natürlich heraus, und das sollte es auch. Auf die folgenden väterlichen Wutausbrüche antwortete ich nur bockig: »Wenn du mich nicht nach Leipzig lässt, muss ich eben nach London fahren, um Musik zu hören.« Von dem Moment an war er überzeugt, dass ich nun unkontrolliert mit vollen Händen das Geld ausgeben würde, und sein Standardsatz lautete: »Wir werden die Diamanten deiner Mutter verkaufen müssen ...«, was in unseren Ohren so schlimm klang wie eine allgemeine Geldabwertung. Aber ich hörte auch eine Willensschwächung heraus – allmählich begann er tatsächlich die Konsequenzen einer Niederlage in Betracht zu ziehen!

Einige meiner Freunde hielten mehr oder weniger offen zu mir, was ihnen die Ungnade meines Elternhauses einbrachte. Bis auf eine, die es auf wundersame Weise fertigbrachte, dennoch ein exzellentes Verhältnis zu meinen Eltern zu unterhalten. Mrs. George James, Tochter des Lord Justice James, meine clevere, pferdeverrückte, whistspielende, besonders geliebte Freundin, der man eine gewisse unorthodoxe Haltung in Religionsfragen nachsagte, fand das väterliche Verbot meiner Pläne einfach lächerlich und unzeitgemäß. Genau wie Mrs. Napier, die Schwiegertochter des großen Historikers, die einfach rebellisches Blut hatte und nach links und rechts verbreitete: »Natürlich muss die liebe kleine Ethel nach Leipzig gehen«, und das auch offen zu meinen Eltern sagte. Aber sie hatte leicht reden. *Sie* war nicht meine Mutter, *sie* musste nicht tagtäglich die Szenen mit meinem Vater aushalten – Szenen, die mit der Zeit immer häufiger und heftiger wurden. Denn gegen Ende ging ich in den Totalstreik, ich weigerte mich in die Kirche zu gehen, weigerte mich bei unseren Dinnerpartys zu singen, weigerte mich auszureiten, weigerte mich, zum Essen zu erscheinen oder mit irgendwem zu sprechen –, und eines Tages zertrümmerte mein Vater mit einem Stiefeltritt beinahe meine verschlossene Schlafzimmertür.

Am Ende blieb ihm kein anderer Ausweg als die Kapitulation! Fräulein Friedländer konnte wundersamerweise die hohe Respektabilität ihrer Tante, Frau Professor Heimbach, glaubhaft machen, die mich in ihrer Wohnung in Leipzig unter ihre Fittiche nehmen würde, bis Mutter Friedländer ein Zimmer für mich bereitstellen konnte. Ihre Bedingungen bestätigten die Berichte über die günstigen Lebenshaltungskosten in Deutschland, mein Vater setzte meinen monatlichen Verfügungsbetrag fest, der bei sparsamem Haushalten als ausreichend angesehen wurde.

Und am 26. Juli 1877 war es so weit! Unter der Aufsicht meines Schwagers Harry Davidson, der Deutschland gut kannte, ging es los, auf Probe und in Ungnaden – aber das machte mir nichts aus, nach meiner sieben Jahre währenden Sehnsucht freute ich mich wie eine Wahnsinnige auf das Paradies.

Leipziger Studienjahre

An die Reise selbst habe ich im Einzelnen wenige Erinnerungen, bis auf den ergreifenden Moment, als ich nach der verlangsamten Fahrt des Zuges durch die unschönen Vororte endlich das Schild *Leipzig* auf dem Bahnsteig las. Wir frühstückten in unmittelbarer Nähe des Bahnhofs in dem kleinen alten Hôtel de Rome und machten uns danach auf die Suche nach Frau Heimbachs Wohnsitz mit dem romantischen Namen Place de Repos, Treppe G.

Zweifellos war es ein Ort der Ruhe, abseits der Hauptstraße, doch etwas Romantisches rief er zwischen zwei hohen, hässlichen Wohnblocks nicht hervor. Aber wen störte das? Ich sah ihn durch den Schleier, einzig gewoben aus hoffnungsfroher Jugend – und als wir zu dem düsteren Torbogen von Hof und Aufgang G kamen, war es für mich wie das Durchschreiten des Goldenen Tores ins Gelobte Jerusalem. Während wir die drei abgenutzten Treppen hinaufstiegen, versuchte mein Schwager den allgegenwärtigen Geruch zu bestimmen; meiner Meinung waren es die Ausdünstungen der durch Leipzig träge hin dümpelnden Flüsse, wobei der unangenehmste, die Pleiße, an unserem Haus vorbeiführte. Eine untersetzte, mütterlich-zurückhaltende Frau in ihrem besten Kleid, wie ich später herausfand, begrüßte uns freundlich und empfing uns (vielmehr meinen Schwager, denn meine bescheidenen Deutschkenntnisse reichten für ihren Leipziger Dialekt bei Weitem nicht aus) mit der Nachricht, dass ich nicht ganz abgeschnitten sei von England; sie beherberge einen weiteren englischen Mieter, Mr. B., einen ›netten Jungen‹, Neffe einer bekannten Persönlichkeit mit Verbindungen zum *Punch* und Protegé von Clara Schumann.

Wir stellten das Gepäck in mein Zimmer, in dem mich ein kurzes Holzbett mit voluminösem Federbett erwartete, und machten uns auf zur Erkundung der Stadt, die Harry von früher kannte. Das Sonnenlicht lag wie in einem Dürer-Bild auf den Dachziegeln des Halbrund der hohen, engen Häuser, und neben dem Altstadtrand konnten wir die Thomaskirche erkennen, in der Bach Orgel gespielt hatte, und die Thomasschule, wo er als Kantor tätig gewesen war. Wir aßen im besten Haus am Platz zu Mittag, und Harry meinte, die Rechnung von gerade einmal 10 Pence würde meinen Vater sicher beruhigen. Bei unserem anschließenden Spaziergang im Rosental-Park machte ich die erste Bekanntschaft mit den berühmten ›Verboten‹-Schildern, dem Rückgrat des deutschen Kaiserreiches, die uns überall begegneten; Rasen war meiner Meinung nach zum Betreten da, doch hier wurde ich eines Besseren belehrt.

Eine weitere Besonderheit in Leipzig bestand in den vielen winzigen Gärtchen, etwa vom Grundriss einer Seitenkapelle in Westminster Abbey, die jeder pachten konnte. Frau Professor hatte uns für vier Uhr zum Kaffee in ihren Garten eingeladen, seine Lage beschrieben und versprochen, dass der uns noch unbekannte Herr B. nach uns Ausschau halten würde. Es erwartete uns ein ziemlich ungepflegter junger Mann mit einer blonden Haarsträhne, die ihm über die Augen fiel, und führte uns zum Garten der Frau Professor, wo sie schon mit ihrer Nichte Fräulein Friedländer den Tisch eingedeckt hatte. In jedem Garten stand ein kleines Sommerhäuschen mit drei, vier Bäumen;

der ihre hatte keine Blumenrabatte, aber zu unserem Erstaunen fünf in den Kies gesteckte Krickettore, und ich spielte dort die verrückteste Kricketpartie meines Lebens, mit dem ungelenken Herrn B. gegen Harry und Fräulein Friedländer; Frau Professor saß mit ihrer Katze strickend vor dem kleinen Häuschen, während ihr die Bälle von links und rechts um die Ohren flogen, und ich dachte bei mir, eine alte Dame mit solchen Nerven musste eine angenehme Vermieterin sein.

Am Abend gab es in unserer Wohnung ein Festessen, Rebhühner mit Sauerkrautfüllung, angepriesen als »fein und bigannt«, was sich mir erst nach Monaten intensiven Sprachstudiums als die sächsische Form von »fein und pikant« erschloss. Am Ende wurde mein Schwager von Herrn B. im Licht seiner eigenen Streichhölzer (zum Glück war er Raucher) durch das dunkle Treppenhaus nach unten geleitet, und ich schlief meine erste Nacht unter einem deutschen Dach. Am folgenden Morgen brachte ich Harry zum Bahnhof und stürzte mich voll wilder Begeisterung in mein neues Leben. Die kleinen Brötchen waren mein Manna und der Kaffee, dünn wie ihn die Leipziger liebten, mein Nektar, sogar die sanitären Modalitäten empfand ich als gerade noch angemessene Variante des Lokalkolorit, und auch das kleine, kalte Rinnsal, das die Place de Repos aus dem Wasserhahn in der Küche offenbar von der Stadtverwaltung zugeteilt bekam, zeigte in meinen abgehärteten Jugendtagen keine negativen Folgen.

In meiner glücklichen Überstürzung, England schnellstmöglich zu verlassen, hatte ich mich nicht erkundigt, wann das Semester am Konservatorium begann; es würde erst in einem Monat sein. Als also Fräulein Friedländer mit Mutter und Fräulein Redeker für zwei Wochen in den Thüringer Wald fuhr, wurde beschlossen, dass ich sie begleiten sollte. Fräulein Redeker war, wie ich schon früher sagte, eine meiner ›Leidenschaften‹, und als ich zudem erfuhr, dass Herr Henschel später zu der kleinen Gesellschaft stoßen würde, konnte ich mein Glück kaum fassen.

Doch was dieses, mein erstes Zusammentreffen mit professionellen Musikern in dem kleinen Holzhaus im Thüringer Wald wirklich für mich bedeutete, lässt sich kaum in Worte fassen. Man muss sich vor Augen halten, dass ich vorher noch nie jemandem begegnet war, der die ausgewiesene Fähigkeit hatte zu beurteilen, ob ich wirklich die geborene Musikerin war, als die Mr. Ewing mich hingestellt hatte (er selbst war schließlich nur ein begabter Amateur). Hier nun hörte sich ein voll ausgebildeter, anerkannter Komponist meine Kompositionen an, einer, der auf einer Stufe stand mit Brahms und anderen Größen in der Musikwelt – und voller Glück konnte ich das so sehr erhoffte Urteil auf seinem und den Gesichtern der anderen ablesen. Henschel ist eines der höchst kultivierten, musikalischen Temperamente, die man nur in Deutschland und Österreich findet. Er setzte sich dort in unserem Feriendomizil an das alte, wackelige Klavier und ich bekam alles geboten, was ich immer schon an Musikliteratur schätzte oder hatte hören wollen, wie die Lieder von Brahms, Schubert und Beethoven, oder was ich neu kennenlernte, wie seine eigenen *Trompeter-Lieder.* Was für manche Menschen ihre erste Mondnacht in Venedig ist, bedeutet für mich, Schuberts *Gruppe aus dem Tartarus* zuerst von Henschel dargeboten bekommen zu haben; für mich war dieser später so teure alte Freund, den sogar mein Vater zu schätzen lernte, wie ein Gott.

Auf einem unserer langen Spaziergänge erzählte Henschel, dass er sich vor Kurzem mit Brahms getroffen habe, und berichtete, der große Meister werde in der kommenden Saison seine neue Symphonie im Gewandhaus persönlich dirigieren. Ich weiß noch, dass Henschel lachend auf mich zeigte und zu den anderen sagte: »Nun schaut euch nur ihr Gesicht an!«

Wenige Tage, bevor sie nach London aufbrach, nahm Fräulein Friedländer mich mit zu einem sehnlichst erwarteten Besuch, der mir die Türen zur Leipziger Musikgesellschaft öffnen sollte. Wieder ein Aufstieg über ausgetretene Stufen, und eine Stunde später beim Tee, richtigem Tee, bei Herrn Konzertmeister Röntgen, Leiter des Gewandhausorchesters, und seiner Familie hatte ich die Antwort auf die wahrhaft biblische Frage gefunden: »Was seid ihr hinausgegangen zu sehen?« In jenen Räumen war die Essenz des altdeutschen Musiklebens versammelt, und diese ganze liebe Familie zögerte keinen Moment, mich in die Arme zu schließen. Es begann mit einer kleinen *Sonate in B-Dur*, die ich geschrieben hatte, die sich als Schlüssel zu ihren Herzen erwies. Herr Röntgen war holländischer Herkunft, ein entfernter Cousin des Röntgenstrahlen-Entdeckers, ein ebenso großartiger Musiker wie Gentleman, und Frau Röntgen entstammte der bekannten Leipziger Musikerfamilie Klengel. Es gab keine Violinsonate, kein Klaviertrio oder -quartett, das sie sich nicht zusammen mit ihrer Tochter vornahm – wobei der Mutter das Klavierspiel nicht immer ganz glatt von der Hand ging, was aber durch Temperament und Musikalität wettgemacht wurde. Ihr einziges Hausmädchen war keine besonders gute Köchin und musste oft Anweisungen bekommen, sodass es geschehen konnte, dass Frau Röntgen zwischen zwei Sätzen eines Trios rief: »Line, kannst du bitte das Scherzo übernehmen« und in die Küche eilte; Tochter Line sprang ein, bis sie wiederum ihren Platz räumen musste. Einmal, so erinnere ich mich, beklagte sich der alte ›Papa Röntgen‹, wie wir ihn nannten, wegen seines empfindlichen Magens über eine Eierspeise, und seine Frau sagte schuldbewusst: »Ja, das stimmt, ich hätte abwarten sollen, bis sie sie ganz durchgegart hat ... aber du weißt doch, wie sehr ich dieses Andante liebe!«

Zum Haushalt gehörte noch eine weitere Person, eine reizende junge Schwedin namens Amanda Meyer, eine Violinistin und Komponistin, die später Julius, den Sohn der Röntgens, heiratete, und ich konnte den charmanten Zusammenklang von Kunst und Liebeswerben miterleben, wie er in jenen Tagen anzutreffen war. So musste es zu Bachs Zeiten gewesen sein, wie bei den alten Röntgens, aber heutzutage gibt es das nicht mehr. Auch die Selbstverständlichkeit, mit der sich damals die Familien zum gemeinsamen Musizieren zusammenfanden, ist Vergangenheit. Außerdem traf sich sein Quartett unter Röntgens Leitung in seiner Wohnung und spielte den ganzen Nachmittag, um sein Repertoire zu üben oder zum reinen Vergnügen. Damals hatte die Welt noch die Muße, Kunst um ihrer selbst willen zu lieben und zu praktizieren, und genau darin lag die Anmut jener längst vergangenen Zeiten ...

Als ich mich damals am Konservatorium eingeschrieben hatte, lebte diese Institution nur noch von dem guten Ruf Mendelssohns, aber das ahnten wir in England natürlich nicht. Meine drei Lehrer waren Reinecke, der Dirigent des Gewandhausorchesters, für Komposition, der bekannte Kanonschreiber Jadassohn für Kontrapunkt und allgemeine Musiktheorie sowie Maas für Klavier. Der Unterricht bei Reinecke war die reinste Farce. Er gehörte zu den Komponisten, die ihre Musik ohne Engagement und Inspiration wie vom Band produzieren; das einzige Gefühl, das ich mit ihm verbinde, ist die permanente Wut seiner dritten Frau, einer langen, dünnen Person mit einem schwarzen, krausen Haarmop, die sich ständig darüber ereiferte, dass alle Welt die Kompositionen von Brahms denen ihres angebeteten Gatten vorzog. Der Unterricht fand in seiner Wohnung statt, wo Horden von Kindern den Korridor entlangtobten. Er überspielte sein höfliches Desinteresse an den Werken seiner Studenten nicht einmal – wir waren noch nicht zur Tür hinaus, da schrieb er schon wieder an seinen eigenen Sachen. Jadassohns Stunden waren wenigstens amüsant, aber eine ebensolche Farce, was das Ergebnis betraf. Von den fünfundvierzig Minuten vorgeschriebener Dauer kam er regelmäßig eine Viertelstunde zu spät, stand weitere zehn Minuten an den Ofen gelehnt und erzählte uns wahnsinnig witzige Anekdoten. Er entwarf Kanons und andere Übungen, aber für unsere mitgebrachten Arbeiten, geschweige denn deren Korrekturen, blieb fast nie Zeit. Maas schließlich war ein langweiliger, aber gewissenhafter Klavierlehrer; wenn also Clara Schumann später zu sagen pflegte, sie könne mir zwar gut zuhören, aber ertrage es nicht, meine Handhaltung beim Spiel anzusehen, so lag das gewiss nicht an ihm, sondern war wohl eher mein Fehler.

Zu Beginn des Semesters war ich völlig überrascht von dem fehlenden Enthusiasmus meiner Mitstudenten. Allmählich erfuhr ich allerdings, dass die meisten nur ein Examen für Schulmusik erwerben wollten, und wenn auch anfänglich eine Flamme für die Musik in ihrem Busen gebrannt haben mochte, sie wurde schnell zum Verlöschen gebracht in der oberflächlichen, indifferenten Atmosphäre des Konservatoriums. Was allerdings wirklich einmalig war, das war das intensive Musikleben in der Stadt, mit seinen Konzerten und Opern, zu denen das Publikum kam, nicht weil ein bekannter Interpret auftrat, sondern weil es die Werke hören wollte.

Reinecke stand am Pult des Gewandhauses bei allen Konzerten, und obwohl in anderen Städten bereits Wagner gespielt wurde, war das in diesen heiligen Hallen tabu, es kam nicht einmal eine seiner Ouvertüren zur Aufführung. Und was für ein seltsamer Ort dieses alte Gewandhaus war! Wie der Name schon sagt, war es ganz und gar nicht für den Musikgenuss erbaut worden, aber trotz der Missachtung sämtlicher Regeln erfreute es sich einer ausgezeichneten Akustik. Überhaupt, mit der Akustik ist das so eine Sache – eine so seltsame Sache, dass die Fantasie wilde Wogen schlägt, sobald man genauer darüber nachdenkt. Ein alter Herr aus Magdeburg erzählte mir einmal, dass man vor einigen Jahren in die Wand eines Konzertsaals zur Verbesserung der Akustik eine Tür eingebaut und damit das genaue Gegenteil erreicht habe. Entsetzt veranlasste der Stadtrat, die Tür wieder zuzumauern, und zwar mit »genau den Ziegelsteinen«, die vorher entfernt worden waren. Und der alte Herr schloss: »... Aber es nützte nichts – hin war die Akustik!«

Die Tickets für das Gewandhaus waren entweder durch Abonnement oder durch Beziehungen zu bekommen, aber die Proben kosteten nur zwei Schilling und für uns vom Konservatorium waren sie kostenlos. Da erschienen dann alte Damen mit ihrem Strickzeug – was für eine reizende Stimulation für einen ästhetisches Genuss, wahrscheinlich kam er dem einer Zigarette gleich! Aber mit dem schicken Neubau der Konzerthalle ein paar Jahre danach galt das plötzlich als ›bourgeois‹ und wurde verboten … wie schade …

Ein Kapitel in dem alten Kinderbuch *Das Märchen ohne Ende* von Friedrich Wilhelm Carové beginnt mit dem Satz »Und das Kind verlor sich in einem glücklichen Traum«; genau so erging es mir in meiner ersten Leipziger Saison. Den großen Kunstgenuss mag man das ein oder andere Mal in einer späteren Lebensphase haben, aber nichts ist vergleichbar mit dem ersten Mal, da man Beethovens *Symphonie Nr. 7 in A-Dur* hört oder Schuberts *Streichquintett in C-Dur*, ganz besonders in Gesellschaft von Gleichgesinnten, wie es die Röntgens für mich waren. Ich weiß es noch genau: Als das Orchester einsetzte zur ersten Beethoven-Symphonie, die ich je in einem Konzertsaal hörte, begann ich zu zittern wie ein Rennpferd vor dem Start und war so aufgeregt, dass ich die einzelnen Sätze gar nicht richtig verfolgen konnte.

Im Oktober lief mein skurriler Mitmieter Herr B. voller Seligkeit in der Place de Repos herum: Clara Schumann spielte in einem Kammerkonzert, und weil sein Vater ein alter Freund von ihr war, wurde ihm das große Privileg zuteil, für sie umblättern zu dürfen! Sie war eine Künstlerin mit äußerst überreizten Nerven, und vor dem Auftritt schluchzte sie regelmäßig bis zum letzten Augenblick in ihrer Garderobe, dass sie unmöglich auf die Bühne hinaus gehen könne … So spricht es für ihre kaum zu überbietende Opferbereitschaft gegenüber einer alten Freundschaft, dass sie bereit war, mit diesem etwas unbeholfenen, kurzsichtigen jungen Mann aufzutreten. Natürlich geschah das denkbar Schrecklichste: Ihre Noten landeten ganz plötzlich auf Frau Schumanns Knien, worauf sie sie mit voller Wucht wütend auf den Boden schleuderte! Dankenswerterweise brach sie die Aufführung jedoch nicht ab. Ein paar Monate darauf lernte ich sie näher kennen, auch ihre liebenswerten, etwas kindlichen Wutausbrüche, und sie hatte die B.-Sache immer noch nicht vergessen.

Zu der Zeit waren die Röntgens meine einzigen Freunde, und so zog ich kurz vor Weihnachten mein letztes sauberes Paar guter Handschuhe an, richtete mich so englisch-konventionell zurecht wie möglich und sprach bei Frau Dr. Brockhaus vor, der einzigen Person, für die ich einen Empfehlungsbrief mitgebracht hatte. Ihr Mann, der Eigentümer des großen Verlagshauses, war ein melancholischer, eher steifer und pflichtbewusster Sachse, dessen einziges Abenteuer wahrscheinlich seine Brautwerbung um eine feurige, ungarische Jüdin gewesen war, um vieles jünger als er. Hin- und hergerissen zwischen ihren ausgesprochen weltlichen und den künstlerisch-intellektuellen Bedürfnissen, hatte sich Frau Doktor niemals nur für eine Seite entscheiden können. Gegenwärtig herrschte ohnehin ein gesellschaftlicher Blickwinkel vor, denn ihre zwei Söhne hatten das heiratsfähige Alter erreicht. Ihre erste Freundlichkeit mir gegenüber bestand darin, dass sie mich bat, ihr bei der Ausrichtung des Weihnachtsfestes in ihrem Haus zur Hand zu gehen. Ich muss gestehen, dass ich bis heute nicht recht weiß, was ich von dieser bekannten Institution der Deutschen Weihnacht halten soll. Bereits Anfang Dezember werden die Leute blass vor Sorgen um dieses Fest und brauchen den halben Januar, um sich davon zu erholen. Wo es eine Menge kleiner Kinder im Haus gibt, mag sich der ganze Aufwand ja lohnen, aber wenn es um deutsche Gründlichkeit gehen soll, dann bevorzuge ich andere Manifestationen. Unmittelbar nach dem Fest zog sich Frau Doktor in ihr Landhaus in der Nähe von Dresden zurück, nicht ohne mir anzukündigen, dass sie mich nach ihrer Rückkehr als meine Mentorin in die große Welt einführen werde. Das nächste Fest, die Verabschiedung des alten Jahres, feierte ich bei den Röntgens; es gab ein üppiges Festmahl und süßen Champagner aus langen, dünnen Gläsern, die nahezu nichts enthielten, *pâté de foie gras* und heißen Punsch – eine rote Essenz undefinierbarer Herkunft, die man nach eigenem Geschmack mit heißem Wasser mischte. Hier wie auch bei anderen Gelegenheiten beobachtete ich, wie Frau Röntgen, die sich eines sehr gesunden Magens erfreute, erstaunlicherweise alle Trüffel aus ihrer *foie gras* herauspickte und ihrem Mann auf den Teller legte, was dieser wortlos geschehen ließ. Nach dem Essen sangen wir lustige Lieder und ich übernahm den Bass oder den Tenorpart und Papa Röntgen sagte, dass meine Stimme, je mehr ich trank, desto höher reichte, wie interessant! Und dann wurden noch Julius und Amanda offiziell miteinander verlobt. An diesem Abend erhielt ich meinen ersten, überraschenden Einblick in eine ungezwungene Art deutscher Selbstdarstellung.

Mein Deutsch hatte inzwischen gute Fortschritte gemacht, denn fast niemand um mich herum sprach Englisch, und außerdem ging ich viel ins Theater. Samstags und sonntags zeigte das Alte Theater die Klassiker zu reduzierten Preisen. Ich las vorher den Text in einer billigen zwei-Pfennig-Ausgabe und sog in der Aufführung jedes Wort in mich auf. Shakespeare gehörte immer ins Repertoire, und mit der Zeit kannte ich alle möglichen und unmöglichen Stücke von Goethe, Lessing, Schiller und Racine, und sogar zwei von Calderón.

Anfang Januar 1878 traf Brahms mit seiner neuen *Symphonie Nr. 2 in D-Dur* in Leipzig ein. Henschel kam aus Berlin, und er vertraute mir an, dass es bei den Proben Unstimmigkeiten gegeben habe; Brahms' Umgangston wurde vom Orchester nicht geschätzt; die Gewandhausmusiker hatten wohl spüren lassen, dass sie jede Aufführung eines neuen Werkes erst einmal als etwas ansahen, zu dem sie sich gnädig herablassen mussten. Brahms ließ sie im Gegenzug spüren, dass er die außergewöhnliche Qualität der Wiener Orchester gewohnt sei und seine eigenen norddeutschen Landsleute eher zu steif fand!

Henschel erzählte mir auch, dass der große Musikus wie stets beim Direktor des Bachvereins Heinrich von Herzogenberg wohnte, von dessen schöner, faszinierender Frau Elisabeth, der hochbegabten Musikerin, ich alle Röntgens immerzu schwärmen hörte. Man kann sich meine Freude gepaart mit einem gewissen Entsetzen vorstellen, als Henschel auch erwähnte, er habe mit Brahms über meine Arbeiten gesprochen, dass ich sie ohne vorheriges Studium verfasst hätte, und dass er sie sich doch bitte ansehen solle. Nach der Generalprobe nahm mich dieser gute Freund bei der Hand und stellte mich dem großen Meister einfach vor. Zu der Zeit trug Brahms noch keinen Bart und im Ansturm meiner Aufregung nahm ich nur seine durchdringenden blauen Augen in dem fast furchterregend ernsten Gesicht wahr und wäre am liebsten im Boden versunken, als er sagte: »Das ist also die junge Lady, die Sonaten verfasst, ohne den Kontrapunkt studiert zu haben!« Später soll er dann zwei meiner Lieder für von Henschel komponiert gehalten haben, berichtete mir Frau Röntgen. Die Herzogenbergs hatten die Röntgens eingeladen, Brahms zu besuchen, und danach sprachen wieder alle über diese »wundervolle Frau Lisl«, und ich fragte mich, ob ich sie wohl jemals kennenlernen würde, denn es hieß, sie meide große Gesellschaften und umgebe sich lieber mit wenigen guten Freunden.

Inzwischen hatte ein etwas weiter entferntes altes Haus, zweigeschossig, mit französischen Fenstern, Ziegeldach und Mansarde meine Aufmerksamkeit erregt, ein Ausweg aus der Vollpension bei der Frau Professor. Entgegen der Vorstellungen von Papa, der wie die meisten meiner Verwandten meine Auslandssehnsucht für eine Schrulle hielt, die den ersten Winter nicht überstehen würde, zog ich also im Herbst in ein neues Heim. Ich konnte in diesem Haus, das ein herrlicher Garten umgab, zunächst ein winziges Zimmer mieten, in dem ich abends nach dem Theater oder Konzert nun mein Viertelpfund Schinken mit Brot und Butter aß, ein Biervorrat stand immer in einer Ecke meines Wohnzimmers. An der einen Seite befand sich eine Dachschräge und ein neuer Vogelkäfig auf der Dachrinne war mein Vorratsschrank, festgezurrt im wilden Wein vor dem Mansardenfenster. Es gab ein paar Zwischenfälle mit den Katzen, aber der Käfig konnte sie erfolgreich abhalten. Ein etwa zwei Meter hoher Holzzaun trennte den Vorgarten von der Straße, dessen Tor pünktlich um 23 Uhr abgeschlossen wurde; eine gelenkige, sportliche Person, die wieder einmal den großen, rostigen Schlüssel vergessen hatte, konnte es jedoch leicht überwinden. Kamen gerade späte Passanten oder gar ein Polizist vorbei, ging man einfach eine Straße weiter und kehrte dann um. Als ich intensiver in der gehobenen Gesellschaft verkehrte, fand man meine durchschnittlich zwei- bis dreimalige Kletterei im Monat sehr erstaunlich. Es war natürlich ebenso ungewöhnlich für ein junges Mädchen meines Standes, in ein Restaurant zu gehen oder abends allein auf der Straße unterwegs zu sein, und so wollten mich anfangs die Freunde immer von einem Hausmädchen begleiten lassen, was ich aber ablehnte, wie auch alle anderen Beschneidungen meiner Freiheit, die ich in vollen Zügen genoss. Tatsächlich wurde ich nur ein einziges Mal in Deutschland von einem fremden Mann angesprochen, was mein Schwager Charlie Hunter nicht unbedingt als Kompliment für mich auslegte. Die guten Bekannten versicherten einander jedoch mit Nachsicht, dass ich nun einmal Engländerin war – und diese Karte spielte ich mithilfe ihrer Toleranz zur Genüge aus, armes England! Die Tatsache, dass für mich in erster Linie die Arbeit zählte, sprach jedoch immer zu meinen Gunsten. Ich wurde inzwischen häufig zu Bällen eingeladen – auch dieser Versuchung gab ich mit Freuden nach –, und da ich meine festliche Garderobe in England zurückgelassen hatte, hatte dies besorgte Nachfragen meinerseits bei meiner Mutter zur Folge, auf die ich lange Antwortbriefe erhielt voll einfallsreicher und gleichzeitig erschwinglicher Ratschläge für die Lösung der Kleiderfrage. Die Kehrseite all diesen Treibens war, dass die Kerze nun an beiden Enden gleichzeitig brannte.

Diese umtriebige Zeit verschaffte mir auch einige Einblicke in die gesellschaftlichen Strukturen von Leipzig, und ich bemerkte, dass es eine scharfe Trennlinie zwischen den Klassen gab – das gehobene Bürgertum, die Professoren und die Künstler.

Der Kern der ersten war die *Gewandhaus-Gesellschaft*, eine Gruppe von ungefähr vierzig führenden, nicht in jedem Fall übermäßig reichen Familien, die seit Generationen untereinander verschwägert waren und deren Besitzungen meist in den umliegenden Dörfern lagen. Es galt noch ein alter Zunftkodex und der Adel war ausgeschlossen. Unter diesen Patriziern herrschten patriarchalische Gebräuche vor, die Söhne arbeiteten meist für ihre Väter und bewohnten in der Stadt gewöhnlich mit ihren Familien das obere Stockwerk des väterlichen Hauses; im Sommer zog die gesamte Sippe aufs Land, der *Bappa und die Mamma* bewohnten das meistenteils angenehm eingerichtete »Schloss«, die jüngere Generation die nicht sehr geschmackvollen Villen darum herum.

Der Landadel spielte keine große Rolle und hielt sich abseits bis in die jüngste Zeit. Was die Professoren betrifft, so zeichnete sich die Gruppe samt Anhang durch eine einzigartige Form der Anmaßung aus, wobei sich hinter der übertriebenen Zurschaustellung ihres gegenseitigen Respekts ein derartiger gegenseitiger Hass und Neid verbarg, wie ich ihn noch nie erlebt hatte. Sie war mir von Beginn an unsympathisch und nach ein, zwei Versuchen ging ich ihren Mitgliedern möglichst aus dem Weg. Natürlich gab es ausgezeichnete Männer unter den Professoren, die es sich wohl lohnte näher zu betrachten, schon wegen ihres hervorragenden Rufs in Europa – aber es befand sich nicht eine einzige bemerkenswerte Frau unter ihnen. Im Gegenteil, es gab da diese typische Phrase, die unablässig von weiblichen deutschen Lippen kam, und die mich furchtbar irritierte: »Mein Mann sagt ...« Immer wenn sie von diesen unwissenden, arroganten Ehefrauen der unfehlbaren Professoren kam, fasste sie für mich die unattraktivste Seite deutschen Selbstverständnisses in einem Halbsatz zusammen.

In der Gruppe der Künstler hielt ich mich selbstverständlich am häufigsten auf, hatte als *die Engländerin* und Fremde jedoch ungehinderten Zugang zu allen Gesellschaftsschichten, und ich muss gestehen, es war wirklich angenehm, in den Häusern des Großbürgertums auf gewohnte Details meiner englischen Lebensführung zu stoßen – solcherlei wie eine Badewanne, Reitsport oder Tennis fand man nur hier. Und wenn meine Künstlerfreunde meine Vorlieben und engen Kontakte zu diesen ›frivolen‹ Kreisen befremdlich fanden, so antwortete ich einfach *»In meines Vaters Haus sind viele Wohnungen«*, was mit meinem englischen Akzent immer für entspannte Erheiterung sorgte. Gerade für eine junge Künstlerin ist es unabdingbar, sich nicht einengen zu lassen durch die eigene Herkunft, aber im gesellschaftlichen Kontext war ich immer der festen, überkommenen Überzeugung, dass es aller Menschen bedarf, um die Welt vollkommen zu machen.

Im Laufe der Zeit fand ich natürlich heraus, dass es den Snobismus von Rang und Reichtum überall gab, ob in Dresden, Berlin, London oder anderen Städten. Einen Typus jedoch gab es nicht in Leipzig, den der »Internationalen Smarten«. Von diesen allseits gewandten Weltbürgern könnte ich Dutzende nennen – ob mit englischem, französischem, deutschem oder italienischem Stempel, sie tragen alle die gleiche Kleidung, denken die gleichen Gedanken, sind praktisch identisch; solche Leute würden niemals nach Leipzig kommen, und daher konnte man das bourgeoise Leben dort noch in einem relativ unverfälschten Stadium studieren.

Zurück zu den Herzogenbergs. Ende Februar 1878 hatte ich sie schließlich durch Frau Dr. Brockhaus kennengelernt und merkte sogleich, dass wir sehr gut zusammenpassten, was sich in den folgenden Jahren bewahrheitete. Über die Musik gelang es mir, Frau Lisls Abneigung gegen neue Bekanntschaften zu überbrücken, und ich wurde eingeladen, Proben meiner allseits bekannten Musikalität zu geben. Er war viel zugänglicher als seine Frau, und obwohl sie halb im Scherz mahnte, ich müsse nun aber schnell meinen Eintritt in den Bach-Verein nachholen, war er es, der unmittelbar nach dem Gespräch, das eher einem Kreuzverhör glich, vorschlug, dass ich ihm doch einmal meine Übungshefte vorlegen sollte.

Natürlich erschien ich gleich am folgenden Tag und konnte mir seinen Spott über den Unterricht am Konservatorium anhören, als er auf einen unkorrigierten Fehler nach dem anderen hinwies. Schließlich schlug er sogar vor, meinen Unterricht selbst zu übernehmen. »Das wird ein großer Spaß, denn ich habe noch nie unterrichtet«, und an seine Frau gewandt fuhr er fort: »Und da du dich schon so häufig über deine kontrapunktischen Lücken beklagt hast, wirst du ebenfalls meine Schülerin werden ... und ich werde lernen, wie man lehrt.«

Man muss nicht betonen, wie begeistert ich war, bestand aber darauf, dass er ein symbolisches Honorar von mir akzeptieren müsse. Ich blieb sofort – angeblich aus gesundheitlichen Gründen – dem Konservatorium fern und beendete es zum Sommer. Ich trat dem Bach-Verein bei, und unser Unterricht begann mit einer Einführung in sein Werk. Seltsamerweise fiel sie mir anfänglich sehr schwer, aber bevor noch ein halbes Jahr intensiver Arbeit vergangen war, hatte Bach sich in meinem Herzen den Platz als Anfang und Ende aller Musik erobert, den er nie mehr verloren hat. Und die Herzogenbergs taten ihr Bestes, meine Fortschritte zu beschleunigen.

Während der nächsten Wochen widmete ich mich mit vollem Eifer zwei Aufgaben: einerseits der entschlossenen Annäherung der Kontrapunktik und andererseits der immer noch nicht gewichenen Zurückhaltung meiner »Mitschülerin«. Bei Letzterem kam mir ein seltsam günstiger Zufall zur Hilfe. Das umfangreiche Arbeitspensum und die Aufregungen der vergangenen Monate machten sich bemerkbar. Ich bekam heftiges Herzrasen und andere warnende Anzeichen und brach eines Tages auf einem Geburtstagsfest bei den Klengels vollends zusammen. Auch Lisl war unter den Gästen; sie hatte mich in der letzten Zeit, von mir unbemerkt, doch sehr ins Herz geschlossen. Sie bestand nun darauf, mich umgehend in meine Mansarde zu bringen. Und während der anschließenden schweren Krankheit, die sich als Nervenzusammenbruch herausstellte, pflegte sie mich in einer Weise, wie ich es noch nie erlebt hatte; sie verschob sogar eine geplante Reise, um mir über die Krise hinwegzuhelfen.

Dort oben, in der anheimelnden Umgebung des alten Mobiliars unter der Dachschräge, begann die zärtlichste, ja allerzarteste Beziehung zwischen zwei Frauen, deren eine trotz ihres Alters nahezu wie ein Kind war. Mir war zwar zu Ohren gekommen, aber wieder entfallen, dass der große Kummer in Lisls eigentlich glücklichem Leben ihre Kinderlosigkeit war. Und nun wurde mir klar, wie tief und leidenschaftlich ihr Leid war (in der Tat schien es ihre einzige Leidenschaft zu sein). Kurz bevor ich sie traf, hatte sie nach mehreren vergeblichen Versuchen, die unwillige Natur zu beeinflussen, die Hoffnung aufgeben müssen. Also wurde ich die Erbin eines ungeheuren Fundus an mütterlicher Liebe.

Während der nächsten glücklichen zwei Wochen hörte ich, wie sie morgens mit dem Glockenschlag acht die Treppe hinaufstieg, auf jeder vierten Stufe kurz Atem holte, bis endlich ihr liebes, blond gerahmtes Gesicht vorsichtig durch den Türvorhang hineinschaute, ob ich noch schliefe. Schlafen! – wo ich doch wusste, dass sie kam! Nur über Mittag, wenn das Dienstmädchen für zwei Stunden zur Krankenwache herauf beordert war, pausierte Lisl von meiner Pflege, sonst war sie den ganzen Tag bei mir, wusch mich, bereitete mir auf ihrem mitgebrachten kleinen Kocher mit ihrem kulinarischen Erfindergeist die köstlichsten Dinge, las mir vor, streichelte und betreute mich ununterbrochen. Als es mir besser ging, spielte sie mir Bach und Brahms vor; sogar ihr eigenes herrliches Arrangement der neuen Symphonie, deren Noten Brahms ihr kurz geliehen hatte – sie tat alles mit der größten Selbstverständlichkeit und ohne es weiter zu erwähnen, ebenso wenig wie ihre eigene Herzschwäche. Wir taten so, und das sollte meine Mutter natürlich niemals erfahren, als sei Lisl meine Mutter. Das Ganze spielten wir mit einer Mischung aus Zärtlichkeit und Spaß, der es vor möglicher Morbidität bewahrte, vor der sie einen gelinden Horror hatte. Wir sprachen Deutsch und Englisch miteinander, und ihr Akzent war bewundernswert, ihr Vokabular floss leicht und mitunter lustig dahin, und auf irgendeine Weise immer genau passend, wie alles an ihr.

Zu Beginn meiner Krankheit hatte der Arzt befürchtete, ich könnte einen bleibenden Schaden am Herzen davontragen und daher wich Lisl nicht von meinem Krankenbett, bis er das schließlich ausschloss und meine Genesung einen guten Verlauf zeigte; erst dann war sie bereit, mit ihrem Mann die geplante Reise nach Österreich anzutreten, nicht ohne die abschließende Verantwortung an die

Tochter der Röntgens weiterzugeben. Von jedem Aufenthaltsort bekam ich Postkarten und in den zwei Wochen, bis ich so weit hergestellt war, dass ich nach England fahren konnte, wurde der tägliche Brief sehnlichst erwartet, und dazu tauchten mysteriöse Pralinenschachteln, Blumen und Bücher an meiner Schwelle auf, geschickt »im Namen der liebenswürdigen Lady von Herzogenberg«. Ich vermisste sie so schrecklich, dass mein Kopfkissen morgens meist tränendurchnässt war – eine etwas kindische Schwäche, die Lisl rührte, aber eher besorgt machte; sie liebte es, wenn sie von Frohsinn und Gelassenheit umgeben war.

Und nun, da ich in meinen Schilderungen am Beginn einer Beziehung angekommen bin, die mein Leben in menschlicher und in musikalischer Hinsicht über so lange Jahre prägen sollte, möchte ich hier an dieser Stelle nur erklären, warum mich dieser Teil meiner Memoiren so sehr berührt, dass ich erst sieben Jahre später zu einem bestimmten Datum wieder an ihn anknüpfen kann. Ich habe gesagt, dass das Schicksal die gewaltsame Trennung für uns bereithielt, und als sie endgültig vollzogen war, verstaute ich alle Briefe von Lisl so gründlich, dass ich glaubte, sie nie wieder hervorzuholen. Wenige Monate nach ihrem plötzlichen Tod, erreichte mich 1892 durch einen gemeinsamen Freund ein Päckchen mit der vertrauten Handschrift ihres Mannes: »Ethels Briefe an Lisl«. Ich habe es nicht geöffnet, sondern verstaute es wie in einer Gruft, indem ich es zu den anderen Briefen in die alte Kassette meines Vaters legte, auf der seine Titel und Bezeichnungen aus seiner Zeit als Leutnant der East India Company prangen – sie ist neunzig Jahre alt!

Und als es mir vor einiger Zeit in den Sinn kam, diese

Memoiren zu schreiben, nahm ich mir zuerst vor, sie bei meiner Abreise nach Deutschland enden zu lassen – hauptsächlich, weil ich davor zurückschreckte, diese Kassette zu öffnen. Tagelang lief ich wie benommen herum und starrte wieder auf die Tragödie und konnte es wie vor dreiunddreißig Jahren wieder nicht fassen, wie eine so reiche, schöne und zärtliche Freundschaft enden konnte. Erst allmählich gelang es mir, mich wieder den glücklichsten Jahren meiner Jugend zuzuwenden – ohne den Gedanken an das, was darauf folgte.

Nachdem ich einigermaßen wiederhergestellt war, wurde ich bei der Kanalüberquerung auf der Reise in die Sommerferien nach England wieder entsetzlich seekrank. Aber das Heimkommen war wundervoll! Der leidende, noch flügellahme »Phoenix«, wie meine Mutter mich dieses Mal nannte – statt wie sonst üblich ›Sturmvogel‹ – wurde nach Herzenslust verwöhnt. Die kleinen Geschwister spielten meine Diener, brachten und besorgten alles für mich, banden mir sogar die Schuhe. Der Glanz von Zuhause, der auch in Leipzig nie aufgehört hatte zu leuchten, schien mich in aller Herrlichkeit anzustrahlen. Wie gut ich mich an den heimischen Duft erinnere, an die Atmosphäre von allem – die unglaubliche Jugend und Unbekümmertheit der jüngeren Geschwister, die liebevolle Fürsorge der Mutter, die geliebten Hunde und Pferde! Von meinem Vater hatte ich als unbeugsame Tochter keine echte Herzlichkeit erwartet, aber die Tatsache, dass ich mein Budget nicht um einen Penny überzogen hatte – zusammen mit den Berichten über die Ernsthaftigkeit meiner Studien – hatte ihre Wirkung getan; er hatte den von mir gewählten Lebensweg akzeptiert.

Als alles Neue nicht mehr aufregend war, stellte sich bei mir Ernüchterung ein. Die deutschen Ärzte hatten eine lange Liste aufgestellt und mit ihrem Lieblingswort »Verboten« überschrieben, darunter fiel so ziemlich alles, was ich am liebsten tat – wie Reiten, Tanzen oder Tennisspielen, und Arbeiten nur in moderatem Rahmen. Ich hatte darüber, in Lisl Augen, kindische Tränen vergossen, die Verbote jedoch feierlich zusammen mit ihr und Dr. Langbein unterzeichnet. Aber ich war kaum zehn Tage zu Hause, und die schlimmsten Symptome verschwanden wie von Zauberhand. Da begann sich mein Widerstand zu regen, und ich wollte wieder anfangen Sport zu treiben, doch meine Mutter machte die Sache komplizierter als ich dachte. Es gab keine selbstlosere Seele als sie, und sie war immer für alles dankbar, was jemand für ihre Kinder tat, ganz besonders auch für Lisls tiefe Zuneigung und Pflege. Aber dass mein Leben im Elternhaus von weit entfernten Fremden reguliert werden sollte, das war zu viel für ihre mütterliche Philosophie; und ich glaube, der von ihr angeregte Arztbesuch bei Sir William Jenner, der mich tatsächlich von allen Verboten entband, war komplexerer Natur als ihre bloße Sorge um meine Genesung. Glücklich schrieb ich an Lisl, dass alle Embargos gelüftet waren, und mein Aufschlag beim Tennis besser sei als je zuvor, die Antwort jedoch fiel kühl aus. Bis zum Ende unserer Freundschaft habe ich ihr nie verständlich machen können, was Sport zu treiben für unsereins bedeutet. Diese Seite des Lebens empfand sie als trivial und einer angehenden Künstlerin unwürdig.

Ich wollte meiner Mutter während meines Aufenthaltes unbedingt eine Freude machen und kam schließlich auf die Idee, die *Liebeslieder-Walzer* in unserem Haus aufzuführen. Ich fand in der Nachbarschaft und in Aldershot Solisten mit gutem Gehör, Stimm- und Einfühlungsvermögen und konnte sie entsprechend vorbereiten; bei der Klavierbegleitung stand mir eine sehr musikalische Russin zur Seite. Es wurde eine so gute Darbietung, dass unsere Nachbarin und anerkannte Kennerin Mrs. Longman meinte, sie habe tatsächlich Londoner Niveau. Später besuchte ich noch Alice und Mary und stellte dieses Konzert tatsächlich in Edinburgh noch einmal mit gleichem Erfolg auf die Beine.

Mit Fortschreiten des Sommers kehrte mein altes Gefühl von Ziellosigkeit und Überdruss zurück, und ich sehnte mich nach meinen neuen Freunden in Leipzig. Obwohl ich in meines Vaters Augen nicht mehr das schwarze Schaf der Familie war, nahmen die Auseinandersetzungen wieder schärfere Töne an, und ich schrieb in einem traurigen Brief an Lisl, dass ich wohl nie eine bessere Selbstkontrolle lernen würde und dass »... dieser absolute Teufel in meinem Herzen nur in Leipzig zur Ruhe kommt.« Mit meiner Mutter konnte ich die anstehenden Konflikte ausräumen und so brach ich Ende September 1878 in dem Gefühl von wiedererlangter Harmonie nach Deutschland auf. Dieses Mal gelang mein Abschied ohne Vorhaltungen darüber, dass ich allein reisen wollte.

Zum neuen Jahr 1879 wurde mit Brahms am Dirigentenpult sein einziges *Konzert für Violine* in Leipzig uraufgeführt. Es wurde unterschiedlich aufgenommen und sogar von einigen, wegen angeblich unspielbarer Passagen, das *Konzert gegen die Violine* genannt. Ich für meinen Teil habe seine Musik sehr bewundert, seit ich sie das erste Mal hörte, und bei den meisten seiner Werke ist das immer so geblieben; also wäre es nur zu erwarten, dass ich den großen Meister selbst ebenso sehr verehrte. Ich fand ihn zwar nicht unsympathisch, aber seine Persönlichkeit hat mich weder beeindruckt noch angezogen; ich konnte nie verstehen, warum seine Anhänger eine so hohe Meinung von seiner intellektuellen Brillanz hatten. Im Allgemeinen war er sprunghaft und schweigsam, und es war nicht einfach, mit ihm eine Unterhaltung zu führen; nur nach einem guten Essen taute er auf. Dann war er bereit, bei zahllosen Tassen starken Kaffees über Literatur, Kunst, Politik, über Moral und die Welt zu diskutieren. Obwohl er natürlich nie etwas Törichtes von sich gab, kann ich mich dennoch nicht erinnern, dass er jemals etwas Bemerkenswertes gesagt hätte. Und auch wenn seine neuesten Äußerungen über Bismarck, die Poesie oder sogar die Musik in seiner Anhängerschaft begeistert die Runde machten, klangen sie für mich mitunter eher nach Allgemeinplätzen.

Nur in einem Fall verhielt es sich anders. Im Museum war ein Porträt des alten Kaisers ausgestellt worden, das einen solchen Sturm der Entrüstung hervorrief, dass es, soweit ich mich erinnere, mit einem »Verbot« für alle öffentlichen Galerien versehen wurde. Franz von Lenbach hatte Wilhelm I. nicht in der sonst üblichen, heldenhaft martialischen Pose eines sechzigjährigen Herrschers dargestellt, sondern er hatte das wirklichkeitsgetreue Porträt eines müden Vierundachtzigjährigen mit blassen Hängewangen und eingesunkenen, trüben Augen gemalt, von dem es hinter vorgehaltener Hand hieß, man müsse ihn in einer Nische des Stalles mühsam auf sein Pferd hieven, bevor er seine täglichen Ausritte im Tiergarten absolvieren konnte. Das Bild war pathetisch und auch schön; für mich zeigte es einen alten Kämpfer, der durchhalten würde auf seinem Ross, ganz egal auf welche Weise er aufsteigen musste. Aber die Leute, die für die Meinung der Öffentlichkeit zuständig waren, sahen darin nur ein Zeugnis des Verfalls, das der Monarchie abträglich sein würde; manche gingen sogar so weit zu fordern, das Bild müsse zerstört und der Künstler wegen Majestätsbeleidigung belangt werden. Nur wenige teilten diese Meinung nicht, aber sie äußerten sich nicht. So war ich sehr erfreut, als Brahms, der seine Ansichten immer couragiert vertrat, den ganzen empörten Aufschrei als unsinnig abtat und das auch öffentlich sagte.

Was mich hauptsächlich an ihm ärgerte, so glaube ich, waren seine Ansichten über Frauen, die allerdings mit den damals in Deutschland vorherrschenden übereinstimmten. Ich hätte nicht vermutet, dass die Haltung, die sich in der Äußerung von »Mein Mann sagt« manifestierte, so tief verwurzelt war. Relikte dieser Form der Unkultur sind auch in England noch vorhanden; Theorien dieser Art jedoch von einem Volk zu hören, das sich unabdingbar für die Logik und gegen die Gewaltverherrlichung eingesetzt hat, das würde wahrscheinlich selbst unsere Reaktionärsten abstoßen. George III., der selbst deutscher Herkunft war, hätte vielleicht vor einhundertfünfzig Jahren das berühmte Axiom von Wilhelm II. unterschrieben, nach dem Frauen ausschließlich in *die Kirche, die Küche und zu den Kindern* gehören – aber selbst noch zu meiner Zeit wird es von deutschen Frauen zustimmend zitiert.

Der Künstler und Junggeselle Brahms hatte daraus seine poetische Variante geformt, nämlich dass Frauen eine schöne Unterhaltung seien. Er bestimmte dabei eine oder zwei Ausnahmen von seiner Regel, wie es solche Männer zu tun pflegen, und bei ihm war natürlich Lisl eine Ausnahme. Ihr gegenüber war seine Einstellung tadellos – ihr begegnete er mit Reverenz, Bewunderung und Zuneigung ohne amouröse Hintergedanken. Er schmolz schon allein deshalb dahin, weil sie eine so perfekte *Hausfrau* war, die immer nur das Beste einkaufte und am glücklichsten war, wenn sie König Brahms ein exquisites Mahl vorsetzen konnte. War er zu Besuch, dann erschien sie schon einmal mit hochrotem Kopf, umrahmt von ihrem goldenen, von der Hitze stark gelockten Haar, kurz aus der Küche und rief: »Diesen Satz müssen Sie noch einmal spielen, das sind Sie mir einfach schuldig!«, und seine Verehrung schoss ihr entgegen wie die Flammen am Herd. Mit einem Wort, er war einfach wundervoll zu Lisl. Auch wenn man ihn zusammen mit Lili Wach, der Tochter Mendelssohns, sah oder Clara Schumann und ihren Töchtern oder anderen Verbindungsgliedern zu seinen großen Vorgängern, zeigte er sich von seiner besten Seite; Frau Schumann gegenüber benahm er sich wie der wohlerzogene Sohn alter Schule.

Sein Auftreten bei anderen Frauen – oder *Weibsbildern*, wie er sie oft bezeichnete – war weniger ausgesucht. Gefiel ihm ihre Erscheinung nicht, konnte er ziemlich unangenehm sein, waren sie hübsch, hatte er die peinliche Angewohnheit, sich mit geschürzten Lippen in seinem Sessel zurückzulehnen, über seinen Schnurrbart zu streichen und sie anzustarren wie ein begieriger Junge die Marmeladentörtchen. Viele Leute hielten das für ein Zeichen, wie gut er bei Stimmung war, aber es ging mir genauso auf die Nerven wie seine Witze über Frauen und seine ewigen Spötteleien über eine jede, die Verstand oder eigene Ideen hatte – selbstverständlich mit Ausnahme von Lisl. Ich habe mich oft darüber bei ihr beklagt, aber insgeheim teilte sie wohl die Haltung der meisten meiner anti-suffragistischen Bekannten, die es nicht störte, wenn alle anderen

Frauen verachtet wurden, solange sie selbst nur die männliche Gunst genossen – die typische Haltung der Fatima, des Harems Stolz.

Einer der positiven Charakterzüge von Brahms lag in seiner ehrlichen Ablehnung, vergöttert zu werden, und er hatte aus diesem Grund starke Vorbehalte gegen England, denn er fürchtete unsere Tendenz zur Heldenbildung: »Ich weiß, was ihr alles mit Mendelssohn veranstaltet habt!«, war seine stets geäußerte Befürchtung. Aber auch wenn ein Musikliebhaber ihm nur etwas Interessantes zu seinen Stücken sagen wollte, bekam er mitunter eine beißende Erwiderung, wie der Zuhörer, der nach der Aufführung eines kammermusikalischen Stücks zu Brahms sagte, dass das erste Thema hier doch nahezu identisch sei mit einem von Mendelssohn, und Brahms schlagfertig erwiderte; »Ja, ganz richtig – und jeder Schafskopf merkt's leider sofort!«

Immer wenn Brahms in Leipzig war, und das geschah fast jeden Winter, erschienen, wie von Zauberhand geleitet, weitere Komponisten wie Dvořák oder Kirchner in der Stadt, Bewunderer des großen Meisters, die ihm neidlos ihre Anerkennung zollten. Auf diese Weise lernte ich auch Edvard Grieg kennen, als die Herzogenbergs eine größere Runde zum Essen und Plaudern geladen hatten. Und ich werde nie vergessen, wie er mir eine bildliche Ohrfeige verpasste. Er war ein überzeugter Anhänger von Liszt, dagegen war es unter den jüngeren Musikern gerade Mode, diesen Komponisten von Grund auf abzulehnen; und das erklärte ich Grieg rundheraus. Was er von einem wohlverdienten, älteren Musiker vielleicht als Gesprächsbeitrag angenommen hätte, fand er aus studentischem Mund unerträglich, und sein Zorn kochte ob meiner sicher sehr undifferenzierten Bemerkungen vollends über. Er fuhr mich ziemlich laut an, was ich mir denn einbilden würde, ich junger überheblicher, kleiner Parvenü, so über diesen großen Künstler zu reden! Am nächsten Morgen jedoch, da stapfte dieser liebenswürdige Mensch in aller Frühe hoch in meine Mansarde, um sich zu entschuldigen! Und diese kleine Begebenheit legte den Grundstein für eine freundschaftliche, warmherzige Verbundenheit zwischen den Griegs und mir.

Brahms dagegen konnte auch gröber sein, und sein Humor ließ mitunter sehr zu wünschen übrig, wie ich anhand meines eigenen Namens erfuhr, der für Deutsche schwer auszusprechen ist. In aller Unschuld erzählte ich ihm, dass meine Waschfrau mich daher Frau »Schmeiß« nannte – was ja auch etwas bedeuten kann, das man auf keinen Fall erwähnen sollte und auf das sich grässliche Fliegen an nicht zu erwähnenden Orten setzen, die dann *Schmeißfliegen* genannt werden. Weil er sich schon häufig über die surrende Schnelligkeit meiner Bewegungen geäußert hatte, gab er mir daraufhin den Spitznamen *»die Schmeiß-Fliege«* und fand das Wortspiel unwiderstehlich, aber Lisl war so empört über den geschmacklosen Scherz, dass er ihn unterlassen musste.

Eine Äußerung, die Brahms den Ruf einer großmütigen, generösen Wesensart einbrachte, ergab sich, als es unter seiner Anhängerschaft allgemein üblich wurde, sich über Wagner verächtlich lustig zu machen, und er zu antworten pflegte: »Seine Nachahmer sind es, die sich zum Affen machen, der Mann selbst hat durchaus etwas zu sagen.«

Ich mochte Brahms am liebsten, wenn er am Klavier saß und seine eigenen Kompositionen spielte oder Bachs mächtige Orgel-Fugen; dann traten mitunter seine Stirnadern hervor, seine wunderschönen, strahlend blauen Augen umwölkten sich, und er schien zur Inkarnation der geballten Kraft zu werden, aus der sein Werk geschmiedet ist. Wie jeder große Künstler kannte er seinen Wert, dennoch war er einer der bescheidensten Männer, die mir begegnet sind, und verehrte seine großen Vorgänger tief. Es ärgerte und irritierte ihn, wenn er auf eine Stufe gestellt wurde mit Bach oder Beethoven und wenn man seine eigene *Symphonie in C-Moll* in direkter Nachfolge von Beethoven auch die »Zehnte Symphonie« nannte. Als er einmal bei einer Probe Reineckes dem langsamen Satz einer Mozart Symphonie lauschte, sagte er leise zu Lisl: »Ich würde all meinen *Kram* geben für dieses eine Andante!«

In seiner eigenen Art behandelte mich Brahms sehr nett und väterlich, zweifellos hauptsächlich deshalb, weil seine Freunde mich ins Herz geschlossen hatten. Ich vermutete aber sehr bald, dass er eine Komponistin niemals würde ernst nehmen können, und ich hatte daher auch nicht den Wunsch, wiewohl von ihm ermutigt, ihm meine Arbeiten zu zeigen. An einem Tag hatte ihm Lisl dennoch ohne mein Wissen eine kleine Fuge von mir gezeigt, und ich kam dazu, wie er sie gerade ernsthaft und genau mit ihr analysierte.

Völlig erstaunt und überwältigt konnte ich nicht an mich halten und platzte los: »Und finden Sie nicht auch, ich könnte hier sehr wohl mit der Dominante enden, wenn ich es so fühle?«

Die Atmosphäre änderte sich schlagartig, sein ironisches Lächeln kam zurück, und indem er sich über den Bart strich, sagte er mit freundlich-tadelnder Herablassung: »Aber sicher, mein liebes Kind, Sie können das Stück enden lassen, wann und wo es Ihnen beliebt!«

Da war es wieder! Er hatte sich plötzlich erinnert, dass ich ein Mädchen war und unter eines Mannes Würde, mich ernst zu nehmen. Wäre die Arbeit von einem beliebigen Mann gewesen, hätte er ihre Qualität gelobt, aber so war sie nicht mehr erwähnenswert.

Nehmen wir einmal an, ein Verleger wäre dabei gewesen – wie hätte sich wohl diese kleine Szene auf meine späteren Veröffentlichungen ausgewirkt?

Diese kleine Fugen-Geschichte erinnert mich an eine andere Begebenheit aus späteren Jahren, die künstlerisch begabte Frauen allgemein betrifft. Ich hatte Levi, dem berühmten Wagner-Dirigenten, ein großes Chorwerk von mir gezeigt; er war ein aufgeschlossener Mann, der sich nicht scheute, der Wahrheit ins Gesicht zu sehen.

Nachdem er mein Werk angehört hatte, sagte er: »Ich hätte niemals geglaubt, dass eine Frau das geschrieben hat!«

Und ich antwortete ihm: »Nein, und noch schlimmer ist, Sie werden es auch in Zukunft nicht für möglich halten!«

Er schaute mich einen Moment an und sagte dann langsam: »Ich denke, da haben Sie recht!«

Das Vorurteil würde einfach seinen persönlichen Eindruck und seinen Intellekt beherrschen – am Ende würde ihn sicher das Gefühl beschleichen, dass da mit Sicherheit irgendwo ein Fehler stecken musste …! Diese Anzweiflung weiblicher Fähigkeiten behindert Frauen sogar noch stärker als materielle Hemmnisse.

Ein einziges Mal gelang mir ein kleiner Triumph über Brahms. Ich hatte von Herzogenberg die Aufgabe bekommen, Inventionen nach Art von Bach zu schreiben. Bei nächster Gelegenheit spielte Lisl eine davon Brahms vor, sagte jedoch, es sei ein neuer Fund der Bach-Gesellschaft.

Ein gewisser Harmoniewechsel sei zwar zu seiner Zeit nicht üblich gewesen, aber da Bach so vieles vorweggenommen hatte, habe er es wohl auch hier getan. Brahms' Antwort muss ich hier unbedingt im Wortlaut zitieren: »Dem Kerl fiel doch immer wieder was Neues ein!«

Als die Wahrheit aufgedeckt wurde, gab es ein warmes Lob für die Komponistin!

Aber mein größter Erfolg bei Brahms – der übrigens überzeugt war, jeder Mensch ähnele einem Instrument, und mich »die Oboe« nannte – hatte nichts mit Musik zu tun. Angestachelt durch seine Missachtung meines Geschlechts schrieb ich ein Spottgedicht, dessen letzte Strophe lautete:

Der Große Brahms hat's neulich ausgesprochen:
»Ein g'scheidtes Weib, das hat doch keinen Sinn!«
D'rum lasst uns emsig uns're Dummheit pflegen,
Denn nur auf diesen einen Punkt ist Wert zu legen
Als Weib und gute Brahmsianerin!

An jenem Abend gab es ihm zu Ehren ein Dinner, und jeder, der mit ihm über seine Musik sprechen wollte, bekam von ihm das Gedicht präsentiert und musste es auf der Stelle lesen, was seine Bewunderer entsetzlich fanden, wie mir berichtet wurde.

Meine vielen kleinen Impressionen können ihm sicher nicht annähernd gerecht werden. Schon damals wusste ich von seiner wunderbaren, stillen Großzügigkeit gegenüber ärmeren Musikern und Freunden in Not. Und ich sah auch, obwohl sein Zynismus gegenüber Frauen durch die Sensibilität seines Werkes und mehr noch die Auswahl seiner Liedtexte Lügen gestraft wurde, dass dies jedoch sein Frauenbild nicht bestimmte. Ich erlebte Brahms als integren Menschen mit seelischer Größe, die all seine Musik durchdringt; doch andererseits sah ich auch bei ihm eine unmittelbare Selbstsucht, wie man sie bei Menschen findet, die ein Sendungsbewusstsein empfinden und daher nur um sich selbst kreisen – wie Brahms selbst es bei Wagners Tod zu spüren bekam, als er auf seine Beileidsbekundungen mit dem Kranz, den er sandte, keine Antwort erhielt. Ein Freund der Wagners erzählte mir später einmal hämisch, Cosima habe gesagt: »Warum sollten wir auf diesen Kranz in irgendeiner Form reagieren? Soweit mir bekannt ist, war dieser Brahms kein Freund unserer Kunst!«

Gebrochene Herzen und neuer Anfang

In der Regel blieb ich in der Weihnachtszeit in Leipzig, aber dieses Mal wollte ich den Spätherbst und Winter in Italien verbringen. Die letzten vier Jahre hatte ich in Musiktheorie Galeerenarbeit geleistet, nun wollte ich einmal ganz ohne Anleitung die Praxis erkunden und auch mit anderen Formen der Ästhetik in Berührung kommen, kurz, den Süden kennenlernen. Für Lisl, die zufrieden war mit ihrem ruhigen Leben, war diese Sehnsucht nach südlichen Gefilden ein weiteres Zeichen meines maßlosen Lebenshungers – meines *Lebensteufels*, wie sie mir vorzuhalten pflegte. So war die Stimmung etwas angespannt, als ich aufbrach, um über die Schweiz nach Florenz zu reisen, wo ich auch ihre Schwester Julia Brewster treffen sollte.

In Interlaken hatten die Wachs mich in ihr Chalet eingeladen, und hätte Lili Wach nicht aufgrund meiner Müdigkeit nach der langen Fahrt im Abteil der dritten Klasse protestiert, wäre der Vater gleich am folgenden Tag zu unserer ersten Klettertour aufgebrochen. Der ›Schildhorn‹, den er später aussuchte, ist nur ein Anfängerberg, doch er schenkt eine wunderbare Aussicht auf die drei ›Berner Giganten‹, ein betörender Anblick für jemanden wie mich, die Landschaft und Abenteuer über alles liebt. Aber ich hatte großes Pech. Genau mit dem Knie, das ich mir im Sommer in England verstaucht hatte, prallte ich weit vor dem Gipfel auf einen Felsen, musste mit mühsam ausgestrecktem Bein den Berg wieder hinunter humpeln, was die Hüfte in Mitleidenschaft zog, und so war meine Bergsteigerkarriere zu Ende, bevor sie begonnen hatte. Das St.-Gotthard-Massiv tröstete mich mit seinem Gruß auf dem Weg nach Venedig. Von dort ging es nach wenigen Tagen weiter nach Florenz.

Über die Brewsters hatte ich schon viel von Lisl gehört, ihre große Bewunderung für ihre alles überragende Schwester Julia war ein ständiges Thema in ihren Briefen und unseren Gesprächen. Diese Verwandten mussten Übermenschen sein, die in ihrem Elfenbeinturm lebten und außer den gemeinsamen Freunden, dem deutschen Bildhauer Adolf von Hildebrand und seiner Frau, keine Seele in Florenz kannten. Ich wusste, dass Julia Brewster elf Jahre älter war als ihr Ehemann (er war zu jener Zeit einunddreißig), und ich hatte auch von ihren außergewöhnlichen Ansichten über die Ehe gehört, die mit Lisls in keiner Weise übereinstimmten, obwohl sie betonte, dass die beiden in ihrer eigenen Welt lebten und nicht mit normalen Maßstäben beurteilt werden konnten. Es hieß, sie hätten die kirchliche Trauungszeremonie nur vorgenommen, um Julias Familie nicht zu verletzen, hätten das alles damals sehr ›komisch‹ gefunden und auf keinen Fall als bindende Verpflichtung verstanden. Würde einer der Eheleute der Verbindung überdrüssig sein oder sich in jemand anderen verlieben, würde das Verhältnis ohne Weiteres aufgelöst werden können. Beide Seiten glaubten fest daran, dass ein solches Vorkommnis ihre »Freundschaft«, wie sie es nannten, weder zerstören noch wesentlich beeinträchtigen könnte, da sie auf weit stabilerer Grundlage ruhte als einem bloßen Eheversprechen.

»Hab keine Angst«, sagten sie immer, »vor dem, was das

Leben auch bringen mag, akzeptiere es, und die Götter werden dich hindurch geleiten.« (Hier sollte ich ergänzen, dass dies Henrys Credo bis zum Ende blieb, obgleich er im Laufe der Zeit erfahren musste, dass es etwas gab, das sich die menschliche Natur nennt, und als diese seine Theorien zerschlug, hörte er auf, sich dagegen zu stemmen.)

Soweit zu Lisls Vorbericht. Im persönlichen Kontakt mit den beiden fand ich jedoch bald heraus, dass in Wahrheit Julia die Eremitin war, während ihr Mann Henry (oder H. B. oder Harry, wie er auch genannt wurde) im Kern seines Wesens das menschliche Miteinander liebte, wenn bislang auch nur in sehr abstrakter Weise. Viele Jahre später wurde mir klar, dass Julia zum Zeitpunkt unseres Treffens bei ihm schon eine verstohlene Hinwendung zu seinen Mitmenschen wahrgenommen hatte und es für das Gescheiteste hielt, keinerlei Widerstreben zu zeigen. Also wurde ich nicht, wie ich das fast erwartet hatte, höflich mit Ausreden abgespeist, sondern in der Via de' Bardi auf das Wärmste willkommen geheißen.

Meine Bekanntschaft mit dem Mann, der dazu bestimmt war, mein bester Freund zu werden, begann von meiner Seite lustigerweise mit einer gewissen Aversion, und das trotz seiner reizenden Persönlichkeit. Da er über die Jahre so gut wie keinen Umgang mit irgendjemandem außer seiner Frau gehabt hatte, begegnete er allen mit größter Zurückhaltung, was bei einer Person, die offenbar sozusagen eine *âme d'élite* besaß, einen großen Charme hatte, und er brachte es sogar fertig, witzig, amüsant und umgänglich zu sein, wenn er merkte, dass man ihn mochte. Er schien äußerst belesen und klug zu sein, und er sah noch dazu sehr gut aus – hatte einen gepflegten Schnurrbart,

Nase und Augenbrauen waren perfekt geschnitten, die braunen Augen lagen eigentümlich weit auseinander, sein blondes Haar fiel weich. Es war das Gesicht eines Träumers und auch eines aufmerksamen Beobachters, und er hatte die freundlichsten, zuvorkommendsten Umgangsformen, die man sich nur denken kann. Aber leider Gottes ... seinen Denkansatz fand ich furchtbar! Er war je zur Hälfte Amerikaner und Engländer, aber aufgewachsen in Frankreich, was ihm eine bedingungslose Passion für den romanischen Kulturraum mitgegeben hatte. Die Anwesenheit einer Anglomanin, die den sportlichen Männertyp immer und überlaut hervorhob und noch dazu Deutschland liebte, reizte ihn zu derart paradoxen Äußerungen und Scherzen, dass man es nicht ertragen konnte: So bestanden für ihn Shakespeares Werke lediglich aus einer Anhäufung von bombastischem, schlechtem Stil, Goethes Ergüsse über die Natur nannte er einfach nur schamlos, und er meinte, dass die Spontaneität der Tod der Inspiration sei, und so weiter und so fort ...

Seine eingefleischte Abneigung gegen alles Deutsche wurde sonderbarerweise von seiner Frau geteilt, deren Vorfahren aus Deutschland und Österreich stammten und deren Großmutter eine polnische Seitenlinie einbrachte. Julia war das absonderlichste menschliche Wesen, wenn sie denn menschlich zu nennen war, dem ich oder irgendjemand jemals begegnet ist. Faszinierend, enigmatisch, unnahbar, mit einem Schillerprofil und hellblondem Haar, und obwohl ich ihrem Zauber völlig erlag, wusste ich am Ende meiner zwei italienischen Winter noch viel weniger über sie als zu Beginn. Dies außergewöhnliche Paar sprach zu Hause französisch, was Lisl und mich tief beeindruckte; sie siezten sich, und auch wenn sie offenbar eine enge Beziehung hatten, gab es in der Öffentlichkeit niemals auch nur das leiseste Zeichen von etwas, das man in *bourgeoiser* Manier als Zuneigung hätte deuten können. Folgte man ihrer Sichtweise, so musste ihnen das Eheleben der Herzogenbergs sicherlich seltsam und provinziell erscheinen, mit einem leichten Geruch nach Sauerkraut. Darüber hinaus sprach Julia in einer Art über Lisl, wie man über eine nette, sehr musikalische Frau spricht, die man irgendwo getroffen hat und auch durchaus gern einmal wiedersieht, wenn man nicht gedrängt wird. Meine Freundin tat mir leid, wenn ich an ihre unkritische Verehrung ihrer eher zur Kritik neigenden Schwester dachte; die Brewsters aber amüsierten sich über meine Begeisterung für Lisl und hielten an ihrer Überzeugung fest, dass eine Frau, die in aller Öffentlichkeit die Hand ihres Ehemanns streichelt, unmöglich ein wirklich kultiviertes Wesen sein konnte. Der häusliche Aspekt des Lebens wurde als unwesentlich betrachtet, und so bekam ich durch die zwei lieben, kleinen, blonden Kinder einen ersten Eindruck des Familienlebens, als sie sich, hübsch angezogen, leise aus dem Wohnzimmer schlichen und ihnen niemand Gute Nacht sagte.

Um es zusammenzufassen, die Brewsters passten in keine der bekannten Kategorien; sie waren beide anregende, originelle Gesprächspartner und immer bereit, ihr moralisches Konstrukt zu diskutieren, das Familienleben eingeschlossen – natürlich nur als allgemeine These. Frau Hildebrand dagegen, unsere gemeinsame Freundin, vertrat mir gegenüber die Meinung, dass ihre ganzen herrlichen Theorien zerbröckeln würden beim ersten ernsthaften Kontakt mit der Realität, gegen die sie sich so sorgfältig abschirmten. Dem widersprach ich vehement, denn die Brewster'sche Entschlossenheit, mit allem, was das Schicksal bereithielt, allein fertig zu werden, entsprach genau meiner Lebensphilosophie, aber ich hätte eine derart kompromisslose Courage und Abenteuerlust nicht einmal im Traum für möglich gehalten.

Ein paar Wochen nach meiner Ankunft in Florenz entschloss sich H.B. plötzlich, auf Löwenjagd in Algerien zu gehen, worüber ich nicht besonders enttäuscht war, denn wie üblich war es die Frau, der meine hauptsächliche Aufmerksamkeit galt. Wahrscheinlich wollte er für ein Projekt auch sein Arabisch verbessern. Aber er kannte wohl die arabische Geschäftstüchtigkeit nicht gut genug, und wie wir erfuhren, wurde er ziemlich übervorteilt und hörte nur einen einzigen Löwen brüllen, von Ferne, irgendwo in der Wüste.

Was ich damals noch nicht ahnte, war, dass Henry Brewster sich in mich verliebt hatte. Er informierte Julia über diese Tatsache (was wohl nicht mehr nötig schien) und war mit ihrer Zustimmung nach Afrika gereist, um über seine Vernarrtheit hinwegzukommen. Wie üblich war ich ganz und gar von der Frau eingenommen und hatte nicht die leiseste Vermutung, was der wahre Grund für seine Expedition war, von der er kurz vor meiner Abreise nach Berchtesgaden zurückkam – und zwar in dem guten Glauben, und auch dem Julias, völlig geheilt zu sein.

Nun hatte ich während des ganzen Aufenthalts wegen meiner Einschränkungen durch den Unfall in den Schweizer Bergen sehr wenig von Italien gesehen und nahm daher den Vorschlag Julias freudig an, ich möge doch im Winter und Frühjahr wiederkommen.

Bei diesem zweiten Aufenthalt erkundete ich das Land viel auf eigene Faust, machte zum Beispiel lange Wanderungen den Arno entlang, wobei ich nach einem unangenehmen Zwischenfall bei meinen nächtlichen Touren immer einen Revolver einsteckte. Frau Hildebrand war entsetzt über meine Alleingänge, aber Julia, die dieses Mal viel zugänglicher war, reagierte positiv auf meine unkonventionelle Art. Gegen Ende meiner zweiten Italienzeit, im Mai 1884, kam ich nicht mehr umhin mir einzugestehen, dass ich mich nun meinerseits in Henry Brewster verliebt hatte. Und so wenig ich seine früheren Gefühle für mich bemerkt hatte, so viel weniger wusste ich, dass sie mit aller Macht zurückgekehrt waren. Sehr viel später erfuhr ich, dass Julia diese Möglichkeit vorausgesehen hatte; aber voller Stolz und im Vertrauen auf ihre Macht hatte sie meinen zweiten Aufenthalt eingeleitet, gewissermaßen als *tour de force*.

Schließlich wurde die Situation offen angesprochen und gemeinsam von uns dreien in aller Ruhe durchdiskutiert. Julia schlug sogar vor, er solle ab und zu zur Jagd nach England kommen. Auf diese Weise könne man herausfinden, ob die ganze Sache auf mehr als bloßer Imagination beruhe. So sprach sie, aber ich denke, sie glaubte tief im Innern, dass diese närrische Angelegenheit eines natürlichen Todes sterben würde, sobald sie der freien Luft ausgesetzt werde. Ich dagegen erklärte schließlich – trotz seiner Proteste – die Sache für beendet.

Ich verließ Florenz und traf die Herzogenbergs wieder in Berchtesgaden; natürlich erzählte ich Lisl sofort, was geschehen war und dass Julia nicht den kleinsten Vorwurf mir gegenüber erhob, aber dass ich die Verbindung abgebrochen hatte. So trennten wir uns bei ihrer Abfahrt, wie sie es formulierte, »enger, wenn auch tragischer verbunden als je zuvor«.

Im folgenden Winter, den ich in Leipzig verbrachte, überzeugte mich Harry (wie H.B. immer häufiger genannt wurde), den Kontakt wieder aufzunehmen. Julia habe wieder und wieder beteuert, dass sie nur darauf warte, bis mit Sicherheit feststehe, dass unsere Gefühle für einander echt seien, um ihr seltsames Abkommen zu krönen, indem sie seiner Beziehung mit einer anderen Frau ihren Segen geben würde. »Aber wie können wir das unter Beweis stellen«, drängte mich Harry, »wenn du das Band zwischen uns zerschnitten hast?«

Wahrscheinlich spielte Julia auf Zeit, wie beim ersten Mal. Sie hatte die Natur seiner (und auch meiner) Gefühle falsch eingeschätzt, war zu stolz, sich einzugestehen, dass sie ihm nicht die vereinbarte Freiheit geben konnte, und setzte nun darauf, dass ich bei meinem spontanen Entschluss bleiben würde – einem instinktiven Entschluss, wie man ihn von jedem anständigen englischen Mädchen meiner Zeit und Kinderstube erwarten konnte: die Entsagung.

Es verstand sich von selbst, dass Lisl von Anfang an skeptisch war, was Julias vorbehaltliche Einwilligung betraf. Meine Briefe, in denen ich Julia um die Erklärung ihrer Position und um Unterstützung bat, beantwortete sie mit vagen Theorien. Harry platzte zweimal plötzlich in Leipzig herein, um mit mir zu verhandeln; ich erinnere mich an eine solche ›Verhandlung‹ unter einem zugigen Torbogen bei minus zwölf Grad, die von elf Uhr nachts bis drei Uhr morgens dauerte. Schließlich schaffte er es bei seinen Besuchen, meine Zweifel an Julias Zustimmung auszuräumen. Und wenn es mir danach auch nicht gelang, Lisls Skepsis auszuräumen, so hörte sie doch auf, mir zu widersprechen – eine Tatsache, die sie hinterher bereute.

Es war ein schrecklicher Winter für sie und auch mich, für uns beide.

Sie wusste um jede kleine Wendung, jede Handlung, meine ganzen Herzensangelegenheiten waren ihr bekannt, und wenn die Furien böse Nachreden in meine Richtung loslassen und Lisl etwas angeblich neu Entdecktes über mich zutragen wollten, so gelang ihnen das nicht. Sie wusste genau, dass ich keinen Vorteil aus der Situation ziehen würde, aber ihre aufrechte Natur misstraute allem, was nicht in gewohnter Tradition verankert war, allen neuen Richtungen, die ich dagegen stets bereit war einzuschlagen. Und dann muss ich noch zugeben, dass wahrscheinlich die meisten verheirateten Frauen in bestimmten Situationen ähnlich fühlen; sie war skeptisch, ob ich nicht dort, wo ich absolutes Vertrauen propagierte, das stolze Banner der Ehe beschmutzte. Unsere Dispute waren endlos und mitunter quälend, besonders für sie, da sie sich auf unsicherem Terrain fühlte. Aber ich war überzeugt, dass ich wusste, was ich tat, und da ich die einzige Person war, die sie wirklich und ganz eng ins Vertrauen gezogen hatte, konnte ich sie manchmal von meiner Meinung überzeugen, und sie begab sich versuchsweise hie und da hinaus aus ihrem engen Gesichtskreis.

Mit Erleichterung möchte ich mich etwas Erfreulicherem aus jenen Wochen zuwenden, dem Besuch meiner Mutter in Leipzig nach diesem sich endlos hinziehenden Winter. Es ging ihr zu dieser Zeit sehr gut, und ich ermutigte sie, ein paar ihrer eleganten Kleider mitzubringen, ein verzeihlicher Wunsch, denn ich wollte, dass sie sich wohlfühlen und in jeder Hinsicht gut ankommen sollte, was auch geschah. Die Begeisterung meiner Freunde schmeichelte mir;

ich sah sie niemals strahlender. Ich spielte ihr die Hauptthemen und Passagen von allen Konzerten vor, die wir besuchten, und fühlte mich ihr dabei sehr nah. Meine Freunde wetteiferten darin, ihr ihre Logen zu überlassen oder ihre Kutschen zu leihen, und überschütteten uns mit ihrer Gastfreundschaft. Am meisten freute es mich, wie sehr meine Mutter von Lisl eingenommen war, was mir noch jetzt, wo ich die Erinnerung aufleben lasse, die Tränen in die Augen treibt. Die beiden sahen sich täglich, und das Zimmer meiner Mutter war immer voller Blumen von Lisl.

Ihr Deutsch zeigte zu Beginn noch einige französische Anlehnungen; diese seien ihr immer präsenter, wie sie mir sagte. In unseren gemeinsamen Stunden vertraute sie mir auch an, wie gut sie sich noch an das Zusammenleben mit ihrer Mutter in Paris erinnerte, besonders als diese in ihrer vollen Schönheit und mit großer Liebe zur Musik noch ihren Salon geführt hatte. Das war vor der Zeit, als ihre unglückselige zweite Ehe dazwischenkam, die bald durch einen Gerichtsbeschluss wieder aufgehoben wurde. Man verstand nicht, warum sie nicht nach England zurückkehrte, nun, da sie endlich ihren nicht standesgemäßen Ehemann los war, aber Bonne Maman hatte keine Lust, sich allenthalben mit dem hämischen Spruch »Ich hab's dir gleich gesagt« ihrer Verwandten zu konfrontieren, die eine Scheidung ohnehin als Schande betrachteten. So wurde meine Mutter von ihrem kinderlosen Onkel in Norwich aufgenommen, und Sir Edward Stracey bemerkte schnell, dass er sich da ein hübsches ›französisiertes‹ junges Mädchen ins Haus geholt hatte, das eine wunderbare Singstimme besaß und von den weniger brillanten Verwandten als gefährliche Konkurrentin angesehen wurde. Zu der Zeit war mein Großvater Smyth Direktor der Bank von

Norwich, und so lernte meine Mutter meinen Vater kennen, der gerade aus Indien auf Heimaturlaub war. Zur Hochzeit bekam sie von ihrem Onkel einige wertvolle Diamanten geschenkt, die sie auf Reisen sicherheitshalber immer bei sich trug, mal an geheimer Stelle eingenäht, mal in einem kleinen braunen Päckchen.

Mit ihrem Witz und der schnellen Auffassungsgabe, ihrer musikalischen Begabung und der von spanischen Vorfahren ererbten, beinahe südlichen Schönheit muss sie die *Queen* in dem gesellschaftlichen Zirkel meines Vaters gewesen sein. Sie war in der Tat sehr unenglisch; ihre Bewegungen und Gestik waren lebhaft und ihre Ansichten das Gegenteil von dem, was man ›insular‹ nannte. Wenn es jemanden gab, der für das Gesellschaftsleben bestimmt war, dann war sie es. Ich staunte immer über den Wandel, der mit ihr vorging, wenn sie als Gastgeberin auftrat, über ihre hervorragenden Manieren, ihre Freude daran, ihre Gäste zu unterhalten; und obwohl ich in Zeiten finanzieller Engpässe ihre Schwäche für aufwendige Garderobe tadelte, muss man zugeben, um es mit dem charmanten französischen Ausdruck zu sagen – *elle portait bien sa toilette*.

Ihre größte Begabung und Freude aber war zweifellos die Musik, wie ich in Leipzig wiederum miterleben konnte, als ich sah, wie hingebungsvoll sie unser erstes gemeinsames Beethoven-Konzert in sich aufnahm. Das freute mich umso mehr, als sie in ihrem tiefsten Inneren eine gewisse Tragik zu verbergen schien. Alice, ihre Lieblingstochter, sagte immer, dass unsere Mutter im Grunde ein glücklicher Mensch gewesen sei, aber eine gewisse Neigung dazu gehabt habe, sich zu überarbeiten, eine Neigung, die mehr und mehr die Oberhand gewann, in dem Maße wie ihre

Jugendkräfte schwanden. Dennoch besaß sie einen wunderbaren Humor, ein fröhliches Lachen und eine Leichtigkeit, die mich bisweilen erstaunten. Inmitten einer dunklen Phase konnten ein gerade für sie aus Paris angekommener Hut oder ein Strauß Rosen, den der Gärtner ihr hereinbrachte, sie im Nu wieder fröhlich stimmen. Und sie liebte meinen Vater sehr, war vielleicht sogar ein wenig eifersüchtig auf seine Popularität. Er schätzte gutes Essen, und es gab stets ein oder zwei befreundete Ladys, die den lieben General nur zu gern auf seinen Landpatrouillen bewirteten. Er behielt diese kleinen Verwöhnungen für sich, nur gelegentlich geschah es, dass sich eine seiner Gastgeberinnen aus Versehen verplapperte – dabei wurde mir zum ersten Mal bewusst, dass das bedeutendste Charakteristikum des britischen Mannes nicht gerade in seiner Tugendhaftigkeit bestand. Doch das ist schon lange her, und meine Mutter hatte in den letzten Jahren nur noch die geringen Unterhaltungsmöglichkeiten auf dem Land zu beklagen.

Der krönende Abschluss ihrer Leipzigreise war eine große Dinnerparty, zu der sie all die vielen Menschen einlud, die in den letzten Jahren unermüdlich für mich dagewesen waren. Sie sah wunderschön aus, trug alle ihre Diamanten und ließ sich von Herzogenberg zu Tisch führen, während Lisl zu ihrer Linken Platz nahm. Dr. Philipp Fiedler gab ein wirklich charmantes Gedicht zum Besten, das voller reizender Anspielungen auf ihre Tochter war, und auch alle anderen unterhielten sich blendend. Am nächsten Morgen fuhr sie zurück nach England und sie übertrieb sicher nicht, als sie wieder und wieder betonte, sie sei in letzter Zeit nie glücklicher gewesen als in diesen zwei Wochen.

Bald danach verließen die Herzogenbergs Leipzig, und ich kam zum Bahnhof, um sie noch einmal zu sehen, wie man es Hunderte von Malen sagt, ohne sich etwas dabei zu denken. Ich merke mir Daten nicht besonders gut, aber der 7. Mai 1885 hat sich mir eingeprägt als der Tag, an dem ich innerlich gestorben bin. Als der Zug langsam in der Kurve verschwand, sah ich, wie Lisl immer noch am Fenster winkte ... und ich habe sie nie wiedergesehen in dieser Welt, außer in meinen Träumen.

Denn im Sommer trafen sich Lisl und Julia und sprachen zum ersten Mal ausführlich über alles. Julia gab sich ruhig und ungeschlagen und erklärte, dass ihr Mann und sie noch mitten im Diskussionsprozess stünden, dass noch gar nichts entschieden sei – aber Lisl erkannte, dass das Herz ihrer Schwester längst gebrochen war. Ihrer beider zutiefst eifersüchtige, alte Mutter machte Lisl die bittersten Vorwürfe, sagte, sie habe sie schon immer vor diesem »hinterhältigen englischen Mädchen gewarnt«, und Lisl wurde von der Mutter und auch von ihrem Bruder vor die Wahl gestellt, sich zwischen der Familie und mir zu entscheiden. Direkt ausgesprochen oder nicht, es gab keinen Zweifel mehr an Julias Wünschen. In Österreich ist die Familie heilig; die alte Baronin von Stockhausen war eine ebenso brillante wie aufbrausende Frau, vom Teufel geritten, wie ich es nie wieder erlebt habe. Und Lisl hatte eine tödliche Angst vor Konflikten, vielleicht weil sie instinktiv wusste, wie die meisten Menschen, die an einem Herzklappenfehler leiden, dass Aufregung jederzeit den plötzlichen Tod bedeuten kann. All das wurde mir erst viele Jahre später bewusst ... aber noch bevor die Herbstblätter abgefallen waren, war ich aus Lisls Leben verbannt – und ich wiederum hatte Harry aus meinem verbannt.

Lisl schrieb mir, die einzige Möglichkeit der Wiedergutmachung sei für sie, mich aufzugeben, und mein Part dabei sei es, dies anzunehmen und aus ihrem Leben zu verschwinden. Ich konnte meinen Augen kaum trauen, als ich ihre Zeilen las, aber was mir am tiefsten ins Herz schnitt, waren ihre Abschiedsworte: »Das Sinken unseres kleinen Schiffes ist nur eine kleine Episode im totalen Schiffbruch.«

Wenn ich das heute noch einmal lese, wundere ich mich auch nach dreiunddreißig Jahren noch, dass ich damals nicht wahnsinnig geworden bin. Sieben Jahre lang war mein Leben mit dem der Herzogenbergs auf das Engste verbunden gewesen, ob im musikalischen oder menschlichen Sinn – ich war wie ihr Kind gewesen. So verbrannte ich also mein Boot hinter mir und ging in die Wüste.

Nun stand ich vor der Frage, wie ich mein zukünftiges Leben gestalten sollte. Ich verbrachte den folgenden Winter zu Hause in Frimhurst und da Herzogenberg eine Professur an der Berliner Hochschule bekam, ging ich im Sommer wieder nach Leipzig, dann wieder nach Frimhurst. Aber ich spürte, dass meine musikalische Seele nach meiner geistigen Heimat Deutschland verlangte.

Und so traf ich im Herbst 1887 Tschaikowsky in Leipzig wieder. Von allen Komponisten, die ich kenne, hatte er die angenehmste Persönlichkeit, ein kultivierter Gentleman, ein Mann von Welt. Sogar seine Abneigung für Brahms konnte meiner Sympathie nichts anhaben, und dies ist das sicherste Zeichen für seinen Charme! Tschaikowsky konnte stundenlang mit mir über Brahms streiten; er setzte sich dann ans Klavier, schlug einige Akkorde an und erklärte mich für hypnotisiert, wenn ich diesen Pedanten gut fände, da mein Instinkt mich in anderen Punkten doch auch nicht im Stich lasse! Außerdem verstand er meine Anhänglichkeit in Bezug auf meinen Hund Marco nicht, aber erklärte sie sich als englischen Spleen.

In einem Punkt waren wir einer Meinung: die Instrumentation war in meiner Ausbildung zu kurz gekommen. Er riet mir eindringlich, ich solle meine Aufmerksamkeit auf das Orchester lenken, nicht länger so zurückhaltend sein und seine ganze Fülle ausnutzen. »Was geschieht«, so fragte er mich, »bei einem normalen Gespräch, bei lebendigen Menschen? Hören Sie auf den Tonfall ihrer Stimmen ... da können Sie etwas über Instrumentierung lernen!« Ich setzte seinen Rat sofort um und ging nur noch mit dem Ziel in Konzerte, die Orchestereffekte zu studieren. Meine neuen Eindrücke füllten ganze Notizbücher – und seitdem bin ich am Klang mindestens ebenso interessiert wie am Inhalt und halte beide für untrennbar.

Mein Leben war fortan das einer Pendlerin zwischen Deutschland und der englischen Familie. München war mein nächstes Ziel, um dort mit dem leitenden Dirigenten der Hofoper Hermann Levi zu arbeiten, und ich brach auf mit einem Gefühl, das mir in früheren Zeiten unbekannt gewesen war – ich hatte Angst vor der Zukunft. Es ist nicht leicht, von Neuem loszuziehen, wenn dich das schlechte Gewissen plagt, wenn deine Mutter sich nicht ganz gesund und einsam fühlt, wenn dein verwundetes Herz sich immer noch nicht von den Trennungsschmerzen erholt hat, wenn deine eigene Gesundheit angeschlagen ist – da mag sich der alte Abenteuergeist nicht einstellen. Außerdem sah ich dem Treffen mit den Fiedlers angespannt entgegen, denn sie hatten damals am Ende für

Lisl und gegen mich Partei ergriffen. Und Conrad Fiedlers Wort war allgemein von großem Gewicht; der bekannte Autor philosophischer Bücher, eine anerkannte Autorität auf dem Gebiet der Malerei und Skulptur und großzügiger Förderer hungernder Künstler, kam aus reichem Haus und führte das Leben eines Privatiers und unabhängigen Gentleman. Jeder buhlte um seine Aufmerksamkeit. Seine Frau Mary war der Typ, der von allen Porträtisten nicht nur wegen des Reichtums ihres Ehemanns umschwärmt wird. Als wir uns kennenlernten, war sie noch recht jung und auffallend schön, groß gewachsen, mit kühnem Blick aus wundervoll blauen Augen, goldblondem Haar und unvergleichlichem Teint. Im Gegensatz zu den meisten meiner auf diesen Seiten erwähnten Freunde ist sie noch am Leben, daher sei hier nur gesagt, dass wir viele Jahre lang sehr voneinander angetan waren, was lediglich durch den Bruch mit Lisl getrübt wurde.

Aber es stellte sich heraus, dass ein längerer Aufenthalt der Herzogenbergs bei den Fiedlers in München eine Wende gebracht hatte. Mary Fiedler hatte Lisl bei dieser Gelegenheit näher kennengelernt und erneut über ihr Verhalten mir gegenüber nachgedacht, was Lisls strahlenden Charme deutlich gemildert hatte – kurz, sie war entthront. Sicherlich hatte das Mitleid mit mir eine Rolle gespielt, aber ich bemerkte auch, dass Mary Fiedler, die immer schon eine glühende Wagnerianerin gewesen war, inzwischen unter einen viel stärkeren Einfluss als den Lisls geraten war; trotz der strikten Distanz ihres Mannes zum Wagnerismus war sie zur Intima von Wahnfried geworden. Und ich hörte aus Marys kleinen, sarkastischen Bemerkungen über die Herzogenberg'sche ängstliche Bewahrung ihrer engen Idealwelt vor jeglichem frischen Wind sowie deren beschränkte Sicht auf die Kunst und das Leben sehr deutlich die Stimme von Cosima Wagner heraus.

Diese umtriebige Frau war viel zu clever, viel zu sehr Dame von Welt, als dass sie sich die gelegentliche schmückende Anwesenheit sorgfältig ausgesuchter Ketzer in ihrem inneren Zirkel entgehen ließ. Sie hatte nicht das Geringste dagegen einzuwenden, dass ein Mann vom Rang eines Conrad Fiedler es ablehnte, die Wagner'sche Kunst anzuhimmeln und sogar ihre Prinzipien infrage stellte – zumal er den in ihren Augen größten Vorzug besaß – er war reich. Andererseits wurde mir einmal von zwei überzeugten Cosima-Anhängerinnen zugetragen, dass sie es genoss, die Herzogenbergs und ihren Kreis um Brahms herabzuwürdigen, wo es nur ging. Umso erstaunter war ich, als ich sie später einmal, 1892 in Berlin, traf und hörte, wie sie nach dem Tod von Lisl Herzogenberg sagte, das vorzeitige Ableben dieser »Zierde der deutschen Musik« habe ihr Herz zum Bluten gebracht! Aber ich bemerkte im selben Moment, dass unsere Gastgeberin, die Lisl wirklich sehr geschätzt hatte, unmittelbar neben uns stand – und die war ihres Zeichens eine der bedeutendsten Ladys des Deutschen Reiches! Welche Schwächen Cosima auch gehabt haben mag, diese Frau machte niemals halbe Sachen!

Doch zurück nach München. Zunächst hatte mich die Stadt bezaubert, ich mochte die Architektur der alpinen Häuser, wiewohl meine Freunde sie zum Teil lächerlich fanden. Und die Alpen selbst, die an manchen Tagen unmittelbar vor den Toren zu liegen scheinen, faszinierten mich ebenso wie die reißende, eisgrüne Isar, durch die die Gletscher näher zu dir heranrauschen, von denen dein Bergsteigerherz träumt. Mein Hund Marco stürzte sich jeden Tag in die kalten Fluten, um den Stöcken nachzujagen, merkte aber bald, dass er schon, bevor ich einen Stock warf, losspringen musste, um zu sehen, wohin dieser von der starken Strömung abgetrieben wurde. Kluger Hund!

Weitere sympathische Züge zeigte die seltene Mischung von Stadt- und Landbevölkerung, die in ihrer Tracht zum Markt kam, und auch die Unverstelltheit und der Humor der Menschen gefielen mir, bevor ich herausfand, wie unzuverlässig die Bayern sein können. Überdies begegnete ich hier einer selbstverständlich gelebten Religiosität, die mich anzog. Die städtischen Kirchen waren gut besucht, und die beherrschende Rolle des ländlichen Katholizismus faszinierte mich; sie machte einen angenehmen Unterschied zu der unbeschreiblichen Flachheit der Lutherischen und Freidenker-Gemeinden im ländlichen Norden Deutschlands. Die Krönung aber war, dass München sogar bis vor Kurzem eine Stadthexe besessen hatte, die allerdings in einen Vorort verbannt worden war, nachdem ihre unlauteren Geldgeschäfte ans Licht kamen. Aber ihr großer Kundenkreis, dem viele bedeutende Bürger angehörten, war ihr getreulich gefolgt, wenn auch nur, um sich das Horoskop lesen zu lassen …

Ich besuchte auch die Schlösser des verrückten Königs und den See, in dem er untergegangen war, eingehakt in den Arm seines Arztes, den er mit sich riss. Kurz nach der Tragödie war ich gerade durch München gefahren und traf im Zug auf einen köstlichen alten Mann, der sagte: »Nur eins freut mich, dass endlich einmal der Arzt vom Patienten umgebracht wird!«

Fiedler nannte eine kuriose Sammlung von Drucken sein Eigen, die des Königs Aktivitäten als Architekt und Innenausstatter in Entwürfen zeigte; eine Geliebte Wagners hatte sie ihm bereitgestellt. Der große Künstler brauchte zur Inspiration bekanntermaßen *le décor*, und der König war entschlossen, dass es ihm daran in seiner Umgebung nicht fehlen sollte. Was könnte ein solch fürsorgliches Mäzenatentum noch überbieten?

Anfang November lernte ich dann zum ersten Mal die bayerische Hinterhältigkeit kennen, als meine Vermieterin mir aus heiterem Himmel mitteilte, der omnipotente Hauseigentümer hätte sie wissen lassen, sie müsse sofort die verbotenerweise an eine alleinstehende Dame untervermietete Wohnung kündigen. Ich dürfe nur gnädigerweise die vorausbezahlte Miete bis zum 1. Dezember abwohnen – war er ein Frauenhasser oder ein Wahnsinniger oder wollte sie mich einfach loswerden?

Ich arbeitete gerade unter großem Zeitdruck mit Levi und auch für Manns Crystal-Palace-Konzerte an einer *Serenade* und der *Ouvertüre zu Shakespeares ›Antonius und Kleopatra‹*. Auch von zu Hause kamen nur beunruhigende Nachrichten; mein Bruder Bob wurde mit seiner Einheit nach Indien versetzt, was meine Mutter schmerzte, denn nun verließ das letzte Kind das Haus, und unseren sonst zuversichtlichen Vater drückten finanzielle Probleme. Ich habe noch nicht erwähnt, wie großzügig und klaglos er mir meinen jährlichen Unterhalt von 120 Pfund gewährte, nun, da er an meinen Erfolg glaubte. Also beschloss ich, obwohl ich mich kränklich fühlte und auch seelisch immer noch nicht wieder ganz genesen war, mir ein kleines Zimmer zu suchen, um meine Lebenshaltungskosten zu senken. Hinzu kam eine weitere Erfahrung mit bayerischer Zuverlässigkeit: Ein Kopist nach dem anderen sagte mir seine termingerechte Arbeit zu, um zwei Tage später von einer mysteriösen Krankheit niedergestreckt zu werden, bis ich endlich alles selbst in die Hand nahm, mehr als zwölf Stunden täglich arbeitete, nur noch schreckliche Sachen aß und mir fast keine Bewegung mehr gönnte.

Trotz aller Sorgen gelang es mir ab und zu, die Opernloge, die mir Levi großherzig überlassen hatte, zu nutzen. Und eines Abends blickte ich erstaunt in einige bekannte englische Gesichter – Lady Trevelyan und zwei ihrer Töchter, die ich im Sommer bei meiner Schwester Mary kennengelernt hatte. Die Trevelyans waren beeindruckende Menschen, sehr musikalisch und ihre Ansichten über Kunst stimmten völlig mit den meinen überein. Sie waren unabhängige Geister, die man nirgends einordnen konnte, aber es mag zur Klärung beitragen, dass sie Katholiken waren, so streng katholisch, dass sie die anglikanische Bekehrung überhaupt nicht zur Kenntnis nahmen. Lady Trevelyan war Irin und Sir Alfred ebenso feinsinnig wie die ganze Familie. Die Mädchen hatten in Deutschland Musik studiert und ließen sich nicht durch ihr Gefühl leiten, sondern verfügten über ein sicheres Fachwissen und Urteil. Pauline, die Älteste, war die Musikalischste der Familie und so etwas wie ihr Mittelpunkt. Aber ich hätte mir nicht träumen lassen, dass in einem Moment, als mein Leben fast wertlos geworden war, nachdem alles dahin und mein Teuerstes in den Schmutz gezogen war, dass in dieser Situation ein Wunder die Wende bringen würde … und dass Pauline dieses Wunder in Menschengestalt war. Meine Zukunftsangst verließ mich natürlich nicht, aber die Anwesenheit der Familie machte sie um vieles erträglicher. Wir genossen gemeinsam die Musik, und besonders bei dem Konzert von Beethovens *Missa Solemnis* war mir, als hätte ich sie noch nie so intensiv erlebt; mein aufgewühltes Gemüt ließ mich den Schrecken gewisser verschleierter Passagen der Bratschen und Celli plötzlich als Überwältigung durch Sünde, Tod und Gericht erleben ... und die wilden Trompeten stießen einen flammenden Ruf nach mir aus ...! Wie mich all das noch für Stunden verfolgte!

In diesen Wochen begann, was sich zu einer bedeutungsvollen Beziehung entwickeln sollte – meine Freundschaft mit Pauline. Weder Empfindsamkeit noch Intellekt kommen der Beschreibung ihres Wesens nahe; um mit ihrer Mutter zu sprechen, könnte man es wohl eher ein nahezu überirdisches Element nennen. Ihre außergewöhnliche Liebenswürdigkeit und filigrane Schönheit waren dabei nur das Gewand ihrer Seele und ihrer tiefen Religiosität. Sie besaß eine große Lebensfreude und lachte gern – und das Besondere an ihr war, dass sie den Eindruck erweckte, als sei sie unserer Welt von einem anderen Planeten nur für eine Weile überlassen worden ... wie sich herausstellte, nur für eine kurze Weile.

Ich verstand sie nicht immer, aber ich fühlte mich von ihr verstanden. Ihr instinktives Durchdringen der Unwägbarkeiten des Lebens schien grenzenlos. Mit ihr konnte man immerzu schweigen und doch sicher sein, dass man Teil ihres Geistes war. Wie seltsam berührt war ich, als ich erfahren musste, dass dieses heitere, zufriedene Wesen von Kindheit an von Schmerzen heimgesucht wurde. Auch meine Gesundheit war immer noch sehr mitgenommen, und als mir die Trevelyans von den heilenden Wirkungen einer Kneippkur berichteten, ging ich mit ihnen für einige Wochen nach Bad Wörishofen. Es tat mir gut an Körper und Geist; ich führte viele Gespräche mit Pauline, über ihre und meine Überzeugungen, über den Katholizismus, und ich entdeckte, wie sehr sie Dienerin zweier Passionen war, Religion und Musik.

Anschließend fuhren wir gemeinsam zurück nach München. Als sie kurz darauf mit ihrer Familie weiter nach Cannes reiste, ließ sie mir ihr Exemplar der *Nachfolge Christi* von Thomas von Kempen zurück. So kam es, dass ich, erschöpft von der Zimmersuche, erneut erkältet und fiebrig am Weihnachtsabend allein mit dem Buch und meinem Hund Marco in einer schrecklichen Unterkunft auf dem Bett lag und ununterbrochen las. Wenn ich nicht genau wüsste, dass ich nur den ganzen Weihnachtsabend dort verbracht habe, würde ich denken, ich hätte tagelang gelesen, denn ich konnte einfach nicht mehr aufhören.

Auf einmal war alles klar: Ich hatte immer nur an mich selbst gedacht; nichts anderes hatte für mich gezählt, außer meine Pflicht mir gegenüber. Immer nur ich. Da war es kein Wunder, dass, was immer ich anfasste, zu Staub und Asche zerfiel, dass sogar Lisl für mich verloren war und dass ich vergeblich in die Wüste hinausgegangen war. Plötzlich lag mein Weg klar vor mir ... der Vorrang der Musik musste auch über Bord geworfen werden, denn es gab nur den einen Weg zum Glücklichsein: den Verzicht. Ich musste zurück nach Hause und die Last auf mich nehmen, mich um meine Mutter und die finanziellen Schwierigkeiten zu kümmern. Niemand würde mehr irgendeinen Kummer von mir erfahren, außer dass ich im Moment krank war und Pflege brauchte. Und ich würde versuchen, weiterhin Musik zu machen in Frimhurst ... was so war, als wolle man Wasser flussaufwärts fließen lassen. Nun ja, aber genau das bedeutete Verzicht.

Am nächsten Morgen gelang es mir irgendwie, nach

Hause zu telegrafieren, um mich anzukündigen, und mich in den Weihnachtsgottesdienst einer kleinen englischen Kirche zu schleppen. Ich blieb in einer dunklen Ecke sitzen und weinte unaufhörlich vor mich hin. Ich konnte nicht am Abendmahl teilnehmen, blieb noch lange dort sitzen und ging endlich zurück in mein Zimmer – erfüllt von einem großen Frieden. Während der ganzen Heimfahrt war ich zu fiebrig um zu lesen, aber ich hielt das kleine Buch wie ein Amulett in meinen Händen. Ich weiß nur noch, dass meine Mutter mich willkommen hieß und dass ich gleich darauf für mehrere Tage im Bett lag und viel schlief, ehe ich allmählich wieder zu mir kam und mich ein wenig erholte.

Nach meiner Rekonvaleszenz konnte ich langsam wieder anfangen zu komponieren, und bei der Weiterarbeit an der *Serenade in D* beherzigte ich Tschaikowskys Ratschläge. Es war bei ihrer Aufführung im April 1890, mit der mich der Dirigent August Manns im Crystal Palace den Londonern präsentierte, dass ich zu meiner Überraschung Harry wiedersah. Als ich mich zum Schluss dankend verbeugte, erkannte ich ihn in der Reihe hinter meiner Mutter. Er hatte zufällig das Plakat gesehen, vor seiner Abfahrt nach Amerika, wo er sein Buch *The Prison* vorstellen wollte, und war kurzentschlossen ins Konzert gekommen. Danach saßen wir beim Tee und sprachen über all das, was in den fünf Jahren seit unserer Trennung passiert war. Er meinte, nun, da ich am ernsthaften Beginn einer professionellen Karriere stünde, könne ich ihm mit meinen weitreichenden Beziehungen sicher helfen, in Kontakt mit englischen Autoren zu kommen. Sein Schreiben hatte inzwischen gute Fortschritte gemacht, und gegen solch einen beruflichen Austausch würde Julia bestimmt keine Einwände haben.

Unsere Korrespondenz wurde zu einer festen Gewohnheit, wobei die genaue Art der nun herrschenden Beziehung zwischen Julia und H. B. niemals direkt zur Sprache kam. Gelegentlich deutete er jedoch an, es müsse möglicherweise zu einer Beendigung unseres Briefwechsels kommen. Nebulöse Situationen waren mir immer verhasst, und so verlor ich die Geduld und hatte gerade erklärt, wir sollten uns in Zukunft auch öffentlich treffen oder jeglichen Kontakt gänzlich unterlassen, als das Kaleidoskop zutiefst erschüttert wurde und sich ein völlig neues Bild ergab. Im Januar 1892 starben kurz hintereinander Lisl und ihre Mutter. Sie war einige Monate zuvor bereits leidend gewesen, was mir niemand zugetragen hatte. Dann kam eines Morgens das Telegramm: »Lisl ist gestern gestorben.« Erneut sackte mir der Boden unter den Füßen weg. Aber nachdem ich mich wieder gefangen hatte, fällte ich eine Entscheidung: Von Stund an würde ich einen neuen Kurs fahren. Ich setzte mich alsbald hin und schrieb Julia einen Brief in einem Ton, der sie ziemlich erstaunt haben muss: Jahrelang hätte ich so gut ich konnte versucht, den Schaden, den ich, ohne es zu wollen, angerichtet hatte, wiedergutzumachen. Worauf sie stets nur entgegnet hätte, meine Angelegenheiten gingen sie nichts an. Und nun sei es – wegen ihrer Unerbittlichkeit – zu genau der Situation gekommen, die ich immer am meisten gefürchtet hatte: Lisl war gestorben, ohne mir ein Wort des Abschieds zukommen zu lassen. »Von jetzt an«, schloss ich den Brief, »werde ich mein Leben so führen, wie ich allein es für richtig halte, und mich nicht mehr im Geringsten um Sie scheren.«

Von da an bestimmte nicht mehr sie, sondern ich den

Verlauf der Freundschaft zwischen H. B. und mir, die sich als neue Konstante in meinem Leben erwies.

Dafür war ich nun besonders dankbar, denn das Jahr davor war von einem zusätzlichen, heftigen Schmerz überschattet worden. Meine Mutter war im Januar 1891 gestorben. Wir hatten über Weihnachten die Henschels zu Besuch gehabt, und sie litt darunter, dass sie sich wegen ihres schwachen Herzens nicht so einbringen konnte, wie sie es gewohnt war, und dass sie sich durch ihre stärker werdende Schwerhörigkeit immer häufiger ausgeschlossen fühlte. Daher erstaunte es mich umso mehr, wie sie es über die Feiertage schaffte, sich nichts anmerken zu lassen – sie wollte keine Spielverderberin sein. Es muss etwas mit dieser großen, inneren Anstrengung zu tun gehabt haben, als sie am Neujahrstag plötzlich verkündete, dass sie nicht mehr in Frimhurst leben, sondern nach London umziehen wolle. Mein Vater hatte sich, genau wie wir alle, in letzter Zeit große Sorgen um ihre Gesundheit gemacht, aber für den Moment konnten wir sie umstimmen und kurz danach wieder aufheitern. Sie kam sogar einige Tage später voller Stolz von einer Teestunde bei den Nachbarn zurück und erzählte uns, sie habe Komplimente über ihr gutes, jugendliches Aussehen bekommen (sie war sechsundsechzig, aber mitunter sah man ihr das wirklich nicht an). Doch die Krankheit gewann die Oberhand, und sie starb am 12. Januar.

Es schmerzt mich, wieder daran zu denken, aber ich muss noch eine persönliche Erfahrung anfügen, die mit ihrem letzten Moment hier auf Erden zu tun hat. Es schien ihr wieder besser zu gehen, aber der Arzt hatte uns gewarnt, der Grund zur Besorgnis sei noch nicht vorüber.

Am Nachmittag gegen fünf Uhr wurde sie furchtbar rastlos, und obwohl sie sich wieder beruhigte und erklärte, jetzt könne sie ein wenig schlafen, gefiel uns ihr Aussehen gar nicht, und wir beschlossen, den Arzt zu rufen. Der Kutscher lag gerade selbst krank darnieder, und so half mir jemand, das hin und her tänzelnde Pferd vor den Zweisitzer zu spannen, und ich machte mich allein auf den Weg ins fünf Meilen entfernte Blackwater. Es war eine bitterkalte, sternenklare Nacht, das Pferd rutschte und scheute auf der teilweise vereisten Straße, und meine Angst, nicht schnell genug zu sein, wuchs und wuchs ins Unerträgliche ... Da schoss plötzlich ein matter Lichtstrahl über den Himmel, und ich sagte zu mir: »Sie ist tot.« Soweit man nachrechnen konnte, musste es ungefähr der Moment gewesen sein, in dem sie ihre Seele aushauchte ...

In meiner Jugend hatte ich die Angewohnheit, Sentenzen auszuschneiden und schön zu kolorieren; eine, die ich ganz speziell für meine Mutter gemacht hatte, hängte sie sich über ihr Bett und erzählte mir später einmal, ich würde ja gar nicht ahnen, wie oft ihr diese Worte geholfen hätten: »Lass den Kummer nicht in dein Herz«. Kurz bevor der Sarg geschlossen wurde, legte ich ihr dieses kleine, bemalte Schriftband auf die Brust. Wenn ich über die Geschehnisse nachdenke, die Ende 1889 in meiner alptraumartigen Rückkehr nach England endeten, so zähle ich sie nun zu den größten Gnaden, die mir gewährt wurden, weil sie meiner Mutter und mir zu unserem letzten gemeinsamen Jahr verholfen haben.

Durch den Erfolg meiner Serenade, den meine Mutter noch miterlebt hatte, wurde die Aufführung anderer Werke etwas leichter. Und zu meiner Freude kam auch meine

Schaffenskraft zurück. Ein innerer Friede breitete sich in mir aus; der Hass auf Lisl und ihre Verachtung fielen von mir ab, und ich dachte viel über meine Mutter und meine eigenen Unzulänglichkeiten nach. Ich war in München zu einer neuen religiösen Überzeugung gelangt, und diese *Munich Mood*, meine Münchner Gemütslage, war keine vorüberziehende Stimmung; immer, wenn ich Pauline gelegentlich wiedersah, sagte ich es auch ihr: Ich wollte, ich musste unbedingt eine Messe schreiben! In den nächsten achtzehn Monaten, in denen ich hart daran arbeitete, spürte ich stets den Gedanken an Christus im Grund meiner Seele. Und um die Erzählung von meiner Phase intensiven Glaubens abzurunden, sollte ich sagen, dass ich beim Komponieren meiner *Messe in D* versuchte, meine tiefsten religiösen Gefühle und alles, was in meinem Herzen war, in dieses Werk hineinzulegen.

Aber es war wirklich sehr eigenartig – sobald ich die Messe vollendet hatte, verließ mich mein tiefer Glaube und kehrte in der Form auch nicht wieder zurück.

Imperiale Unterstützung

Nachdem meine Mutter gestorben war, blieben mein Vater und ich als einzige Bewohner in Frimhurst zurück. Die Ruhe im Haus und die Zeit der Trauer hatte ich damit gefüllt, an der *Messe in D* zu arbeiten; sie war Pauline in liebevoller Erinnerung gewidmet.

Nun sah ich mich in ganz England nach einer Aufführungsmöglichkeit um. Unsere Nachbarin, meine liebe Freundin und großmütige Förderin, Kaiserin Eugénie, die Gattin von Napoleon III., war genauso erfreut wie ich, als der Direktor der Königlichen Chorgesellschaft die *Messe* ›vorläufig‹, das hieß wahrscheinlich für die Saison 1892, für die Royal Albert Hall akzeptierte. Die etwas vage Äußerung des Direktors beunruhigte uns beide jedoch, und so überlegte die Kaiserin, es könnte vielleicht hilfreich sein, ihn darüber zu informieren, dass sie selbst bei der Aufführung anwesend sein werde. Das war ein großartiger Freundschaftsdienst, denn sie hatte sich seit 1870, seit ihrer Flucht aus Frankreich, strikt geweigert, in der Öffentlichkeit aufzutreten.

Vielleicht fühlte sie sich gewissermaßen als Patin meines Werkes, denn sie hatte mir wieder einmal nicht nur beträchtliche Zuwendungen für die Druck- und Kopierkosten gewährt, sondern ich hatte sie auch als *›demoiselle d'honneur‹* nach Cap Martin begleiten dürfen, wo sie eine Villa bauen ließ und wo ihre Jacht lag, auf der große Teile der *Messe* entstanden. Auf dieser Seereise (die ich teils mit Genuss, teils mit meinem üblichen Leiden absolvierte) lernte ich die Kaiserin noch besser kennen.

Ihr lebhaftes Interesse an der Welt faszinierte mich; alles und alle fanden ihre Aufmerksamkeit, sei es Politik oder Wissenschaft oder die Menschen im Allgemeinen, und im Besonderen jene Frauen, die sich bemühten, die Vorurteile gegen das weibliche Geschlecht zu überwinden. Sie handelte bereits als Feministin, lange bevor das Wort erfunden wurde: Während ihrer Regierungszeit ergriff sie die Gelegenheit, im gesamten Postbereich feste Stellen für Frauen einzuführen, und zwar mit einer Regelung, die nicht rückgängig gemacht werden konnte.

Sie hatte sich für die Malerin Rosa Bonheur eingesetzt, die international anerkannte Studien über die Tiere machte, die sie malte. Als der nur mittelmäßig begabte Bruder der weltbekannten Künstlerin statt ihrer den Orden der Ehrenlegion erhalten sollte, weil eine Frau nicht Mitglied in der Ehrenlegion sein konnte, war es mit das Verdienst der Kaiserin gewesen, dass er Rosa Bonheur dennoch 1894 als erster Frau zugesprochen wurde.

Selbstverständlich trat Kaiserin Eugénie für das Frauenwahlrecht ein, und ich habe selten gesehen, dass sie so begeistert von einer Person war wie von Emmeline Pankhurst (obwohl sie natürlich gegen jede Gewaltausübung war ...). Ihr gesamtes Auftreten, die gründlich durchdachten Ansichten, die die Vehemenz ihrer brennenden Überzeugung milderte, und nicht zuletzt ihre elegante Erscheinung nahmen die Kaiserin so sehr von ihr ein, dass ich Mrs. Pankhurst mehrere Male zu ihr zum Lunch mitbringen musste. Bei sämtlichen Fragen des Arbeitsrechts galt sie der Kaiserin als höchste Instanz, und diese bedauerte das absurde Verbot unserer Verfassung, die einen solch ›staatsmännischen‹ Geist nicht zur Regierung zuließ.

Die Episoden aus ihrer eigenen politischen Vergangenheit beeindruckten mich immer am meisten. In einer ging es um den Antwortbrief, den der König von Preußen nach der Schlacht von Sedan an sie schrieb, in dem sie ihn beschworen hatte, um des zukünftigen Friedens willen solle er nicht den Fehler begehen, Elsass-Lothringen zu annektieren. Der König antwortete, wenn er französisches Territorium annektiere, dann nicht um Deutschland zu vergrößern, es sei bereits groß genug, sondern um sich gegen einen zukünftigen Angriff Frankreichs abzusichern. Diesen Brief zusammen mit anderen des Zaren und des österreichischen Kaisers wollte sie den französischen Archiven übergeben, nicht aber der Regierung. Worauf es hieß: »Diese Briefe sind doch eine wundervolle Rechtfertigung Ihrer Majestät!«, und sie scharf entgegnete: »Ich werde niemals etwas sagen oder tun zu meiner Rechtfertigung! Hier geht es um historische Wahrheiten!« Als ich bei ihrer Erzählung ihre stolze Miene sah und die blitzenden Augen, die sie wie stets bei heftigen Gemütsbewegungen in eine unglaublich junge Frau zu verwandeln schienen, da fragte ich mich, ob Clemenceau diese Nuance wohl verstanden hatte?

Sie vertraute mir auch sehr Persönliches an, zum Beispiel wie sie, nachdem ihr Mann Napoleon III. in der Schlacht von Sedan in Gefangenschaft geraten war, durch eine abenteuerliche Flucht der Verfolgung in Paris entkommen war. Von Mr. Evans, dem bekannten Zahnarzt und inoffiziellen Berater ihres Mannes, war sie in einer Kutsche aus dem Palais de Tuileries zunächst in seine Praxis geleitet worden und dann verkleidet nach Deauville zur Überfahrt ins englische Exil.

Nach dem Tod ihres Mannes war sie später nach Farnborough Hill gezogen, das nur ein paar Meilen von unserem Haus entfernt liegt. Man kann sich vorstellen, was es für meine Mutter bedeutete, in das dortige französische Ambiente geladen zu werden. Zu der Zeit pflegte die Kaiserin zum Abendessen sehr aufwendige Kleider zu tragen, und als sie einmal mit einer etwa zwei Meter langen, schwarzen Seidenschleppe zum Dinner schritt, trat mein kurzsichtiger Vater darauf, und da er gerade in die Konversation mit der Frau an seinem Arm vertieft war, bemerkte er es erst, als sie sich nach hinten beugen musste, um loszukommen. Sie nahm sein entsetztes Bedauern mit demselben Humor, den sie meinen sportlichen Fahrradfahrten von unserem zu ihrem Domizil entgegenbrachte. Ich hatte mir gleich eines der ersten Damenräder gekauft. Kurz vor dem Ziel wechselte ich in einem nahe gelegenen Gebüsch gewöhnlich in eine etwas ›standesgemäßere‹ Kleidung, bis sie an einem Regentag davon erfuhr und mir lachend von da an ein Umkleidezimmer in ihrem Haus zur Verfügung stellte.

Ihr Vorschlag, sich einem Auditorium zu zeigen, den ich selbst niemals zu machen gewagt hätte, ließ mich erkennen, wie genau sie die Situation für englische Musiker einschätzen konnte. Verfügten Komponisten über ausreichende Mittel, erkämpften sie sich auf diese Weise ihren Weg. Konnte man es sich dann am Ende nicht auch noch leisten, Dutzende von Eintrittskarten an Freunde und Förderer zu verschenken, musste man das Publikum auf irgendeine Weise zum Kauf bewegen. Der große Dirigent Sir Thomas Beecham bemerkte einmal ironisch, man solle vielleicht vor jedem Konzert einen Elefanten Kopfstand machen lassen oder sonst eine Art von Volksbelustigung als ›Zugnummer‹ organisieren.

Die Kaiserin hatte erfahren, dass der Herzog von Edinburgh Präsident der Königlichen Chorgesellschaft war, und so dachte sie, es wäre vielleicht von Vorteil, wenn sie der Königlichen Familie bei nächster Gelegenheit ihre Sympathie für mich zur Kenntnis bringen würde. Queen Victoria pflegte der Kaiserin in den Herbstmonaten eines ihrer schottischen Anwesen zur Verfügung zu stellen, und so kam es, dass ich im Oktober eingeladen wurde, die Kaiserin auf Birkhall zu besuchen. Birkhall war eher ein Gutshof, nicht sehr groß, aber inmitten einer schönen Landschaft, etwa acht Meilen vom königlichen Landsitz Balmoral entfernt.

Am Tag nach meiner Ankunft kamen der Herzog und die Herzogin von Connaught und Prinz Henry von Battenberg zu Besuch herüber, und ich wurde gebeten, etwas zu singen. Was zur Folge hatte, dass Queen Victoria die Nachricht schickte, sie wünsche, dass ich ihr am nächsten Tag bei ihrem Besuch auf Birkhall vorgestellt werde.

Mary Crawshay, deren Scherze ich nur zu gern wiedergebe, erwiderte einmal auf die Bemerkung einer älteren Lady aus Südafrika, dass man mit dem englischen Wetter keine Spielchen treiben solle: »Das ist richtig, und wenn, dann nur welche, die man *im* Haus spielen kann!« Aber das Leben der Queen bestand in einem einzigen langen Freiluft-Wettkampf mit dem schottischen Wetter. Und in der Tat tobte am nächsten Tag ein derartiger Sturm, dass ich mir nicht vorstellen konnte, wie sich eine ältere Lady vor die Tür wagen könnte. Aber man sagte mir, die Queen käme auf jeden Fall und wahrscheinlich wie immer in ihrer offenen Kutsche, und dass ihre Hofdamen ebenso wenig wie sie selbst warm eingehüllt sein würden, denn die Königin bekam niemals eine Erkältung und konnte Decken und Pelze nicht leiden. Einige der Hofdamen waren schon etwas betagt, doch offenbar wurden alle Unbilden schottischer Regenwinde von ihrer Loyalität in Diensten ihrer Majestät überglüht. Auch ein anderes Stärkungsmittel, nämlich die Furcht, dass man die ›liebe Queen‹, wie sie immer (und zu recht) genannt wurde, verärgern könnte, mag etwas damit zu tun gehabt haben, denn die erste Regel im ABC der Höflinge hieß: »Sie sind niemals und unter gar keinen Umständen krank.« Es ist nicht bekannt, dass eine Hofdame jemals an Lungenentzündung gestorben wäre – was wahrlich niemanden ob der stundenlangen Ausfahrten bei Wind und Wetter gewundert hätte.

Die Queen wurde am Nachmittag um drei Uhr erwartet, aber die Kaiserin inspizierte lange vorher alle Gänge und schaute angestrengt in den sturmgepeitschten Garten hinaus, denn die Queen liebte es nicht, auf unerwartete Leute zu stoßen. Kaiserin Eugénie und Madame Arcos empfingen die Queen und Prinzessin Christian am Portal, und der erst kurz zuvor entrollte rote Teppich war schon vom Regen durchweicht, bevor die hohen Herrschaften nur einen Fuß darauf gesetzt hatten. Dann entschwanden die drei Damen von Geblüt in den Salon, während Madame Arcos und Lady Amphtill, die Leibdienerin der Queen, zusammen mit mir in dem angrenzenden Raum zum Dienst bereitstanden. Bald steckte die Kaiserin ihren Kopf herein, gab mir einen Wink, ich folgte ihr, und siehe da, schon war ich zu Ihrer Majestät vorgelassen.

Auf einem gewöhnlichen Rohrsessel, zweifellos weil man aus ihm leichter hochkam, saß eine ältere, winzige Person mit genau dem Gesichtsausdruck, den man von Fotos kannte, auf dem Kopf einen weißen, knappen Strohhut mit einem schwarzen Band unter dem Kinn. Es ist bekannt, dass die Königin trotz ihrer Erscheinung, die nicht gerade majestätisch wirkte, eine äußerst beeindruckende Würde ausstrahlte. Ich wäre sicher eingeschüchtert gewesen, wären da nicht diese wundervollen blauen, fast kindlichen Augen gewesen und das hinreißendste Lächeln, das ich je auf einem Antlitz gesehen habe. Ich war instruiert worden, dass die Queen es niemandem gestattete, ihr aus dem Sessel zu helfen, trotz ihrer chronischen Ischialgie und ihres Gehstocks. Zu meinem Erstaunen hievte sie sich nun mit einem Ruck hoch und begrüßte mich, wobei man sich sehr zusammennehmen musste, damit man ihr nicht eine helfende Hand unter den Ellbogen schob.

Ich erinnere mich nicht, worüber wir sprachen, außer dass sie ausnehmend freundlich war und dass Prinzessin Christian, die immer das rechte Wort im rechten Augenblick parat hatte, mit einem Mal erwähnte, dass sie vom Bischof von Rochester und dessen Frau schon viel von mir gehört hatte. Abgesehen davon, dass dieser der Dekan von Windsor gewesen war und später Erzbischof von Canterbury wurde, war er der Seelsorger der Königin und einer ihrer engsten Vertrauten und Ratgeber. Es sprach zweifellos zu meinen Gunsten, dass ich mit ihm verwandt war, denn sein Bruder hatte meine älteste Schwester geheiratet.

Einem Besucher mit einer belanglosen Konversation die Befangenheit zu nehmen, wie das manche Monarchen tun, entsprach weder ihrer Art noch der Tradition, in der sie erzogen worden war. Die Kaiserin, die Frau mit der größten sozialen Kompetenz, die ich je kennengelernt hatte, plauderte in ihrem freundlich leichten Ton und zeigte dabei ein Verhalten, das anscheinend nur für die Queen reserviert war; es war wie das eines unbefangenen, aber sehr aufmerksamen Kindes, das mit seiner Großmutter spricht. Ich wurde aufgefordert, etwas zum Besten zu geben, und sang einige deutsche Lieder, die der Queen so zu gefallen schienen, dass die Kaiserin sich ermutigt fühlte zu sagen: »Sie sollten sie erst einmal ihre *Messe* singen hören!« Worauf ich das *Benedictus* und das *Sanctus* anschloss, was in dem verhältnismäßig kleinen Raum, wenn man die Soli und die Orchestereffekte anstimmte, eine recht geräuschvolle Darbietung war – aber mit einem guten Ergebnis und echtem Gefallen, wie die folgenden Ereignisse beweisen sollten. Zum Schluss brachte die Queen ihre Hoffnung zum Ausdruck, dass die Kaiserin mich mit nach Balmoral bringen möge, worauf ich entlassen war und mich zu den Ladys der offiziellen Entourage im Nebenzimmer gesellte.

Wir tranken Tee und zu meiner Erbauung durfte ich zum ersten Mal dem gewählten Gesprächston lauschen, der in diesem Kreis üblich war. Der Sturm war wieder heftiger geworden und der Regen hörte sich an wie ein Wasserfall, als ich Lady Amphtill fragte, ob die Queen denn auf dem Rückweg ihre Kutsche schließen würde, und bekam die Antwort: »Oh, nicht doch, meine Liebe, das glaube ich kaum.« Bei ihrer Abfahrt beobachtete ich, dass dem tatsächlich so war, und revidierte meine Vorstellung vom »Königinnen-Wetter« grundlegend. Kaiserin Eugénie erzählte mir später noch, dass die Queen kein Wort über das Wetter verloren habe, und dass es der Jagdbegleiter war, der sie drängte: »Ihre Majestät müssen jetzt aufbrechen – die Pferde schaffen es sonst nicht mehr!«, was bis auf Kaiserin Friederike keines ihrer Kinder gewagt hätte.

Kaiserin Eugénie berichtete mir auch, die Queen habe, nachdem ich den Raum verlassen hatte, bemerkt: »Ich höre, sie will zum Römisch-Katholischen Glauben konvertieren«, worauf sie erwidert habe: »Das ist meiner Meinung nach höchst unwahrscheinlich.«

Da unterbrach ich Kaiserin Eugénie und meinte, sie hätte ruhig hinzufügen können: »Ganz im Gegenteil, sie ist eine überzeugte Anglikanerin!«, denn das war das Ergebnis meines Münchner Aufenthalts und meiner Arbeit an der *Messe* – die intensive Beschäftigung mit religiösen Fragen hatte mich letztendlich, wenn auch nicht dauerhaft, wieder zur Anglikanischen Kirche geführt. Aber sie wusste, dass die Queen nicht näher auf solche Inhalte eingehen würde, und da sie das hohe Ansehen des Bischofs von Rochester kannte, habe sie nur noch einmal bekräftigend hinzugefügt, dass meine Überzeugungen mit den seinen völlig übereinstimmten.

Nach einer angemessenen Zeit bekam ich die Aufforderung, mich zum Dinner auf Balmoral einzufinden, und an jenem Abend kämpfte ich vor dem Spiegel um ein möglichst präsentables Erscheinungsbild. Die Kaiserin gab diesem noch den abschließenden Schliff, indem sie ein schwarzes, schlangenförmiges Gebilde auf meinem Kopf arrangierte und anderen Glamour von meiner Garderobe entfernte, der nicht zu der Trauerbekleidung passte, die seit dem Tode von Prinzgemahl Albert bei Hofe zu beachten war.

Ich speiste natürlich nicht im Hauptraum, sondern nur mit dem weiteren Kreis der geladenen Anwesenden – für einige Hundert Leute mag das eine Alltäglichkeit sein, für mich war es eine neue, interessante Erfahrung. Schon das Tafelsilber beeindruckte mich. Wenn ich für meinen Hund sein Fressen zerschneide und dabei mit Stahl über seinen Metallteller kratze, zucke ich immer zusammen. Fährt man dagegen höchst privilegiert mit dem Besteck über einen Teller aus Gold und Silber, so zuckt man eher vor lauter Ehrfurcht. Noch einmal mehr beeindruckt war ich von der Aura der gepflegten Langeweile, die über allem lag, verbunden mit dem anerzogenen, deutlichen Bewusstsein, eine beneidenswerte Position innezuhaben. In späteren Jahren begegnete mir diese Haltung häufiger bei Menschen aus dem Dunstkreis des Hofes. Solch eine Umgebung musste selbst den Unverfrorensten einschüchtern! Überall lauern Abgründe, und was für Strafen mögen einen erwarten für einen einzigen falschen Schritt, wo alle auf diesem höchsten Niveau balancieren? Hier gibt es keine Stimmungsschwankungen, keine Begeisterung, keine eigene Meinung und um Himmels willen keine Originalität! Dennoch war es ein angenehmes Dinner, und weil ich mich außer mit dem Stallmeister und einigen Ehrendamen auch mit meinem Tischherrn, dem Liederdichter Tosti, angenehm unterhalten hatte, tat es mir sogar ein wenig leid, als die purpurrot livrierten Diener die Türen weit öffneten und damit das Signal gaben, die Queen sei nun bereit, uns zu empfangen.

An dieser Stelle muss ich wirklich meinen ganzen Mut zusammennehmen, um über den gröbsten Schnitzer zu berichten, der mir in meinem ganzen Leben unterlaufen ist. Sogar heute wird mir noch etwas übel, wenn ich daran denke, auch wenn ich inzwischen darüber lachen kann. Mir war damals umgehend klar, dass ich gegen ein Ritual verstoßen hatte, nicht aber dessen entsetzliches Ausmaß. Das begriff ich erst später, scheute mich jedoch, die Kaiserin dazu näher zu befragen. Sie hatte vermutlich erwartet, dass Madame Arcos oder eine der Ehrendamen mich beim Dinner gründlich belehrt hätten, was nicht geschehen war.

Wir wurden in einen großen Raum mit tiefen Erkerfenstern geführt und als Erstes fiel mir das farbenfrohe Schottenkaro auf, mit dem alle Sofa- und Sesselpolster bezogen waren – die Königin von Schottland zu sein forderte demnach auch einige schmerzhafte ästhetische Konzessionen. Auf dem großen Teppich, ich glaube, auch er im Schottenmuster, vor dem Kaminrost – hinter dem wahrscheinlich einige Holzscheite brannten oder vielleicht eher nicht, bedenkt man die Abhärtung Ihrer Majestät – stand die Queen, vertieft in ein ungewohnt lebhaftes Gespräch mit Kaiserin Eugénie. Ganz offensichtlich, so ging es mir durch den Kopf, kann man sich auch an den weniger frivolen Höfen Europas auf die anregende Wirkung eines guten Essens verlassen.

Bis zu den beiden erlauchten Majestäten hatte die Hofgesellschaft eine Gasse gebildet, die, wie ich später herausfand, nach ihrer Position aufgestellt war – die Ranghöchsten standen vorn am Rand des Teppichs, die Niedrigsten versammelten sich hinten an den Fenstern. Ich glaube, ich hätte mich still und stumm bei den Letzteren einreihen sollen, bis das Auge der Queen oder einer Prinzessin auf mich fiel, um dann den Hofknicks zu machen und Weiteres abzuwarten. Aber was ich tat, man kann es kaum glauben, war, dass ich einfach in höflicher Absicht nach vorn schritt, um der Queen ›Guten Tag‹ zu sagen.

Wenn ein junger Hund sich zum Beispiel in den Gottesdienst und nach vorn zum Altar verläuft, und es sagt oder tut niemand etwas – so merkt er dennoch, dass etwas nicht stimmt. Je näher ich dem Teppich kam, desto mehr spürte auch ich, dass etwas ganz und gar nicht stimmte. Mein heiteres Selbstvertrauen schwand dahin und mein Schritt stockte. Ich sah, wie die Queen ganz leicht ihren Kopf wandte, mich einen Augenblick ansah, als sei ich ein seltsames Insekt, um gleich wieder ihre Unterhaltung fortzusetzen. Wäre ich eine Riesenspinne in Neufundländergröße gewesen, sie hätte auch nicht anders reagiert – jemand würde sich darum kümmern, und das reichte. Ich konnte den Blick der Kaiserin nicht sehen, aber heute weiß ich, dass sie am liebsten im Boden versunken wäre, weil sie in dem Moment nicht rufen konnte: *»Mon Dieu, n'avancez pas!«* In diesem Moment kam die liebe Prinzessin Christian, lebenserfahren wie sie durch ihren häufigeren Kontakt mit den gewöhnlichen Sterblichen war, auf mich zu und schüttelte mir die Hand – und ich weiß beim besten Willen nicht mehr, wie es mir gelang, mich in die Reihe der Unwichtigen zurückzuziehen, aus der ich mich niemals hätte hervorwagen dürfen!

Später erfuhr ich, was es mit jenem Kaminteppich auf sich hatte, und konnte erst da das wirkliche Ausmaß meiner Verwegenheit ermessen. Er war der heiligste Teppich außerhalb der mohammedanischen Welt, und der Abstand, zu dem man sich ihm nähern durfte, war genau nach Rang und Wichtigkeit der Person festgelegt. Nur gekrönte Häupter hatten das Recht, auf ihm zu stehen, oder ausnahmsweise, als Zeichen allerhöchster Ehre, ein so beliebter Minister wie Lord Beaconsfield. Hätte meine Wenigkeit ihren Fuß ... und nur durch die begnadete Intervention der Prinzessin Christian war verhindert worden ... oh nein, wie furchtbar! Ein Wunderwerk wäre vernichtet ... ein Blitz hätte ein schottengemustertes Sofa gespalten, alles wäre herniedergegangen, um solch ein Sakrileg zu verhindern!

Als der festgesetzte Moment da war, zu dem die Queen meine Anwesenheit zur Kenntnis nahm, ließ ihre Liebenswürdigkeit meinen skandalösen Auftritt vergessen, und mit der Aufforderung: »Lassen Sie uns noch etwas mehr von Ihrer *Messe* hören« wurde ich vor einen großen, aufgeklappten Flügel gesetzt. Queen und Kaiserin ließen sich links und rechts dicht neben mir nieder und auf meine Frage, ob ich wieder auf die gleiche Weise wie in Birkhall vortragen solle, hieß es, ja, gerade diese Form sei so interessant gewesen. Und es mutet seltsam an, aber als ich anfing zu spielen, empfing ich eine eigenartige Energie, die von dem gesamten Missverhältnis der Situation und meiner verzweifelten Anstrengung auszugehen schien. Ich erinnere mich nicht mehr genau, welche Teile der *Messe* ich wählte, das *Sanctus* war sicher dabei, denn ich weiß noch, dass die Stelle für die D-Trompete wunderbar klang in der hervorragenden Akustik des Salons. Dadurch ermutigt, stimmte ich das *Gloria* an, wie ich fand, den leidenschaftlichsten und besten Part, und mein verstärkender Fußeinsatz ersetzte sogar den Trommeleffekt eines Orchesters.

Die Queen schien wieder sehr erfreut zu sein – ob um der Kaiserin willen oder weil ihr meine Messe wirklich gefiel, wer kann das wissen? Der Großherzog von Hessen, selbst ein gebildeter Musiker, hatte sehr wohl verstanden, was er da gehört hatte, ebenso wie die Prinzessin Christian, die viel mit ernsthaften Musikern und der Musik in Berührung kam. Außerdem sah ich zu meiner Freude, dass meine geliebte Kaiserin trotz meines Fauxpas ihre Rolle nicht bereute – nämlich die Rolle einer Ausländerin, die der Queen eine begabte englische Künstlerin vorstellt! Und als die Queen »Gute Nacht« zu mir sagte, fügte sie hinzu: »Und ich hoffe, dass Wir Sie auf Windsor sehen werden!«, bevor sie sich mit ihrem kaiserlichen Gast dem royalen Ausgang zuwandte; denn wenn auch die Kaiserin, der Marquis von Bassano, Madame Arcos und ich in derselben Kutsche nach Hause fuhren, war uns gewöhnlich Sterblichen dieser Ausgang verwehrt. Und auch zwischen den beiden Höchstwohlgeborenen galt es, dort eine Rangfolge einzuhalten: Auf der Schwelle machte die Königin deutlich, dass die Kaiserin doch vor ihr den Ausgang durchschreiten solle, was diese mit Anmut ablehnte, worauf sich beide voreinander verbeugten. Obwohl die Queen in ihrer Beweglichkeit schon stark eingeschränkt war, bewegte sie sich dabei mit erstaunlicher Grazie; die damals bereits fast siebzigjährige Kaiserin erhob sich aus ihrer tiefen, anmutigen Verbeugung, verharrte einen Moment, um dann auf gleicher Höhe gemeinsam mit der Queen durch die Tür zu treten.

Ich möchte noch anmerken, dass die Kaiserin nicht gezwungen war, für mich den Becher der Erniedrigung ganz bis zur Neige zu leeren: die schwarze Schlange in meinem Haar rutschte während meiner temperamentvollen Präsentation des *Gloria* nicht über mein Gesicht, wie man durchaus hätte erwarten könnte – sie wartete bis in der Kutsche, um sich herunter zu ringeln.

Um die Geschichte rund um die *Messe* zu Ende zu bringen, muss ich sagen, dass die Freundlichkeit der Kaiserin nicht nur die Balmoral-Vorführung ermöglichte, sondern zu einem späteren Zeitpunkt auch die Uraufführung in der Royal Albert Hall. Zu Weihnachten 1892 war sie jedoch immer noch weit davon entfernt, in das Programm der Royal Choral Society aufgenommen zu werden. Da trat meine langjährige Freundin Lady Ponsonby in Aktion.

Diese Frau, von der es auf meine Nachfrage hieß, als ich sie vor Jahren das erste Mal sah, das sei die überaus kluge Hofdame, vor der selbst die Queen Angst habe! Als ich Lady Ponsonby das später einmal erzählte, meinte sie, eine dümmere Bemerkung könnte sie sich nicht vorstellen. Die Queen fürchte niemanden, vielleicht mit Ausnahme des Mannes, der sie mit seiner Liebe beherrscht habe. Dennoch schien etwas Wahres daran zu sein, dass sie kluge Männer sehr schätzte, sich aber nicht ganz so wohlfühlte mit klugen Frauen, wenn sie den Verdacht hegte, sie hätten sogenannt ›fortschrittliche‹ Ansichten, die sie strikt ablehnte – ein interessanter Beitrag zur ewigen Frage der Geschlechterrollen, aber mit Angst hatte das wirklich nichts zu tun.

Ich hatte Lady Ponsonby auch in Cap Martin bei Kaiserin Eugénie wiedergesehen, und danach müssen wir uns häufiger getroffen haben, denn ich schrieb meinem Bruder über »eine wundervolle, neue Freundin, die direkt aus dem 18. Jahrhundert zu uns gestoßen ist.« Was nur zu einem Teil zutraf, denn wie sich das für eine Enkelin von Earl Grey geziemte, war sie eine sehr moderne Frau. Als das Girton College als erstes College für Frauen der Universität Cambridge eingerichtet wurde, war die junge Mrs. Ponsonby mit Emily Davies im Gründungskomitee. Und zehn Jahre später gab es bei der ersten Gewerkschaft für Frauen niemand engagierteren als sie. Sie war zwar wie andere jungen Frauen eine begeisterte Reiterin, Eisläuferin und Tänzerin und ging gern unter Leute, bevorzugte allerdings diejenigen mit intellektuellen Neigungen.

Ich teilte mit ihr das heftige Temperament, sie war launisch und sensibel und ebenso sturmerprobt wie ich. Sie las sehr viel und glaubte nur ihrer Idealvorstellung, besaß eine Mischung aus Impulsivität und Zurückhaltung, war mutig und direkt, aber wenn erforderlich auch undurchsichtig wie Isis. Wie ich H.B. einmal in einem Brief anvertraute, sei ihr Gefühlsleben mit über sechzig Jahren in vielerlei Hinsicht noch so stark wie zu ihrer frühen Blütezeit, wobei sie bei allem eine Würde an den Tag legte, durch die sie nie ins Wanken gebracht werden konnte. Und ich fragte ihn, warum es nur so viel einfacher für mich sei (und, wie ich glaube, für viele englische Frauen), das eigene Geschlecht leidenschaftlicher zu lieben als das seine. Er solle wissen, dass sie die glücklichste und wohltuendste aller meiner Frauenfreundschaften sei, und ob er ermessen könne, wie viel es mir bedeute, ihre Zuneigung gewonnen zu haben, da ihre ganze Erscheinung mich von Anfang an beeindruckt und fasziniert habe!

Sie war mir lieber als jede andere Frau der Welt, und in meinem ganzen Leben hatte ich mit niemandem solche leidenschaftlichen Auseinandersetzungen wie mit Lady Ponsonby in den ersten Jahren unserer Freundschaft. Ich war es gewohnt, selbst als ziemlich temperamentvoll eingestuft zu werden, aber verglichen mit ihr war ich mild wie ein Glas Milch. Auf ihrem Landsitz Guilmore wohnte sie nur wenige Meilen von mir entfernt, und ich radelte oft zu ihr herüber und blieb dort über Nacht; was ihre Tochter Maggie meist zum Anlass nahm, bei Nachbarn zu dinieren, um nicht das fünfte (beziehungsweise dritte) Rad am Wagen zu sein.

Mitten in einem unserer besonders heftigen Dispute sagte Lady Ponsonby plötzlich scharf: »Würdest du bitte die Tür schließen, sonst hören dich die Dienstboten, deren Umgangston du gerade so treffend imitierst!«

Worauf ich erbost aufsprang, zu meinem Fahrrad rannte

und in das wilde, nasse, tosende Wetter hinausfahren wollte, als Lady Ponsonby in der Tür erschien und zu meiner Genugtuung mit besorgter Stimme rief: »Was um Himmels willen machst du denn da, sei nicht so absurd, komm' herein!«

Aber ich gab nur knapp zurück: »Gute Nacht!« und schoss hinaus in die wahrlich King-Lear-hafte Nacht.

Maggie sagte später: »Als ich nach Hause kam, war Ethel schon weg, aber das ganze Haus bebte noch!«

Während ihrer Dienstzeit habe ich Lady Ponsonby oft im Norman Tower auf Schloss Windsor besucht, den sie hatte restaurieren lassen und zur Wohnung umdekorierte; wir haben stundenlang, meist friedlich, über Gott und die Welt gesprochen, und ich durfte zuweilen miterleben, wie überlegt und genau sie ihre vielfältigen Pflichten plante und ausübte.

Als Frau des Privatsekretärs Ihrer Majestät unterrichtete Lady Ponsonby schließlich den Herzog von Edinburgh über den Stand, besser gesagt die Stagnation der Dinge, und plötzlich wurden die Proben mit dem Dirigenten Sir Joseph Barnby für den Januar angesetzt. Außerdem kündigte Kaiserin Eugénie wie versprochen ihre Anwesenheit in der Royal Albert Hall an, und auch die Prinzessinnen Christian und Henry von Battenberg waren so freundlich. Renommierte Sänger und Sängerinnen scheuen zwar nicht davor zurück, sich neuer Werke unbekannter Komponisten anzunehmen (erst recht nicht bei entsprechendem Subventionsfluss) – aber bei der angekündigten Zuhörerschaft war es für sie ein absolutes Muss, bei meiner Messe mitzusingen, und ich konnte einige herausragende Solisten gewinnen.

Am Abend vor dem Konzert luden die Henschels zu einer unvergesslichen Dinnerparty. Als Gäste waren anwesend: mein Vater mit seinen sechs Töchtern, mein Bruder Bob war leider in Indien, seinen fünf Schwiegersöhnen und ... Harry Brewster! Es war das erste Zusammentreffen der beiden Männer, und obwohl das Verhalten meines Vaters untadelig war, bemerkten wir, die wir ihn genau kannten, dass sein Blick zuweilen auf diesem für ihn befremdlich aussehenden Mann ruhte. Dabei zog er seine Oberlippe etwas nach oben, was uns als Kinder immer an einen Hund erinnert hatte, der zwar nicht beißen will, aber auf jeden Fall schon einmal seine Zähne zeigt; glücklicherweise blieb das bei einem alten Herrn mit Schnurrbart nahezu unbemerkt. Später sagte er zu einer meiner Schwestern, Brewster habe ein garstiges Gesicht, was mich damals ziemlich wütend machte. Heute erkenne ich darin eher seine Scharfsicht und Weltklugheit. Harry war ein Träumer, aber, wie meine Leserschaft schon festgestellt haben mag, keinesfalls ein Genussverächter. Und obgleich seine Gesichtszüge beinahe etwas Vergeistigtes hatten, konnte das kundige Auge doch genau diese besagte Schwäche herauslesen. Er war einfach der Typ Mann, den ein alter Soldat instinktiv ablehnen musste.

Der friedliche Ausgang des Treffens war daher eine große Erleichterung für mich, ich hatte sogar fast erwartet, mein Vater würde gar nicht zu dem Dinner erscheinen – wenn man bedenkt, was ein Elternteil, das im letzten Jahrhundert verwurzelt war, von der verwerflichen, unkonventionellen Liaison seiner Tochter mit einem verheirateten Mann hielt! Ich glaube, mein Vater übte sich hier in Anpassung, weil die Familienmitglieder, die ihn kannten, Harry mochten, was ebenfalls für die Henschels galt, und wegen seines vagen Gefühls, dass so eine Sache jenseits seines Gesichtskreises lag und es daher am klügsten sei, kein Aufheben darum zu machen.

Außerdem schien dieser Brewster kein armer Mann zu sein ... vielleicht war seine Frau ja leidend, und eines Tages würde diese Freundschaft mit seiner Tochter doch noch in einer Ehe münden ... wer wusste das schon? Und unter dem Gesichtspunkt, dass ich in den zurückliegenden Disputen niemals schlecht abgeschnitten hatte ... akzeptierte man die Situation lieber.

Alles in allem war der Abend ein großer Erfolg. Neben jedem Teller lag eine Karte, auf der die ersten Takte und Worte des *Benedictus* eingraviert waren und darüber war der Name des Gastes eingetragen. Nach guter deutscher Manier ist kein festliches Essen ohne wenigstens eine Rede vollkommen, und so erhob sich Henschel und ließ alle auf die Gesundheit des General Smyth anstoßen, »ohne den diese Party niemals hätte stattfinden können ... *und tatsächlich die ›Messe‹ auch nicht*!« – eine Tatsache, die dem General nicht unbedingt bewusst war, und mir bis zu jenem Moment auch nicht!

Die Aufführung am nächsten Tag war sehr gut und das Publikum nahm die *Messe* begeistert auf – die Presse wieder einmal weniger ... mit Kommentaren, die mein Werk fast einhellig verrissen, manche verächtlich, manche mit totaler Ablehnung und alle in einem gönnerhaften Ton, der am schwersten zu ertragen war. Dieser Totschlag meiner *Messe in D* erschütterte sogar den Dirigenten Sir Joseph Barnby nicht nur, er überraschte ihn auch. Wenn ich jedoch heute an die Situation in den 1890er-Jahren denke, so sollte einen dies nicht verwundert haben. Jahrein, jahraus produzierten die Komponisten des Inneren Kreises, meist Männer aus dem Universitätsumfeld, die mit den musikalischen Institutionen des Landes eng assoziiert waren, ein chorales Werk nach dem anderen. Nicht selten waren sie entsetzlich langweilig – aber einmal angeschoben durch die offizielle Unterstützung, machten diese Werke automatisch ihre Runde durch alle Festivals und Chorgesellschaften des Landes, was wiederum den Verlegern ihre Kosten für die Veröffentlichung sicherte und den Komponisten einen kleinen Anteil einbrachte, bevor sie für immer von der Bühne verschwanden. Wie wahrscheinlich war es da, dass die Fachwelt einem Werk eine hohe Qualität attestieren würde, das so anders geartet und noch dazu von einer Frau komponiert worden war, einer Frau, die sich in Deutschland hatte ausbilden lassen? – Die *Messe in D* erlebte ihre zweite Aufführung erst 1925.

Ein stürmischer Winter

Mitunter fragen sich die Leute, mich eingeschlossen, wie Jane Austen es geschafft hat, die gesellschaftlichen Veränderungen der Napoleonischen Ära aus ihren Romanen herauszuhalten. Selbst bei dem bescheidenen Unterfangen wie dem Verfassen meiner eigenen Lebensgeschichte ertönte zwar eine innere Warnung, die politischen Ereignisse lieber den Experten zu überlassen, aber durch meinen Bruder Bob, der in den Burenkrieg nach Südafrika geschickt worden war, begleitete mein Schreiben besonders in dieser Phase nicht nur ein allgemein politisches Interesse, sondern ich fühlte mich auch persönlich betroffen.

Wenn man zu Beginn des Jahrhunderts nicht gerade das Pech hatte, sich auf dem Kontinent zu befinden, konnte man sich nicht vorstellen, was für ein fanatischer Hass gegen England sich in den europäischen Ländern wegen der Burenkriege entwickelt hatte, und ehrlich gesagt, war das auch nicht verwunderlich. Ein Bauernvolk, in dessen Landesinnerem einige der reichsten Goldminen der Welt liegen, kann sich offenbar nicht vor der Ausbeutung durch Industriestaaten schützen, und der Gang der Geschichte ist nicht immer erbaulich anzusehen. Vielleicht lag es in Präsident Krügers Verantwortung, dass sich die Infiltration zur kriegerischen Auseinandersetzung entwickelte, aber alles, was die Welt wahrnahm, war, dass dort das überlegene England eine kleines Land am Kap niederwalzte.

Ich habe noch eine Szene der Pariser Weltausstellung von

1900 vor Augen, die die damals allgemein vorherrschende Einstellung zeigt, die zu täglichen anglophoben Demonstrationen im Transvaal-Pavillon führte. Bei einer dieser Gelegenheiten löste sich eine Engländerin, die offensichtlich nicht mehr ganz bei Sinnen war, aus der Menge, trat vor die Büste Krügers und spuckte sie an. Nach einem Moment starren Erstaunens tat die Menge das Gleiche mit ihr, und sie musste letztendlich von der Polizei aus dem Gebäude geführt werden, damit sie von den Umstehenden nicht gelyncht wurde.

Meine neue Oper *Der Wald* hatte mich nach Deutschland geführt, wo auch ich den nämlichen Vorbehalten begegnete. Obwohl meine erste Oper *Fantasio* im Frühling 1898 am Weimarer Hoftheater uraufgeführt und von der Presse mit gemischten Gefühlen aufgenommen worden war, und obwohl *Der Wald* in Dresden Zustimmung fand, erhielt ich dennoch eine vermutlich politisch bedingte Abfuhr. In England hatte ich in dem ersten Dirigenten des Berliner Opernhauses Karl Muck einen Bewunderer gefunden, der häufiger bei meiner Schwester Mary zu Gast war, und dort hatte ich ihm bereits Teile aus dem *Wald* vorgespielt. Also machte ich mich im September auf nach Berlin, und da ich bereits wusste, dass in der Opernwelt die Dinge oft nicht das sind, was sie scheinen, erkundete ich zuerst die Lage. Ein Hoftheater besteht im Wesentlichen aus drei Instanzen. Da ist zunächst der Hofintendant, er kommt im Allgemeinen aus dem Hochadel; seine Beziehung zu den Ausführenden, die die Oper am Laufen halten, entspricht in etwa der, die am englischen Hof der hohe Beamte mit dem Titel ›Master of the Buckhounds‹ zur Hundemeute hat. Danach folgt der Geschäftsführer, damals wohl Direktor genannt, der gemeinsam mit der dritten Instanz, dem ersten Dirigenten, die Verantwortung für alles trägt.

Bald fand ich heraus, dass Direktor Pierson, ein deutscher Jude mit zum Teil englischen Wurzeln, die entscheidende Machtposition in Berlin innehatte, ein zutiefst musikalischer Mensch mit einem feinen Gespür für das künstlerische wie finanzielle Potenzial einer ihm vorgelegten Oper. Er erkannte jedes noch so tief unter Schüchternheit oder widrigen Umständen verborgene Talent und setzte es durch. Alle Fäden des dichten Gewebes aus Korruption und Intrige liefen bei ihm zusammen. Graf Hochberg, der Hofintendant, so ließ man mich wissen, sei ein liebenswerter Grandseigneur und gleichsam Wachs in Piersons Händen.

Ich spielte Pierson auf dem Klavier die wichtigen Passagen vor und erläuterte ihm dabei den Hauptgedanken meiner Oper: Eine kurze, ergreifende Tragödie unterbricht die besinnlichen Riten der Waldgeister, doch das ist nur die vordergründige Episode. Die tatsächliche Geschichte besteht in dem ewigen Lauf der Natur, die das menschliche Schicksal umgibt und sich nicht um die Freuden und Leiden der Sterblichen kümmert. Ich sah sofort, dass das Thema bei ihm einen Nerv traf und einer Verträumtheit entsprach, die bei ihm ganz selbstverständlich mit seinem Geschäftssinn einherging, und dass die musikalische Ausführung ihm gefiel. So erklärte er sich bereit, den *Wald* kurz nach Weihnachten zu produzieren, äußerte jedoch offen Bedenken, dass wegen der öffentlichen Empörung über den Burenkrieg Schwierigkeiten zu erwarten seien, und dass die Presse bei einer englischen, noch dazu von einer Frau geschriebenen Oper wohl gnadenlos sein würde. Abgesehen davon jedoch, dass das Werk ihm zusagte, reizten ihn meiner Ansicht nach noch zwei weitere Dinge: erstens seine englische Ader und zweitens entsprach eine harte Auseinandersetzung genau seinem Temperament. Piersons Plan war, nach dem Vertragsabschluss die ganze Sache nicht eher an die Öffentlichkeit zu bringen ... bis er bei der Aufführung plötzlich dem erstaunten Publikum präsentieren würde, was für ein großartiges Werk eine Frau, und zwar eine *englische* Frau, hervorzubringen imstande war!

Er bat mich, den Grafen Hochberg, zunächst jedoch den Dirigenten Muck zu informieren. Was ich gleich am nächsten Tag tat ... und es wurde eine eindrucksvolle Unterredung. Was mir an Muck gefiel, war sein fein geschnittenes, asketisches Profil, seine kühle Art, die nur hie und da von seinem Charme erwärmt wurde, der das Feuer erkennen ließ, das er in seinem Orchester entfachen konnte. Und Kühle wurde mir weiß Gott mehr als genug entgegengebracht, aber kein einziges Lächeln.

»Ihre Oper ist gut, ich mochte den Entwurf schon in England; ich schätze sie auch jetzt und bin gewillt, das Dirigat zu übernehmen ... Aber es wird keinerlei persönlichen Kontakt zwischen uns geben, denn wenn ich heute das Wort ›England‹ nur höre, sehe ich rot.« Er presste seine Hände zusammen und die Adern an seiner Stirn traten hervor ... da war es, das lodernde Feuer! »Meine Frau versteckt die Zeitungen vor mir, damit mich Ihr furchtbarer Krieg nicht um Appetit und Schlaf bringt!«

Würde seine negative Einstellung gegenüber England also verhindern, für mein Werk sein Bestes zu geben? Nein, nein, beruhigte er sich und mich, denn Kunst sei eben Kunst. Ich verließ ihn zwar ziemlich bestürzt, aber weniger hoffnungslos, als man denken könnte.

Diese und nachfolgende, geduldige Verhandlungen erforderten viel Zeit und Diplomatie, immer wieder befürchtete ich, dass alles umsonst gewesen war. Doch inzwischen erschloss sich mir noch eine andere helfende Quelle durch eine erfreuliche Begegnung: Gräfin von Bülow, die Frau des deutschen Kanzlers, war in die Stadt zurückgekehrt und hatte ihre Mutter mitgebracht, die berühmte Donna Laura Minghetti, die ich für eine der Lichtgestalten der Gesellschaft hielt und die ich die Ehre und regelmäßige Freude hatte, in fast jedem Winter in Rom zu besuchen. Ich wusste nicht, dass sie den Herbst in Berlin verbringen wollte, bis sie mir eines Tages eine Nachricht schickte, ich möge doch am Abend zu ihr ins Kanzlerpalais kommen.

Und als ich dank Donna Lauras Anwesenheit in Berlin ihre Tochter näher kennenlernte, fragte ich mich bald, welche der beiden ich mehr bewunderte oder lieber hatte. Die Mutter war die beeindruckendere Persönlichkeit, wohingegen Gräfin von Bülow von ernsthafterer Wesensart war, auf eine Freundschaft wie die ihre konnte man unbedingt zählen. Sie war inzwischen über fünfzig, aber ihre in der Jugend sprichwörtliche, außergewöhnliche Schönheit strahlte noch gelegentlich auf, und man glaubte ohne Weiteres, dass sie so manche Leidenschaft entfacht hatte, die in ein oder zwei Fällen von ihr auch erwidert worden war. Sie besaß eine Art orientalische Gelassenheit, die sie wohl gemeinsam mit ihrem Sinn für Ästhetik von ihren sizilianischen Vorfahren geerbt hatte, gepaart mit Subtilität, franziskanischer Vergeistigung und grenzenloser Freundlichkeit. Neben diesen Vorzügen war sie außerordentlich musikalisch, und wie man an der Einrichtung des Kanzlerpalais erkennen konnte, lag ihr das Künstlerische im Blut. Kaiser Wilhelm II., der beiden sehr zugetan war, hatte ihr freie Hand gewährt, mit dem Ergebnis eines nahezu römischen Palazzos inmitten von Berlin, die einzig passende Ausstattung für die Dame des Hauses, wie mir schien.

Das unmittelbare Resultat ihrer Rückkehr in Berlin und meines Besuches war eine Note von Donna Laura an Graf Hochberg – und das Treffen, um das ich drei Wochen lang nachgesucht hatte, wurde sofort anberaumt. In der Tat gab es noch zahllose Einzelheiten zu besprechen, bevor ich nach England zurückfahren konnte.

Inzwischen hatte es sich zur lieben Gewohnheit entwickelt, dass ich an jedem frühen Abend vorbeikam, um mit Gräfin von Bülow zu musizieren. »Das ist mein einziges Stückchen wirklichen Lebens, das ich am Tag genieße«, sagte sie einmal. Nachdem der Kanzler kurz bei uns hereingeschaut hatte – er wollte sich vermutlich ein Bild von dem englischen Schützling seiner Frau machen –, wurde ich häufiger zum Abendessen *en famille* gebeten und hatte auf diese Weise Gelegenheit, mir eine eigene Meinung von dem Staatsmann zu bilden, von dem es hieß, er sei in größerem Maße für die Außenpolitik verantwortlich als der Kaiser.

Damals war ich nicht sonderlich beeindruckt von ihm, der mir zwar ein außergewöhnlicher Mann zu sein schien, aber auch ein ausgemachter Zyniker. Doch er stach als einer der wenigen wirklichen Gentlemen und Männer von Welt hervor, die ich in Deutschland treffen durfte. Ein gemeinsamer Bekannter, der mit den Bülows in Bukarest gewesen war, vertraute mir einmal an, Graf von Bülow habe immer nur für zwei Dinge gelebt, für die Politik und für seine Frau, und ich habe tatsächlich nie einen liebevoll ergebeneren Ehemann gesehen. Die Bürde seines Amtes ließ ihm selten mehr als zwei gemeinsame Stunden am Tag mit seiner Frau, doch man hatte das Gefühl, ohne diese täglichen zwei Stunden hätte er nicht existieren können; sie war sich dessen bewusst und stolz darauf – so wie sie auch stolz auf ihren Mann und seine Karriere war.

Die teilweise seltsamen deutschen Gebräuche und Umgangsformen zeigte mir ein kleiner Ausbruch Donna Lauras eines Abends nach dem Essen, als Graf von Bülow uns Damen bat, die Herren allein zu lassen, da sie Wichtiges zu besprechen hätten. Donna Laura schüttelte verächtlich den Kopf, um dem entgegenzuhalten: »Zu meiner Zeit verbannte man die Frauen nicht in eine Ecke, damit sie sich über Mode unterhalten sollten, wenn ernste Dinge aufs Tapet kamen. Im Gegenteil, ihre Ansichten waren erwünscht und wurden angehört«, und sie fügte leise zu Gräfin von Bülow und mir gewandt hinzu: »... so wie sie das heute auch in jedem zivilisierten Land sind!«

Darauf bemerkte ich zu ihr: »Sie werden es aus den deutschen Köpfen nicht herausbekommen, dass Frauen allenfalls der Männer Spielzeug sind.«

»Dann lassen Sie uns auf jeden Fall dankbar sein«, erwiderte sie, »dass wir als Tageslosung ausgeben können, den Männern aus dem Weg zu gehen ... denn ihre Spiele sind recht schwerfällig!«

In dieser Zeit des Wartens auf den Fortgang meines Opernprojektes unterstützte mich auch die britische Botschaft. Unser Botschafter Sir Frank verstand sich, wie allgemein bekannt war, mit dem Kaiser sehr gut und bewunderte und respektierte ihn in mancher Hinsicht, und auch der Kanzler hatte eine hohe Meinung von ihm. Und das, obwohl die Botschaften überall in Europa großem Druck ausgesetzt waren, eine Situation, die die deutsche Presse durch Berichte über angebliche Gräueltaten englischer Truppen in Südafrika noch erschwerte. So fragte ich meine alte Freundin Johanna Röntgen, die aus Leipzig nach Berlin gekommen war, als ein gefälschtes Foto erschien, das ein von einem Soldaten aufgespießtes Burenbaby zeigte, ob sie, die ja englische Freunde habe, das wirklich glauben könne. Was sie mit einem aufgebrachten: »Es steht ja in meinem Blatt!« quittierte, wobei ich wusste, dass sie eine ziemlich üble Gazette las. Leider wurden solche Geschichten noch öffentlich verstärkt, indem ein Reichstagsmitglied verlauten ließ, diese Gräueltaten könnten nur von Söldnertruppen wie den unsrigen begangen werden. Worauf Mr. Chamberlain im House of Commons zurückgab, unsere Truppen seien ebenso patriotisch und diszipliniert wie die deutsche oder jede andere Armee. Darauf verbat sich Graf von Bülow wütend und in einer offiziellen Note die Nennung der deutschen Armee in einem Atemzug mit, wie er es ausdrückte, »englischen Wilden«.

All das geschah im Herbst 1901 und zeigt, durch welche Untiefen und welchen Treibsand der britische Botschafter manövrieren musste ... und was auch meine Navigation durch die trügerischen Gewässer des Berliner Opernhauses von Stunde zu Stunde komplizierter machte. Immerhin standen die Besetzung und ein anvisierter Zeitraum für die Premiere fest, als ich Ende Oktober Berlin verließ.

In England beschäftigte mich *Der Wald* weiterhin in den nächsten zwei Monaten; ich überarbeitete die Instrumentierung noch einmal, erledigte tausend Dinge, die einer Aufführung vorausgehen, wie das Bühnenbild, die Beleuchtung und so weiter. Außerdem nahm ich mir die

Muße, mich dem Training meines kleinen altenglischen Hütehundes zu widmen, meinem Bobtail namens Pan. Er war im letzten Jahr zu mir nach ›One Oak‹ gekommen, nachdem mein geliebter Marco mit sechzehn Jahren gestorben war. Ich hatte dieses kleinere Landhaus in unserer Nachbarschaft nach dem Tod meines Vaters 1894 gefunden, nur acht Meilen vom Anwesen der Kaiserin Eugénie entfernt, und fühlte mich dort, trotz einiger Mängel des alten Gemäuers, sehr wohl. Zusammen mit meinem Hund und meiner Haushaltshilfe konnte ich in aller Ruhe arbeiten.

Als ich am 29. Dezember nach Berlin zurückkam, musste ich zu meiner Enttäuschung feststellen, dass die Oper nicht zum vorgesehenen Zeitpunkt zur Aufführung kommen würde. Die Eröffnung des Reichstags stand für Mitte Januar an, und es hing eine gespannte Erwartung in der Luft: Würde die Rede des Kanzlers die Spannungen zwischen Deutschland und England besänftigen oder verstärken? Sir Frank, der erfahren genug war, jede ihm zugängliche Informationsquelle zu nutzen, fragte mich, welchen Eindruck ich in England von der dort vorherrschenden Meinung gewonnen hatte. Und ein oder zwei Tage später beruhigte er mich, dass ihm zugetragen worden sei, die mit Besorgnis erwartete Erklärung des Kanzlers werde einen zufriedenstellend besänftigenden Tenor haben.

Ich denke, der Botschafter war genauso erstaunt und entsetzt wie ich und andere Außenstehende, als diese Rede sich als die offensivste, sogar bedrohlichste herausstellte, die dem Kanzler je über die diplomatischen Lippen gekommen war – und ihre Kernaussage war, sollte England versuchen Deutschland einzuschüchtern, werde es »auf Granit beißen«!

Ich habe bisher nicht erwähnt, dass Gräfin von Bülow sich völlig aus der Politik heraushielt, man wusste sogar, dass politische Diskussionen sie zu Tode langweilten. Es traf sich, dass ich am Tag der Eröffnung des Reichstages um halb sechs wieder eine Verabredung zum gemeinsamen Musizieren mit ihr hatte, und man kann sich meine Verwunderung vorstellen, als sie mich nach einem etwas halbherzigen Spielbeginn plötzlich fragte, was ich denn von ›Bernhards Rede‹ hielte. Natürlich werde die Empörung in England dadurch noch höhere Wellen schlagen als zuvor, meinte ich, und man könne nur annehmen, gerade dieses sei die Absicht der deutschen Regierung gewesen. Sie hörte mir ruhig zu, und wie ich glaube, auch ohne jedes Erstaunen, und sagte dann: »Würden Sie heute zum Abendessen kommen und meinem Mann gegenüber das wiederholen, was Sie gerade zu mir gesagt haben? Sie wissen ja, wie tolerant er ist ...«

Und tatsächlich wandte sich der Kanzler, bald nachdem wir uns niedergesetzt hatten, mir zu und sagte: »Meine Frau erzählte mir, dass Sie der Meinung sind, meine gestrige Rede habe ganz England erzürnt. Und warum sollte sie wohl das getan haben?«

Wie weit die Ignoranz gegenüber der öffentlichen Meinung in anderen Ländern gehen könnte, hatte ich mir nie ausgemalt. Es war schlicht nicht vorstellbar, dass selbst einfache Gemüter, geschweige denn erfahrene Politiker, sich über die Auswirkungen einer solchen Rede im Unklaren sein konnten. So hörte ich erstaunt zu, wie er erklärte, er habe bei den gegenwärtigen Empfindungen der Deutschen nichts Gemäßigteres zum Ausdruck bringen können – und dass er darauf vertraue, dass eine so klar urteilende Nation wie die englische verstehen würde, dass die

Rede nicht offensiv gemeint war. Ich wiederholte meine Meinung dazu und bemerkte, dass die anderen Gäste mir aufmerksam zuhörten und nur ab und zu ein paar Worte einwarfen.

Plötzlich kam ein Bediensteter herein und übergab ein Telegramm aus London, in dem stand, wie das House of Parliament die Rede aufgenommen hatte. Bülow las es und sagte halb scherzend zu mir: »Nun, Sie hatten recht!«, und reichte es weiter an seine Kollegen.

Jedes schauspielerische Talent hat seine Grenzen – als im Verlauf des Dinners ein Telegramm nach dem anderen aus London eintraf und man sie herumreichte, wurden die Gesichter immer länger. Es entfuhren den Lesern auch erstaunte, mitunter sogar bedauernde Ausrufe; zweifellos waren die Auswirkungen der Rede von den deutschen Staatsmännern nicht antizipiert worden!

Gräfin von Bülow und ich verließen die Tafel und enthielten uns weiterer Bemerkungen. Ich erinnere mich, dass der Kanzler, in den Händen noch weitere Telegramme, kurz darauf zu uns kam, sich neben mir auf das Sofa fallen ließ wie ein sehr erschöpfter Mann und sagte: »Aber was erwartet Ihr Engländer denn? Erwartet Ihr, dass wir Euren Krieg gutheißen? Sollen wir zuschauen und applaudieren, während Ihr eine kleine Nation zermalmt?«

Ich erinnere mich nur noch daran, etwas in dem Sinn erwidert zu haben, dass wir von einer Nation, die der unsrigen verwandt ist, eine gerechtere Beurteilung erwarteten. Später sagte er mir noch im Vertrauen: »Ich bin der Meinung, dass alle Armeen Gräueltaten begehen … ohne wesentliche Unterschiede.«

Daraufhin habe ich ihm vermutlich vorgehalten, er hätte als Vorgesetzter des Presseamtes die Zeitungskampagnen stoppen sollen, denn ich erinnere mich noch genau an seine Antwort: »Der deutsche Kanzler ist nicht der *Herrgott*! Er kann nicht alles tun … Ich kann der Presse keinen Maulkorb anlegen!«

Inzwischen stand Weihnachten vor der Tür, und der Zeiger meines Glücksrads zeigte mal zur einen, mal zur anderen Seite, je nach politischer Wetterlage. Eine der ersten Aktionen, die Sir Frank nach meiner Rückkehr aus England für mich unternahm, war, Direktor Pierson zum Lunch zu bitten, was nur wenige britische Botschafter getan hätten, denn dieser bekleidete keine offizielle Funktion. Kurz danach teilte Pierson mir mit, *Der Wald* solle aus mehrfachen Gründen besser bis Mitte März verschoben werden, und als ich ihn fragte, ob wir das ganze Projekt so lange auf Eis legen sollten, bis ruhigere Zeiten kämen, antwortete er: »Aber nein; verhalten Sie sich still, und wenn der Moment da ist, werden wir die Aufführung machen.« Also nahm ich mir vor, mich in Geduld zu üben und inzwischen das Berliner Leben näher kennenzulernen.

Da war zunächst als unübersehbare Eigenschaft der allgemein verbreitete Untertanengeist. Ich fand ihn abstoßend und hätte vorher nie gedacht, selbst nicht vom militärvernarrten Deutschland, dass ein solches Ausmaß an Unterwürfigkeit möglich sein könnte. Man erwähnte den Kaiser nur in ehrfürchtigem Flüsterton und jeder, der eine etwas eigenwilligere Ansicht vertrat, konnte als gefährlich angesehen werden und wurde von den anderen, um Unauffälligkeit bemühten Bürgern gemieden. Eine echte Diskussion war unmöglich, lediglich ein Austausch wohlbedachter Phrasen, als sei man von Spionen umgeben. Ich erörterte meine Beobachtungen mit von Bülow und kam zu der Schlussfolgerung, dass der Kaiser von der Idee besessen war, dass jeder einzelne seiner Untertanen vor seinem Vorgesetzten zittern sollte und alle miteinander vor ihm, wobei die Angst vor ihm durch die Bewunderung für ihn zwar abgeschwächt, aber nichtsdestoweniger ähnlich stark wie die Todesangst sein sollte. Berlin erschien mir eher so etwas zu sein wie das Zentrum eines Sklavenstaates und nicht das einer Zivilgesellschaft.

Unglücklicherweise beherrschte der Kaiser sämtliche Lebensbereiche, ob Kultur oder Gesellschaft, und zwar aus vollem Herzen und mit nimmermüdem Engagement. Sein Kunstgeschmack war unglaublich reaktionär. Gerade hatte er zum Beispiel dem Himmel öffentlich für die Siegesallee gedankt, einem »künstlerischen Monument, das ganz frei ist vom Geist der Moderne«. Er hätte auch am liebsten die *Secession* abgeschafft, hatte aber schließlich nur angeordnet, dass diese »Scheußlichkeiten« von modernen Bildern und Statuen in das obere Stockwerk der Nationalgalerie verbannt wurden, in der Hoffnung, dass niemand sich die Mühe machen würde, die Treppe bis zu ihnen hinaufzusteigen. Ein Bild des Spaniers Zuloaga schaffte es nur durch unerhörte Anstrengungen des Kurators wenigstens dorthin; der mir persönlich gut bekannte führende deutsche Bildhauer Hildebrand fiel in Ungnade, nachdem er den prämierten Entwurf für ein Denkmal schonungslos kritisiert hatte – denn dieser war ausgewählt worden von der einzigen Kunstautorität, die die kriecherische Jury anerkannte, vom Kaiser höchstselbst!

Der Kaiser hegte zudem eigene künstlerische Ambitionen als Maler; ich habe tatsächlich eine Reproduktion seines Bildes *Die gelbe Gefahr* gesehen, die er Sir Frank geschenkt hatte. Darauf erscheint ein monströser gelber

Drache aus einer blauen Wolkenecke und streckt seine Klauen auf die darunterliegende Landschaft aus. Als der Botschafter mir das Bild zeigte, hinderte mich zum Glück meine Erinnerung an eine Bemerkung von Brahms an einem vorschnellen Urteil: »Man kann nicht vorsichtig genug sein bei der Meinungsäußerung über eine königliche Komposition, denn man weiß nie, von wem sie stammt.«

Doch inmitten dieser obrigkeitshörigen und zugleich schillernden Gesellschaft gab es eine wohltuende Oase – eine Gruppe von etwa einem Dutzend Vertrauten, die Gräfin von Bülow zu kleinen Soireen um sich versammelte, bei denen mitunter auch Musik gemacht wurde. Um nur einige von ihnen zu nennen: ihre Freundin ›Robbie‹ Mendelssohn, die Tochter von Gordigiani, dessen Kompositionen und Liedtexte ich in meiner Jugend sehr verehrte, und die ein ausgezeichnetes musikalisches Talent besaß, ebenso wie ihr Ehemann, ein Bankier, der Neffe meiner langjährigen, guten Freundin Lili Wach, die, wie bereits erwähnt, Felix Mendelssohns Tochter war. Jedermann von Bedeutung und Stil, ob Musiker, Autor oder Maler, wurde zu diesen höchst erbaulichen, informellen Abenden willkommen geheißen. Graf Lichnowsky, der später während des Großen Krieges deutscher Botschafter in London war, stand in enger Verbindung mit dem Kanzler und verehrte dessen Frau, er war der ›Hausfreund‹, wie das in Deutschland genannt wurde. Außerdem Graf Philip Eulenburg, der wegen seiner gründlichen Kenntnisse des Dramas, die die jedes anderen übertrafen, vom Kaiser als Botschafter nach Wien gesandt wurde. Er war Mitte fünfzig, der perfekte Grandseigneur, sah aus wie einem Porträt von Tizian entstiegen und besaß ein äußerst gewinnendes Lächeln. Donna Laura und ihre Tochter schätzten sein Urteil über alle Maßen, und so war ich froh, dass ihm sowohl die Musik als auch die Handlung meiner Oper gefielen. General und Exzellenz von Loë verkörperte in seiner Person alle anbetungswürdigen Großväter, alle tapferen, altgedienten Soldaten, alle selbstbewussten, tadellosen kaiserlichen Gewährsleute der Welt. Als Gräfin von Bülow mich eines Tages in seiner Anwesenheit eindringlich zu einem diplomatischeren Ton mit den Opernautoritäten ermahnte, verriet er mir sein Diktum, das ich zwar nicht immer beherzigt, aber nie vergessen habe: »Um sein Ziel zu erreichen darf man kein Opportunist sein, aber bei der Wahl seiner Mittel sollte man den Opportunismus nicht verachten.«

Im Großen und Ganzen muss ich sagen, dass nie eine Oper unter ungünstigeren Bedingungen als *Der Wald* vorbereitet wurde – das Werk einer angelsächsischen Komponistin an dem Ort, an dem der Kaiser sein berühmtes geflügeltes Wort der »drei Ks« über den Platz der Frauen geprägt hatte – einem Ort, der gerade zum Brennpunkt einer internationalen anti-englischen Propaganda geworden war. Die Pressekampagnen wurden zwar allmählich etwas gemäßigter, aber wütende Demonstrationen wie das Zerschlagen der englischen Botschaftsfenster waren nicht selten. Zu guter Letzt wurde mein einziger einflussreicher Freund, den ich an der Hofoper hatte, vom Strom des Ungemachs hinweggespült. Vielleicht war es sein Todesurteil, dass Pierson sich mit mir anfreundete – später erfuhr ich, dass er gerade dabei gewesen war, endlich die Probenzeiten zu organisieren und für die *Wald*-Premiere den 16. März vorgesehen hatte, als ihm der Stift plötzlich aus der Hand fiel und er bewusstlos nach Hause transportiert wurde. Er verschied nach zwei Tagen, und ich schrieb an H. B.: »Du wirst nicht überrascht sein zu hören, dass ich Pierson auf dem Gewissen habe ...«

Es folgten nervenzehrende Wochen, und hätte mir ein Engel vorausgesagt, was mich nach Piersons Tod alles erwartete, ich hätte meine Koffer gepackt und wäre nach England zurückgekehrt. Doch es stand zu viel auf dem Spiel. Schon bei meiner ersten Oper *Fantasio* hatte ich erfahren müssen, wie schwer es für eine Ausländerin war, überhaupt Anerkennung zu ernten. Und was Covent Garden betraf, wusste ich, dass ich unbedingt Aufführungen außerhalb Englands vorweisen musste, bevor ich dort anklopfen konnte. Wieder einmal bereitete mir meine finanzielle Situation Sorgen; meine Schwester Mary unterstützte mich zwar großzügig, aber die Hotelrechnungen summierten sich dennoch. Wie eine erschöpfte Bergsteigerin stand ich vor der Wahl: weiter klettern oder umkehren, und das vielleicht für immer. Ich entschied mich für die Fortsetzung des harten Weges, und ganz allmählich entwickelten sich die Dinge schließlich weiter.

Während der ganzen Zeit hat mich, so glaube ich, meine geliebte sportliche Betätigung, das Golfspiel, vor dem Kranken- oder gar dem Irrenhaus bewahrt. Und als ich eines Abends von einer Partie nach Hause kam, fand ich eine Nachricht von Gräfin von Bülow vor, mit dem Vermerk, dringend bei ihr zu erscheinen. Zu meiner unaussprechlichen Überraschung teilte sie mir mit, dass der Kaiser mich kennenlernen wollte und ich daher am folgenden Abend zu einem seiner inoffiziellen Dinner ins Kanzlerpalais gebeten wurde. Ich hatte schon von diesen Dinnern gehört, die der Kaiser anberaumte und bei denen in der Regel keine Frau außer der Gastgeberin anwesend war –

nur einige Herren, die er in ungezwungener Atmosphäre zu treffen wünschte.

Man kann sich vorstellen, wie aufgeregt ich war, auch wegen der Kleiderfrage. Als ich an dem Abend im Kanzlerpalais eintraf, fand ich bereits eine beträchtliche Anzahl von männlichen Gästen vor, und der Kanzler teilte mir mit, dass ich neben dem Kaiser platziert worden sei und nicht neben Professor Harnack, dem mir aus Gräfin von Bülows Kreis bekannten Theologen und Dichter. Kurz darauf betrat der Kaiser ohne förmliche Umstände den Raum. Er trug eine schwarze Messjacke mit Achselschnüren und sah ein bisschen wie ein Oberschüler aus. Er hatte einen offenen Blick, wenn seine Augen auch nicht so schön waren wie die von Queen Victorias Tochter Vicky, seiner Mutter. Sein Gang war würdevoll, wie man es erwartete, sein Auftreten freundlich und er wirkte überraschend ungezwungen. Er sagte, er habe gehört, ich sei mit großen Dingen beschäftigt – und als er sich den nächsten Gästen zuwandte, raunte Gräfin von Bülow mir zu, der Kaiser schätze es, wenn man sich so normal wie möglich verhalte, und das tat ich dann auch.

Das Essen nahm einen angenehmen Verlauf, wir sprachen über Kaiserin Eugénie und ihren noblen Charakter, er schien sie gut zu kennen. Ich bewunderte ihn insgeheim dabei, auch wenn ich mich bemühte, nicht direkt auf seinen Teller zu starren, wie geschickt er aufgrund der Einschränkung durch seinen geschwächten Arm ein Spezialbesteck benutzte, das aus Messer und Gabel zugleich bestand. Später erzählte mir der Kaiser von der Beziehung zwischen Napoleon III. und »Grandpapa« und seiner Reichsgründung, die fälschlicherweise Bismarck zugeschrieben werde. Im Verlauf des Gesprächs beklagte er, dass eine Verfolgung gemeinsamer Interessen von der herrschenden britischen Regierung behindert würde. Wir unterhielten uns über verschiedene politische Themen wie den Parlamentarismus und Chamberlain, die Neuordnung der Armee und ähnliches, und als wir unterschiedlicher Meinung zum Burenkrieg waren, sagte er: »Oh, man merkt, dass Sie keinen Ihrer Lieben an der Front haben«, worauf ich entgegnete: »Doch, mein einziger Bruder kämpft zur Zeit dort.«

Ich hatte die Ehre, noch ein zweites Mal zum Dinner geladen zu werden, aber dazwischen lagen die größten Schwierigkeiten auf dem Weg zur Aufführung meiner Oper, die man sich nur denken kann. Man könnte sich nun fragen, wieso die Opernleute derart mit einer Person umspringen konnten, die doch in den höchsten Kreisen verkehrte, und warum ich deren Hilfe nicht erbat. Eine mögliche Antwort liegt meiner Meinung nach darin, dass jede Institution in Deutschland eine für sich funktionierende, geschlossene Einheit ist. Und da auch die Hofoper tadellos und reibungslos wie ein Postbetrieb laufen musste, hätte jede Art von Klage beim Höchsten unabsehbare Folgen gehabt für die wenigen Menschen, die ich innerhalb des Hauses, und die vielen, die ich außerhalb schätzte. Ein weiterer Grund bestand in meinem Willen, es allein zu schaffen, dieses Projekt durchzuziehen, und dass ich mir nicht von der Presse auch noch vorhalten lassen wollte, die Aufführung sei nur durch den Einfluss des Hofes zustande gekommen.

Kurzum, ich habe die Proben, die nach allen anderen Querelen schließlich und endlich angesetzt wurden, als ausgesprochen schrecklich in Erinnerung. Aber schließlich war am 21. April Premiere, und sie lief besser, als ich erwartet hatte. Zwar ertönten, als der Vorhang sich hob, einige Pfiffe, aber ich spürte auch, dass das Publikum sich interessiert und aufmerksam auf meine Musik eingelassen hatte. Ich wusste, dass die Deutschen so musikalisch sind, dass sie sich der Anziehungskraft der Musik niemals verschließen würden, solange sie erklingt. Aber kaum war der Schlussakkord verstummt, da gingen an gut organisierten Stellen, wie mir später der freundlich gesonnene Bariton berichtete, die Buhrufe und das Pfeifkonzert los, ein gefundenes Fressen für die Presse. Mein armes, unschuldiges Werk *Der Wald* war die Entschuldigung für die Demonstration gegen den Burenkrieg – ein willkommener Anlass für einen anti-britischen Gefühlsausbruch, den ich andererseits doch auch verstehen konnte.

Am Morgen nach der Premiere fand die übliche ›Strich-Probe‹ statt, bei der noch Veränderungen vorgenommen werden. Muck war leider anderweitig verpflichtet, und so betrat ich mit klopfendem Herzen den Probensaal. Und, oh Wunder, ein donnernder Applaus des Orchesters empfing mich! Es war eine solche Wärme darin, dass ich mutig sagte, während ich den Taktstock ergriff: »Nun, Gentlemen, ich kann gar nicht glauben, dass *Sie* meine Oper für so schlecht halten, wie die Presse es tut.«

Und dann wurde mir noch eine Würdigung zuteil, die alle Berliner Scheußlichkeiten wettmachte. Die zweite Violine, ein stets griesgrämiger alter Herr, rief laut mit hörbarer Verächtlichkeit: »Ach! Die Presse!«

Und hinten erhob sich die Basstuba, untersetzt wie die meisten Tubaspieler, und fügte hinzu: »Ihre Oper ist einfach großartig, das werden die Leute selbst herausfinden! Was bedeutet schon die Presse!«

Allen Widrigkeiten zum Trotz, und sie hörten auch nach der Premiere nicht auf, gelangte das Werk zu drei Aufführungen, und ich war gerade dabei, die vierte und letzte durchzuboxen, als ich eines Abends wieder um acht Uhr zum Dinner *en famille* bei den Bülows geladen wurde. Am Nachmittag wollte ich wie üblich Golf spielen und dachte daher, es wäre wohl eine gute Idee, vorher noch zum Friseur zu gehen, das würde auf jeden Fall besser aussehen als das, was ich nach den Windstößen und Schlägen auf dem Sandbunker selbst fabrizieren könnte. Was für eine glückliche Eingebung! Denn als ich um sieben Uhr mein Hotel betrat, fand ich das Billett vor, bekräftigt durch diverse Telefonnotizen, dass ich mich bereits um halb acht einfinden sollte, in halb dekolletiertem Schwarz – was nur bedeuten konnte, dass zumindest einer der Prinzen anwesend sein würde. Es stellte sich jedoch heraus, dass es der Kaiser selbst war, der Berlin in der Nacht um kurz nach elf verließ und die Zeit bis zur Abfahrt seines Zuges bei den Bülows verbringen wollte.

Er trat ungemein herzlich auf mich zu: »Miss Smyth, welch eine Freude, Sie wiederzusehen!« Und wieder sprach er mindestens eine Dreiviertelstunde lang mit mir, wieder im Stehen, bis Graf von Bülow uns geschickt zu seiner Frau und General von Loë hinübermanövrierte, als der Kaiser gerade bemerkt hatte: »Ich möchte Berlin zu einer Stadt machen, die, wie Paris oder London, jeden kultivierten Europäer anzieht. Berlin soll nicht dauerhaft die Hauptstadt der kleinen Leute sein, die es bleiben würde, ginge es nach den Wünschen der Mehrzahl seiner Bewohner.«

Als der Kaiser anschließend fragte: »Können Sie mir erklären, warum nicht mehr Engländer den Winter hier verbringen?«, sah von Bülow zweifelsohne den Moment gekommen, in dem ich genau das antworten würde, was ich schon oft zu ihm gesagt hatte, nämlich, dass nichts einen Engländer dazu bringen könnte, einige Monate in dieser von Kasernenton und militärischer Disziplin dominierten Stadt zu verbringen! Doch zu seiner Beruhigung enthielt ich mich diesmal solcher Art von Entgleisungen.

Ein weiterer brisanter Moment war entstanden, als der Kaiser mir nach der Begrüßung die rhetorische Frage stellte: »Ich hoffe doch, dass an meinem Opernhaus alles zu Ihrer vollsten Zufriedenheit verlaufen ist?«

Mein kurzes Zögern ließ Gräfin von Bülow ein wenig erbleichen, bevor ich antwortete, dass Piersons Tod freilich ein unglücklicher Umstand sei, der einige Widrigkeiten erkläre, denn wenn der Kutscher tot vom Bock falle, würden die Pferde eben erst einmal ziellos herumlaufen.

»Das sollte aber nicht geschehen«, erwiderte der Kaiser, wobei seine Züge sich plötzlich verhärteten und er mit einem Male deutlich dem offiziellen Bild des Herrschers glich. »Wenn einer meiner Generäle beim Marsch tot umfällt, wird sein Platz sofort von einem anderen übernommen, und alles geht ohne Unterbrechung weiter!«

Darauf sagte ich, so höflich es mir nur möglich war ... wobei ich sah, wie alle Farbe aus den Wangen meiner Gastgeberin wich: »Leider verhält es sich in der Welt der Oper nicht ganz so!«

Wie groß muss ihre Erleichterung gewesen sein, als der Kaiser daraufhin loslachte, sich zu ihr umwandte und sagte: »Haben Sie das gehört? Sie hat gesagt, dass meine Oper ein *Schweinestall* ist!« Daraufhin verwickelte er seine Gesprächspartner erneut in lange Gespräche über Politik.

Am nächsten Morgen bemerkte Lady Cavendish, die für ihre scharfsinnigen Spitzen berühmt war, mit nachdenklich zur Seite geneigtem Kopf: »Ich höre, Sie waren ein großer Erfolg am gestrigen Abend und der Kaiser hat den ganzen Abend mit Ihnen gelacht … oder über Sie!«

Um den stürmischen Winter von Berlin abzuschließen, bleibt mir noch zu berichten, dass die vierte Aufführung meiner Oper die bei Weitem beste war, das Publikum bekundete seltsamerweise unverhohlen Beifall. Der mir vertraglich zugesicherte fünfte Termin war dagegen wieder um weitere sechs Wochen aufgeschoben worden, und diese Zeit in Berlin durchzustehen würde mir, so schrieb ich meiner Schwester, eine eiserne Gesundheit und eine schier übermenschliche Ausdauer abverlangen. Also packte ich Mitte Mai meine Koffer und fuhr wieder zurück nach England.

Strandrecht

Im folgenden warmen Herbst fuhr ich einmal wieder zur Küste von Cornwall; die alte Geschichte des Strandrechts ging mir nicht aus dem Kopf. Ich hatte sie in den späten 1880er-Jahren dort gehört, wo es die vielen Schmugglerhöhlen gibt, und hatte die faszinierende *Piper's Hole* auf den Scilly Inseln besucht. Man wird steil nach unten geführt durch einen beängstigend schmaler werdenden Felsengang, den nur in eiserne Wandringe gesteckte Kerzen beleuchten. Dann biegt der Gang scharf ab, und man kann die Wellenbewegungen des Gerölls direkt über dem eigenen Kopf hören, man befindet sich also unter dem Meer! Bis nach einer erneuten Abzweigung das Grollen plötzlich aufhört und man sich zwischen zwei großen Felsen hindurchzwängt, bevor etwas Licht eindringt, und man einen kleinen, überirdisch schimmernden Süßwassersee wahrnimmt, auf dem ein Fährboot schwimmt, mythisch gemahnend an Charon, und in dem die Lampe des Höhlenführers in ihrem wandernden Strahl die vielen, blinden Goldfische aufblitzen lässt, die Mr. Smith-Dorrien, der Besitzer des kleinen Eilands, in den See setzen ließ. An bestimmten Stellen kann man entlang der Cornischen Küste solche gut versteckten Zugänge zwischen den oberen Klippen finden und auch unterirdische Seen, die bei Flut bis an die Decke der engen Höhlen steigen.

Seither hatte mich die seltsame Welt der dortigen Dorfbewohner verfolgt, Plünderer, die bei Sturm und Regen die

Leuchttürme löschten oder falsche Leuchtfeuer am Felsenstrand entzündeten, um dann die in der rauen See gestrandeten Seeleute unbarmherzig zu töten und ihre Schiffe auszurauben. Die kahlen Landstriche mit ihrer tief religiösen, keltischen Bevölkerung hatten sich Ende des 18. Jahrhunderts John Wesleys Erweckungsbewegung angeschlossen. Ich hatte auch gehört, dass diese cornischen Riffpiraten überzeugt waren, sie seien, ähnlich den Israeliten des Alten Testaments, das auserwählte Volk Gottes, und sie hätten das Recht, nein, die Pflicht, die nicht Erwählten auszurotten. Wesley hatte sich zehn Jahre lang bemüht, jene Gemeinden von ihrer grässlichen Praxis abzubringen, aber schließlich hatte ihm sein Versagen das Herz gebrochen.

War mir damals dort unten die Legende zu Ohren gekommen, nach der zwei Liebende heimlich die warnenden Leuchtfeuer wieder entzündeten und damit den brutalen Richtlinien ihres Dorfes zuwiderhandelten? Die Frau trieb ihre Mitmenschlichkeit an, oder vielleicht hoffte sie auch, so ihren Ehebruch zu verheimlichen; doch die beiden wurden gefasst und das Strandrechts-Komitee, das geheime Gericht und die einzig anerkannte Autorität, verurteilte sie zum Tode in einer der Höhlen, die regelmäßig vom Meer geflutet wurden. Oder habe ich diese Geschichte geträumt? Ich weiß es nicht mehr, wahrscheinlich habe ich sie irgendwo an Cornwalls Küsten aufgeschnappt.

Irgendwann habe ich dann Harry meine Aufzeichnungen gegeben und ihn gefragt, ob er aus den bunten Farbtupfern ein zusammenhängendes Traumbild erdichten könnte. Er fand das Thema großartig, sehr geeignet für die musikalische Umsetzung, und er sagte, er wolle versuchen, einen passenden Text zu entwerfen; ob das auch in Französisch sein dürfe, das läge ihm poetisch näher. Ich stimmte freudig zu, besonders weil Monsieur Messager von der Pariser Opéra Comique schon als der kommende Direktor von Covent Garden feststand. Auf diese Weise könnte eine Oper mit französischem Libretto vielleicht gute Chancen für die Aufführung einer englischen Komposition in England haben!

In jenem milden Herbst bin ich noch einige Male nach Cornwall heruntergefahren, um ein paar der ältesten Einwohner genauer nach der Legende zu befragen, und bekam sicher all die Halbwahrheiten ihrer Vorväter zu hören, aber sie passten gut in mein Bild. Zwei Geistliche, die sich für die Überlieferungen aus der Gegend interessierten, konnten mir verlässlichere Berichte der besagten Vorkommnisse geben, und die habe ich nun in meine Oper *Strandrecht* (im Original *Les Naufrageurs* oder englisch *The Wreckers*) eingearbeitet, wie unter anderem den lustigen Chor nach dem Gottesdienst im ersten Akt. Zwischen meinen Erkundungen lag ich auf den Felsen, umgeben von roséfarbenen Strandnelken, und hörte den kreischenden Seemöwen und den rollenden Atlantikwellen zu, wie sie gegen die grausamen Klippen andonnerten. Vieles von den Eindrücken des rauen Ozeans findet sich in *On the Cliffs of Cornwall* wieder, dem Präludium zum zweiten Akt, und ist zur durchgängigen Motivik geworden. Alles, was meine weit geöffneten Sinne dort aufnahmen oder was ich in Büchern im British Museum fand, leitete ich an Harry weiter.

Inzwischen hatte sich für mich die gänzlich unerwartete Möglichkeit eröffnet, zusammen mit meiner Schwester Mary eine erste Erfahrung mit der Neuen Welt zu machen, wiewohl ich sagen muss, dass das Amerika-Unternehmen unter den denkbar schlechtesten Sternen stand. Der enthusiastische Initiator, dem es gelungen war, *Der Wald* an der Metropolitan Opera unterzubringen, war noch vor unserer Ankunft in New York ernsthaft erkrankt, und er verstarb unglücklicherweise kurz darauf. Als ich zur Vorbesprechung kam, fand ich für den Direktor einen Ersatzmann vor, der unbedingt seine Geliebte in dem Stück unterbringen wollte. Sie gehörte zum Ensemble, und obwohl sie eher der Musical-Typ war, wollte sie in der Grand Opera Furore machen, wozu sie keinerlei Qualifikation vorweisen konnte. Ich unterstützte den deutschen Dirigenten in seinem ängstlichen Versuch, der Lady klarzumachen, dass für sie der Part des verführerischen, bösen Genius des Stücks völlig undenkbar war, mit dem Resultat, dass ihr Bewunderer offen verkündete, dass damit sein Interesse an der Oper erloschen sei. Er ging sogar noch weiter – um seine Angebetete zu beschwichtigen, die schäumte, weil sie die Rolle nicht bekommen hatte, legte er uns bei den Proben ständig Steine in den Weg.

Als wir in New York ankamen, hatte ich mich bereits nicht wohl gefühlt, was sich schnell zu einer Mandelentzündung mit hohem Fieber entwickelte. Wie ich es trotz allem geschafft habe, das ganze Projekt durchzuziehen, bleibt mir nach wie vor ein Rätsel; ich vermute, es war ein typischer Fall von ›Augen zu und durch‹! An einem Morgen erwachte ich sogar ganz ohne Stimme, konnte nicht einmal mehr flüstern. Der fantastische Hals-Nasen-Ohren-Arzt vollbrachte ein wahres Wunder. »Ich kann Ihnen Ihre Stimme wiedergeben, für drei, vier Stunden, wenn Sie sehr vorsichtig mit ihr umgehen; aber für die Zukunft kann ich gar nichts versprechen«, sagte er, was für mich klang wie »… danach könnten Ihre Stimmbänder für den Rest Ihres Lebens den Dienst versagen!« Ich ging das

Risiko ein, und meine Stimmbänder sind bis heute alles andere als schwach!

Den weiteren Hindernislauf bis zur Aufführung erspare ich Ihnen und wechsle lieber zum amüsanteren, gesellschaftlichen Teil unserer Unternehmung, der natürlich gleich nach der Überfahrt mit der üblichen Invasion der Reporter auf dem Schiff begann. Ich stellte dabei Marys überaus freundliche, wohltätige Rolle heraus, worauf sie in den Zeitungen mit David Copperfields ›Agnes‹ verglichen wurde, deren »einziges Lebensziel darin besteht, über das Geschick der jüngeren, talentierten Schwester zu wachen.« Als sie das am nächsten Morgen las, zerknüllte sie die Zeitung voller Abscheu.

Hier behandle ich die Diskretion einmal in ähnlicher Weise – ich zerknülle sie und werfe sie ins Feuer – und werde ein Gerücht wiedergeben, das wahrscheinlich von Sargents Freundin, der herausragenden Kunstkennerin und allmächtigen Societylady Mrs. Jack Gardner, in die Welt gesetzt wurde: Es betraf die Frage, in welcher Beziehung wohl der diesseits und jenseits des Atlantiks gefeierte und von ihr persönlich angebetete Maler John Sargent und diese schöne, charmante und reiche Engländerin standen, deren Porträt er so oft schon gemalt hatte. Auch in England hatte es die wildesten Spekulationen über die wahre Natur dessen gegeben, was als ein warmes gegenseitiges Freundschaftsgefühl nach außen drang.

Nun, Mary kannte natürlich genau die heimliche Überzeugtheit ihres amerikanischen Kreises und schürte sie vielleicht sogar aus Spaß ein wenig, aber ich bin absolut sicher, dass sie jeder realen Grundlage entbehrte. Ich kann dafür keine Begründung anführen, aber meine Kenntnis der beiden Charaktere, besonders meiner Schwester, ließen nicht den leisesten Zweifel zu. Ich wusste allzu genau, was sie niemals tun würde. Und was ihn betraf – auch viel engere Freunde von ihm als ich kannten seinen fast übertriebenen Horror vor allem Unerfreulichen, allem, das seine Unabhängigkeit einschränken oder mit seiner aufrichtigen, völligen Ergebenheit zu seiner Kunst kollidieren könnte.

Bleibt noch, die eigentliche Aufführung von *Der Wald* zu schildern. Tatsächlich erinnere ich mich nicht mehr an die Einzelheiten, außer dass das Bühnenbild und auch das Orchester ein höheres Niveau hatten als in Covent Garden, während alles andere weit dahinter zurückfiel. Der Premierenapplaus war gut und hielt für mehr als zehn Minuten an, und es gab eine ausgezeichnete Presse, bis auf einige ziemlich ungnädige Zeitungen, die fest in deutscher Hand waren. Dennoch, ich spürte instinktiv, dass die Oper in Amerika so fehl am Platz war wie eine Muse auf dem Fußballfeld. Vielleicht, wenn das Werk mehrere europäische Bühnenerfolge hätte vorweisen können und der meisterliche, mir gewogene Direktor noch am Leben gewesen wäre, dann hätten die Taktierereien seines Nachfolgers nicht zu lediglich zwei weiteren, mittelmäßigen Aufführungen in New York und einer desaströsen in Boston geführt! Was für eine Freude, für so etwas den Atlantischen Ozean überquert zu haben! Aber *Der Wald* war immerhin die erste von einer Frau komponierte Oper, die trotz dieser Tatsache an der Metropolitan Opera aufgeführt wurde!

Das Beiprogramm des ›künstlerischen Events‹ entschädigte mich etwas, es entsprach ganz meinen Erwartungen. Mrs. Jack Gardner, die uns auf Sargents Wunsch mit der Umgebung vertraut machte, hatte sich blitzschnell ihre Meinung gebildet über diese ermüdende, beklagenswert unattraktive Schwester der brillanten Mrs. Charles Hunter. Was sollte man bloß anfangen mit dieser Schwester in ihrem schief sitzenden Hut und dem Tweedrock, mit ihrer Tonsillitis und ihrer Weigerung, sich auf Partys bestaunen zu lassen, weil sie ihre Stimme für die Proben schonen musste, oder an abendlichen Unterhaltungen teilzunehmen, weil sie um neun mit ihrer Gurgellösung im Bett sein wollte. »Ist diese Engländerin *wirklich* die hervorragende Komponistin, von der unser verstorbener Direktor so viel Gutes berichtete?« Kurz gesagt, ich war jene unbedeutende Person, eine arme Verwandte von Mrs. Hunter und wurde auch so behandelt, ganz zu meiner Erleichterung – in die höchstens ein Tröpfchen Enttäuschung einfloss.

Es gab jedoch auch die bezaubernden Ausflüge nach Boston und Washington, Ziele, die wir wissbegierig im Kielwasser von Sargent besuchten und die wir wirklich genossen. Zu den Niagarafällen fuhr Mary allein, während ich Washingtons Landsitz besuchte, um ihn mit einer Skizze zu vergleichen, die ich einmal gesehen hatte; er war genauso faszinierend, wie ich mir das vorgestellt hatte: ein nobles Anwesen im klassizistischen Adamsstil, das sich kolonnadenförmig in weitem Bogen zu beiden Seiten öffnete, eine ländliche Version der Halbkreise des Petersdomes in Rom; im imposanten Hintergrund verläuft dieser traumhafte Fluss, der mir noch jetzt beim Schreiben das Herz höher schlagen lässt.

Unser verlängertes Duett gewährte mir eine neue Sicht auf meine Schwester, die sich in den letzten ein, zwei Jahren weiter klärte. Sie konnte sich die Anschauung anderer Leute ungeheuer schnell zu eigen machen und wusste erstaunlich genau, welcher Autorität es gerade zu folgen galt. Sie war zum Beispiel mit einem Mal überzeugt von George Moores allumfassender Kenntnis über die Malerei und übernahm sogar von ihm die Ansicht, Sargent nicht mehr so genial zu finden. Aber das geschah erst sehr viel später. Im Moment war es einfach herrlich, sie in Boston zu beobachten, wie sie von der Welle des Sargent-Kultes in die Höhe gewirbelt wurde. Stolz aufgerichtet und glänzend gekleidet, strahlte Mary eine unendliche Lebenslust aus, die ihr großen Charme verlieh. Und da sie nichts Ernsthafteres zu tun hatte, als die Pflege ihres Gesichts einer Expertin zu überlassen, die eine ebensolche Künstlerin auf ihrem Gebiet war, wie mein Arzt auf dem seinen, wirkte sie mit jedem Tag jünger. Sie war reizend zu jedermann und jedermann verliebte sich in sie; in der ganzen Zeit war sie mehr als freundlich und lieb zu mir, nur ein kleines bisschen dozierend, wenn sie über Saint-Gaudens oder andere Künstler mit dem Sargent-Siegel auf der Stirn sprach. Wagte ich es, meine eigene Meinung zu äußern, ob sie nun mit seiner übereinstimmte oder nicht, so schaute sie mich leicht nachsichtig-tadelnd an, was ich allmählich etwas anstrengend fand. In der Tat schien sie völlig in ihrer neuen kulturellen Umgebung aufzugehen, und obwohl weder in der Linie unserer Vorfahren noch in unserer engeren Umgebung irgendetwas Amerikanisches zu finden war, stellte ich erstaunt fest, dass hier ihre geistige Heimat war. Ich sah schon den Tag kommen, an dem sie mir Hinweise zur Kunst des Komponierens geben würde.

Das war nicht so ganz falsch! Dennoch hat sie bis zu ihrem letzten Lebenstag niemals in ihrer Loyalität zur Musik ihrer sonst so ungenügenden Schwester nachgelassen. Und ich habe in lieber und teurer Erinnerung, wie sie wenige Jahre vor ihrem Tod ganz durchdrungen schien von *The Prison*, meiner letzten Komposition, und wie tief sie der zugrundeliegende, grandiose Text von Harry damals berührt hat. Seltsam! Denn obwohl sie die engsten Freunde waren, gab es keine gegensätzlicheren Geister als Mary und ihn.

Es fällt mir schwer, einen schlüssigen Eindruck von Amerika abzugeben, denn mein heutiger entspricht nicht mehr dem der qualvollen fünf Wochen, in denen ich gegen meine Krankheit und andere Widrigkeiten ankämpfte, sodass ich mich dort viel weniger wohlgefühlt habe als an irgendeinem anderen Aufführungsort. Als ich in die Staaten aufbrach, hatte Harry sich gefragt, ob ich wohl die amerikanische Vitalität bewundern oder eher die kulturelle Oberflächlichkeit verabscheuen würde. Ich kann nur sagen, dass ich seit damals Amerikaner in Europa getroffen habe, bei denen ich zu meinem Erstaunen keine der Charakteristika fand, die mir in New York auf die Nerven gingen – ihre ständige Überbetonung und Übertreibung (»Schau dir unseren Manet an – der weltbeste!«) und dieses unmotivierte, kleine Lachen, mit dem die Frauen unweigerlich jeden Satz beendeten, stieß mich ebenfalls ab. Aber es war mir damals schon bewusst, dass es dort irgendwo eine große, unermüdliche und fantastische Energie gab, die sich ständig neu erfand, und jede Menge Menschen, die ruhig ihr Leben leben, und das ist für mich das Amerika, das wirklich zählt.

Bei meiner Rückkehr erwartete mich der erste Teil von Harrys Manuskript *Les Naufrageurs* zu Hause in One Oak, und er hatte dazu geschrieben: »Ich kann nur hoffen, du erkennst deine bunte Palette und deine bevorzugten Farben wieder« – aber das war natürlich viel zu bescheiden, er hatte meine Visionen weit übertroffen! Seine Geschichte entsprach den gängigen Moralvorstellungen allerdings so wenig, dass einige ängstliche Gemüter mir rieten, er solle sie etwas abschwächen. Zum Beispiel sollte die Heldin, die ihren alternden Ehemann mit dem jungen Liebhaber hintergeht, deutlich Reue zeigen; worauf Harry erwiderte: »Er war ein vernarrter Alter und sie war jung und in einen anderen verliebt, das ist es, worauf es ankommt!«

Es sprach mich sehr an, wie er im Text herausgearbeitet hatte, dass alle Beteiligten von ihrem ganz persönlichen Standpunkt aus das Richtige tun: die Strandräuber, indem sie plündern; Thirza, die Heldin und Frau des Geistlichen, indem sie die Opfer rettet und die Leidenschaft ihres Geliebten Mark dazu nutzt, gegen die Grundsätze des Dorfes zu agieren; Avis, die ihrerseits Mark eifersüchtig liebt, indem sie ihren Ruf und sogar ihr Leben aufs Spiel setzt, um ihn zu retten; und ihr Vater, der sie verstößt, weil er keine Hoffnung auf Erlösung sehen kann.

Die meisten von uns sind der Überzeugung, dass ihre eigenen Lebensvorstellungen der einzigen Wahrheit verpflichtet sind. Sonst wüssten viele Menschen nicht, wie sie sich verhalten müssen. »Kompromissler und Sentimentalisten wie die Engländer neigen stets dazu, einem dehnbaren Moralbegriff zumindest theoretisch zu widersprechen«, gab ein französischer Freund von Harry zu bedenken und fragte weiter, ob die englischen Nonkonformisten nicht an einer Heldin, für die »nur die allumfassende Liebe zählt«, zu schwer zu knabbern hätten? Daraufhin meinte Harry, dass sie Catherine in Brontës *Wuthering Heights* auch ohne Weiteres geschluckt hätten und schließlich helfe die

Musik, die ungewohnte Pille herunter zu bekommen. Neben der Ehre, mich mit Emily Brontë zu vergleichen, riskierte nämlicher Freund noch eine gewagte Hypothese: Heutzutage seien gewisse kreative Frauen dazu aufgerufen, eine Favoritin aus der Ahnengalerie ein für allemal zu entfernen: nämlich dieses Lieblingsbild einer Frau, die nur Ängstlichkeit, Reinheit und Niedlichkeit verkörpert habe. Als ich Thirzas Part mit Harry diskutiert hatte, war mir diese emanzipierte Seite ihrer Rolle gar nicht aufgefallen – aber ich hatte nicht das Geringste gegen sie einzuwenden!

Die unbelastete, intensive Korrespondenz mit meinem Freund Harry war zu einer meiner größten Freuden geworden – und jetzt war die Entwicklung des Librettos ihr Hauptinhalt, um den sich alle Briefe drehten. Ich fuhr im folgenden Frühling nach Paris, um ihm für seine wunderbare Arbeit zu danken, das weitere Vorgehen zu diskutieren und ihm nicht weniger als vier bemerkenswerte Frauen vorzustellen, mit denen ich mich in diesem Jahr, das mir eine solch herrliche Blütezeit bescherte, angefreundet hatte.

Bei den vier Freundinnen handelte es sich um Prinzessin Edmond de Polignac, Madame Bulteau, die Dichterin Anne de Noailles und ihre Schwester Hélène de Caraman-Chimay. Winnie de Polignac hatte ich kurz vor der Amerikareise getroffen und sofort erkannt, dass alles, was man über sie sagte, der Wahrheit entsprach. Sie war wirklich eine erstklassige Musikerin, eine ausgezeichnete Malerin und eine in jeder Hinsicht bemerkenswerte Frau. Da sie bis heute meine treue und geliebte Freundin ist, will ich hier nur sagen, dass von den neuen Freundinnen, die das neue Jahrhundert mir schenkte, mir keine mehr im Leben bedeutete als sie. Sie gehörte außerdem zu den wenigen Menschen, die in der Lage sind, den Inhalt und Wert von Musik selbstständig zu beurteilen, ohne sich von Fachkreisen beeinflussen zu lassen.

Ich bewunderte Harrys ruhige Akzeptanz dieser neuerlichen Wendung in meinem Leben. Nicht, dass er ein Einsiedlerleben geführt hätte, aber seine Verhältnisse zu den Menschen waren eleganter und angenehm unverbindlicher Natur, keine vereinnahmenden Affären wie die meinen. Mitunter kam er mir vor wie jemand mit sehr geringem Appetit, der seinen Freund Tag für Tag in einem Grandhotel dabei zusieht, wie der sich ein ganzes Menü schmecken lässt. Aber er freute sich, dass ich mich mit Frankreich angefreundet hatte und die französische Lebensart immer besser verstand. Und nebenbei gefiel es ihm auch, dass er von dreien der vier neuen Freundinnen sehr charmant aufgenommen wurde – keine schlechte Quote!

Die folgende Episode aus dem Leben von Harry und mir möchte ich nicht auslassen, obwohl sie für mich nicht gerade erfreulich ist. Es war das einzige Mal, dass es für einen Moment so aussah, als drohe ein ernsthaftes Zerwürfnis. Den Zeitpunkt kann ich nicht mehr ganz genau bestimmen, denn wir kamen überein, alle Berichte darüber zu vernichten und weder miteinander noch mit anderen je wieder darüber zu reden.

Ich muss noch einmal zurückgehen, in das Jahr nach dem Tod seiner Frau, als wir uns über unser zukünftiges Leben Gedanken machten – hätte ich mich damals zur Heirat mit ihm entschlossen, wäre er wahrscheinlich ein treuer Ehemann geworden. Aber wie die Dinge nun lagen, wäre es unfair, dies von einem Mann seines Temperaments zu erwarten. Dabei mochten gelegentlich erhaschte

Rendezvous für den jüngeren Mann ganz in Ordnung gewesen sein, aber für den älteren ist eine gesetzte Liaison angezeigter, und eine solche unterhielt Harry in Rom, die er jedoch nach eigenem Willen im Verborgenen pflegte, sobald ich ihn besuchte. Mein einziger Wunsch bei unserer Abmachung war, dass er niemals bei einer Freundin oder Bekannten von mir der Versuchung erliegen solle. Und ich fügte noch hinzu, dass auch für mich das Gesagte über die ›Extratour‹ gelte, worauf er meinte: »Natürlich bist du ebenso frei wie ich, aber wenn es geschieht, bitte ich dich nur um eins ... *erzähl's mir nicht*!«

Das bedeute eine Begrenzung meiner Freiheit, denn so etwas könne ich nicht geheim halten, also bleibe mir nur, jedes echte Abenteuer zu vermeiden, war meine Antwort, worauf er lachend meinte, dass das wohl das Klügste sei.

Nun wurde ich aber in einer bestimmten Situation misstrauisch, was die Absichten einer unserer gemeinsamen Freundinnen betraf, einer nicht sehr hübschen, aber geistreichen Frau mit einigen bewundernswerten Qualitäten. Nach Lady Ponsonby war sie bekannt dafür, dass sie anderen ihr Glück nicht gönnte. Entdeckte sie eine sehr harmonische Ehe oder eine besonders zärtliche Beziehung, schien das in ihr den Wunsch zu wecken, daraus ihr eigenes Quäntchen Glück abzuzweigen. Sie war dem Charme Harrys ganz und gar erlegen und erklärte immer, wie außerordentlich liebenswürdig er zu ihr gewesen sei in Momenten, in denen sie einer Zuwendung so dringend bedurft hatte. Ich hatte ihre Not allerdings für reine Pose gehalten, hatte Harry vor ihr gewarnt und, da ich nicht eifersüchtig war, sie bald vergessen.

Bis er mir eines Tages, als wir über Rom sprachen, einen Brief von ihr mit den Worten hinhielt: »Oh, hier ist eine Beschreibung von Ostia, die dich interessieren könnte.« Ich sah sofort, dass in der ersten Zeile etwas manipuliert worden war; bei »Lieber, die Aussicht vom Quai ist ...« hatte er zwischen dem ersten und zweiten Wort nachträglich die Buchstaben H.B. eingefügt. Das machte aus einer verdächtig intimen Anrede eine völlig harmlose, denn er wurde von fast jedem H.B. genannt. Und da ich ihn vor der Situation gewarnt hatte, die offensichtlich eingetreten war, hatte er zu dieser unbeholfenen Vertuschung gegriffen, die mich beruhigen sollte. Niemals hat mich ein geschriebenes Wort so tief getroffen, mit Ausnahme von Lisls Abschiedsbrief vor neunzehn Jahren. Ich weiß nicht, was mehr schmerzte – das, was meine Jugendlektüre einen ›Verrat an mir‹ genannt hätte, oder die kalte Wut über die offensichtliche Fälschung von H.B., die in mir wie ein eisiger Geysir hochschoss. Doch ich sagte nichts, sondern sann auf Rache. Am selben Abend erzählte ich ihm in gekonnt beiläufigem Ton, ich hätte übrigens neulich von meinem *permesso* Gebrauch gemacht, als ich mit einem jungen Mann, einer Reisebekanntschaft, an einer bestimmten Station ausgestiegen sei und mit ihm dort die Nacht verbracht hätte.

Seine Reaktion auf dieses Märchen verblüffte mich regelrecht, obwohl ich inzwischen weiß, dass sie die klassische war. Nach dem ersten Augenblick, in dem er wie nach einem heftigen Schlag gelähmt war, kam ein Gefühlsausbruch, wie er zu einem jungen Bräutigam auf Hochzeitsreise gepasst hätte, nicht aber zu dem Harry, den ich kannte. Und dann ging der Ausbruch über in ein derart ungestümes Leiden, das ich niemals bei ihm für möglich gehalten hätte. Das Ganze war unerträglich und rührte mich so tief, dass ich ihm schließlich gestand, ich hätte die

Geschichte nur erfunden, weil ich mich für seine Betrügerei rächen wollte.

Darauf nahm die Sache eine noch kuriosere Wendung – er schleuderte mir in rasender Wut ins Gesicht: »Das glaube ich dir nicht! Wenn du mich vorher belogen hast, warum sollte ich dir jetzt glauben, dass nichts passiert ist?« Und er schnaubte weiter: »Ich werde dir nie wieder auch nur ein einziges Wort glauben!«, bis ich dachte, er würde den Verstand verlieren. Irgendwann zog der Sturm ab, und er bat mich, ihm nun meinerseits zu glauben, dass er bei seiner Sache unbeabsichtigt weit gegangen war, aber nicht bis zum letzten (!), und dass es sich nicht um eine etablierte Affäre handele.

Etwas, das er zu seiner Entschuldigung geltend machte, musste ich allerdings als völlig berechtigt anerkennen – ich war zu der Zeit in eine Beziehung verstrickt, in der ich furchtbar unter Stress stand. Ich vollführte ständig und überall ein Spektakel mit etwa dem hitzigen Temperament, für das ich schon in meiner Kindheit bekannt war. Harry war nie eifersüchtig auf meine Beziehungen zu Frauen, er war wie ich der Meinung, dass jede neue Liebe, die in dein Leben tritt, deine alten Bindungen bereichert. Aber hier führte er an, dass es ihm Kummer bereitet hatte, mich so verzweifelt zu sehen. Und er beklagte auch, dass ich in jener Zeit für nichts mehr zugänglich war, was dazu geführt hatte, dass wir beide, außer an *Les Naufrageurs* zu arbeiten, sozusagen nichts anderes miteinander zu tun hatten, und das für eine ganze Weile.

Wir kamen schließlich überein, wie gesagt, nie wieder über diese Angelegenheit zu sprechen. Und ich hatte auch alles bald darauf vergeben und vergessen, denn der Gedanke daran, was er mir jeden Tag und jede Stunde gegeben hatte, seit wir beieinander waren, überwog alles andere, und mein dankbares Staunen darüber, einen solchen Freund gefunden zu haben, hat nie aufgehört.

Als ich beim letzten Mal in Rom war, um mit Harry den dritten Akt zu besprechen, empfing er von unserem alten Autorenfreund und Kenner der französischen Literatur, Maurice Baring, großes Lob für sein Libretto, über das er schon ganz am Anfang mit ihm lange diskutiert hatte. Außerdem hatten wir beide uns schon gefragt, wann seine Tochter wohl ihren Mitstudenten aus dem Architekturstudio von Blomfield heiraten würde. Im Sommer 1905 war es dann so weit, und natürlich kam Harry zu Clotildes und Percys Hochzeit herüber nach England. Er hatte den fertigen dritten Akt mitgebracht; er blieb noch einige Tage bei mir in One Oak und wir verbrachten eine wunderschöne Woche ohne Arbeit. Wir streiften umher, führten intensive Gespräche oder verbrachten die Zeit mit beredtem Schweigen – beseelte Momente großer Ruhe. Und kurz vor Weihnachten konnte ich endlich ›Finis‹ unter die letzte Note schreiben.

Anfang des nächsten Jahres kam Maurice Baring bei mir vorbei, um sich die Klavierauszüge der fertigen Oper anzuhören, für die er seit seinen Rom-Besuchen eine Art von Patenschaftsgefühl entwickelt hatte. Bei der Gelegenheit fragte er mich auch, welchen Klavierbauer ich für den Besten hielte – einige Zeit später stand ein Lieferwagen vor meiner Tür und brachte mir ein wunderschönes Broadwood-Pianette! Und als ich ihm protestierend schrieb, dies sei eine inakzeptable, verrückte Extravaganz, antwortete er, er sei jetzt sehr reich geworden und hätte bei dem abscheulichen Klang meines alten Instruments wirklich gelitten! Da war er einmal in seinem Leben zu

Geld gekommen, und dies war das Erste, was er damit tat! Ich habe das Piano immer noch und es ist wie neu.

Als Monsieur Messager zum Direktor von Covent Garden für die Saison ab Mai 1906 ernannt wurde, begleitete ihn sein Ensemble, allen voran Madame Calvé, eine begnadete Sängerin, bekannt und beliebt in ganz Europa. Ich hatte sie bereits vor längerer Zeit kennengelernt und ihr die Klavierauszüge gezeigt, und ich bemerkte sogleich, dass die Handlung sie sehr ansprach. Und als sie sagte: »Diese Thirza muss ich unbedingt singen«, gestand ich ihr, dass ich sie bei der Ausarbeitung auch vor Augen gehabt hatte.

Urplötzlich verlautete jedoch, dass es Madame Calvé unmöglich sei, die Saison in Covent Garden zu beginnen; und es wurde bekannt, dass sie und Messager schrecklich aneinandergeraten und nun die erbittertsten Feinde waren. In dieser Welt der Lügengespinste war es zwecklos, nach dem Warum und Wieso zu fragen, aber Calvé versicherte mir, dieser Bruch habe für *The Wreckers* gar nichts zu bedeuten. Das Waldorf-Theater hatte sie sofort übernommen und ihr rückhaltlose Unterstützung zugesagt sowie eine derart grandiose Ausstattung der Oper, von der Covent Garden nur träumen könnte. Sollte das schiefgehen, gab es noch Monte Carlo, ihr zweites Engagement. Der Besitzer dieses Opernhauses war natürlich der Fürst von Monaco, ein enger Vertrauter von Kaiserin Eugénie. Also hielt ich diese zwei Eisen im Feuer und nährte den ganzen unsteten Sommer über ihre Flammen fleißig (was das bedeutet, können nur Komponisten ermessen, die ihre Waren auf dem ausländischen Markt anbieten müssen). Umsonst, wie sich letztendlich herausstellte, und so machten meine armen ›Naufrageurs‹ und ich uns im Winter zu diversen Kanalüberquerungen auf, unter anderem nach Brüssel. Was mir eine scheußliche Nervenentzündung einbrachte und mich mit Massagen an mein Bett in One Oak fesselte. Harry lag ebenfalls darnieder, nachdem er sich beim Reiten in Rom verletzt hatte, und da sein Sohn Christopher gerade das erste Mal Vater geworden war, schrieb er mir: »Ich bin jetzt Großvater und du so etwas wie eine Großmutter linker Hand. Kein Wunder, dass wir da über Rückenprobleme klagen!«

Von meinen vielen Bemühungen wurde Leipzig mit einem Mal konkret. Die Anfeindungen wegen des Burenkriegs hatten sich gelegt, und Arthur Nikisch, Direktor der Leipziger Oper, den ich noch von den Herzogenbergs kannte, zeigte sich begeistert. Nachdem ich ihm alle drei Akte vorgespielt hatte, meinte er: »Das Libretto ist überwältigend und zur Musik kann ich nur gratulieren. Ich werde gleich nach Weihnachten mit dem genauen Durcharbeiten beginnen, sodass wir die Aufführung zur Saison 1906–1907 einplanen können, hoffentlich sogar schon zum Ende der Saison 1905–1906.«

Das war mir noch nie passiert – ein namhafter Direktor lernte mein Werk kennen und machte gleich die Termine fest! Die einzige Hürde bestand nur noch darin, die Komposition mit dem angemessenen deutschen Text zu unterlegen. Nach der nicht so positiven Erfahrung mit dem englischen Übersetzer wurde mir in Leipzig ein angeblich sehr guter deutscher empfohlen, der seine Arbeit jedoch dermaßen schleppend verrichtete, dass es ein einziger Alptraum wurde. Dann erhielt ich von Johanna Röntgen aus Leipzig einen Expressbrief, ich möge sofort kommen, Nikisch hatte sein Budget so ungebührlich überzogen, dass der Stadtrat ihm gekündigt hatte. Es tue ihm furchtbar leid, aber sein Nachfolger würde sich der Sache annehmen, hieß es. Außerdem gab es noch seinen guten Freund Angelo Neumann in Prag.

Aber ich war auch noch bei Gustav Mahler in Wien vorstellig geworden. Als ich ihn traf, sah er erschöpft, ausgemergelt und vorzeitig gealtert aus, sodass ich annahm, dass er seinen Lebenswandel wohl nicht geändert hatte. Ich musste daran denken, wie eine seiner Affären mit Marion von Weber die Gemüter erhitzt hatte, als er Dirigent in Leipzig gewesen war. Weber, der Enkel des Komponisten Carl Maria von Weber, Stabshauptmann beim Leipziger Regiment und Ehemann von Baronin Marion, gesellte sich des Öfteren mit zwei weiteren Freunden zu mir in meine Studentenwohnung und so erfuhren wir, dass Mahler sich in dessen Frau verliebt hatte und dass seine Liebe auch erwidert wurde – was uns gut möglich erschien, denn obwohl Mahler alles andere als gut aussehend war, besaß er einen fesselnden, gleichsam teuflischen Charme. Weber verschloss die Augen so lange es eben ging, ein Skandal hätte das Ende seiner Armeelaufbahn bedeutet. Doch Mahler war ein tyrannischer Liebhaber und kompromittierte seine Geliebte und ihren Mann, wo immer er konnte. Die Sache spitzte sich zu und belastete Weber so sehr, dass er eines Tages in einem Zug nach Dresden die Nerven verlor und inmitten der unbekannten Mitreisenden anfing, unkontrolliert mit seinem Revolver um sich zu schießen. Er wurde überwältigt, der Zug angehalten und die Polizei schaffte den wild tobenden Herrn in eine Institution. Ich habe noch gehört, dass er lichte Momente gehabt haben soll, dass seine Frau reuevoll den Kontakt zu Mahler abbrach, aber am Ende wurde der Mantel des Schweigens darüber gebreitet.

In Mahlers Leben häuften sich solche Geschichten. Obwohl ich ihn selbst nicht näher kannte, ging auch jetzt noch etwas Faszinierendes von ihm aus; hier saß mir der Intendant des Opernhauses gegenüber, das er zu dem weltbesten gemacht hatte, gezeichnet wohl auch von seinen ständigen Auseinandersetzungen mit den Habsburgern. Er war weit und breit der beste Dirigent, den ich kannte, mit einer allumfassenden musikalischen Intuition, und er zog *The Wreckers* für Wien ernsthaft in Betracht!

Es gehört zu den kleinen Tragödien meines Lebens, dass er vor der Verwirklichung aus dem Amt vertrieben wurde, was selbst seine Feinde bedauerten. Aber seine Ideale, seine leidenschaftliche Weigerung, auch nur ein Jota von seinen künstlerischen Anforderungen abzurücken, und die Größe und Klarheit seiner Vision, das sind die Dinge, die eine Tradition begründen und auch nach dem Sonnenuntergang weiter leuchten …

Da meldete sich Harry zu Wort. Er drängte mich, zu ihm nach Rom zu kommen, und schlug vor, wir sollten uns eine Erholungspause in der Terme von Salso Maggiore gönnen und dort das weitere Vorgehen besprechen. Er wollte Neumann für die Prager Inszenierung 1.000 £ anbieten und wenn sich Leipzig positiv entscheide, umso besser. Als dann tatsächlich die positive Nachricht von Nikischs Nachfolger kam, fand ich in dem Leipziger Dirigenten Richard Hagel einen freundlichen Mann vor, der Nikischs Besetzung übernommen hatte und auch bereitwillig alle meine Vorgaben beachten zu wollen schien. Ich sagte also zu, dass ich nicht weiter intervenieren würde, was gut in meinen Plan passte, da ich gleichzeitig in Prag weitere Verhandlungen führte. Wie verabredet erschien ich erst wieder im November am Tag vor der Generalprobe und musste sehen, dass Hagel sein Wort gebrochen und den dritten Akt bis zur Unverständlichkeit gekürzt hatte. Worauf ich äußerst ungehalten verkündete, nicht zur Premiere erscheinen zu wollen – was ich aber dennoch tat, indem ich mich unerkannt unter das Publikum mischte. Als der Schlussakkord zu meiner großen Überraschung mit donnerndem Applaus endete, schlich ich mich vorbei an der Herrengarderobe und von der ungewohnt rechten Seite auf die Bühne, und ich habe niemals entgeistertere Blicke gesehen als die des neuen Direktors und Hagels, als ich dort plötzlich auftauchte. Wir bekamen dreizehn Vorhänge! Beim anschließenden Soupieren schlug ich vor, dass ich mit einer halben Stunde Berichtigungen mit den Sängern und einer Viertelstunde mit dem Orchester den dritten Akt für die zweite Aufführung in seinen ursprünglichen Zustand bringen würde. Das wurde mir zugesagt – jedoch schon am nächsten Tag in einem Brief vom Direktor und von Hagel widerrufen. Ich war so aufgebracht, dass ich zurückschrieb (und zwar gleichzeitig an das Leipziger Tagblatt), dass ich unter diesen Umständen meine Oper zurückziehen müsse, was die beiden wohl nicht ernst genug nahmen, um mir ihrerseits zu antworten. Also ging ich vor der Probe in den Orchesterraum, sammelte alle meine Noten ein und nahm den Zug nach Prag. Dort fand später aus verschiedensten Gründen, und unter Harrys großem finanziellen Verlust, eine absolut horrende Aufführung statt. Und heute frage ich mich, ob es klug war, mir mit dieser in der Operngeschichte einmaligen Leipziger Aktion jeden deutschen Theaterdirektor zum Feind gemacht zu haben. Und darüber hinaus bedauere ich im Nachhinein jene Sänger und das ganze Orchester, die wochenlang geprobt hatten und dann hören mussten: »Es gibt kein zweites Mal!« Das liegt mir doch sehr auf der Seele. Aber dennoch, der Gedanke, einem vertragsbrüchigen Mann die Stirn geboten zu haben, gibt mir auch eine gewisse Genugtuung.

Wenn meine musikalischen Unternehmungen stets getreuliche Unterstützung seitens der Kaiserin und meiner Schwester Mary fanden, so muss ich doch hier auch die wunderbarste Gönnerin von allen erwähnen. Ich weiß nicht mehr genau, wann ich Mary Dodge zum ersten Mal traf, die reiche amerikanische Freundin meiner Schwester Violet. Damals spielten wir noch gern Kricket auf dem herrlichen Rasenplatz von Losely, aber 1907, das Jahr, über das ich nun schreibe, plagte sie ihre Arthritis schon zu sehr. In Warwick House, St. James's, wo sie lebte, stellte sie mir oft ihren schön getäfelten, großen Raum im ersten Stock mit seiner wundervollen Akustik zur Verfügung. Sie ließ es sich nicht nehmen, die Künstler und auch den anschließenden Umtrunk zu bezahlen, und ich durfte zu diesen Veranstaltungen einladen, wen ich wollte; die eigentliche Gastgeberin hingegen saß im benachbarten Zimmer und »erfreute sich in aller Ruhe«, wie sie sagte, »an der Musik«. Ein weiteres Zeichen ihrer Großzügigkeit: Als ich One Oak aufgeben musste, weil der Mietvertrag 1909 nicht verlängert wurde, versah sie mich mit genügend finanziellen Mitteln, dass ich mir das Grundstück mit dem kleinen Haus Coign in Woking kaufen konnte, in dem ich bis heute lebe.

Und noch eine wichtige Unterstützung verdanke ich ihr: *On the Cliffs of Cornwall*, das Präludium zum zweiten Akt von *The Wreckers*, hatte es mit Violet Woodhouses Organisationstalent und Nikischs Bereitschaft in ein Konzert des London Symphony Orchester geschafft, das erste Mal, dass ein Orchesterwerk von mir in England gespielt wurde! Und das hatte zur Folge, dass nicht nur das Interesse an weiteren Aufführungen meiner Musik erwachte, sondern auch, dass ich mich an eine kühne Planung wagte: Der erste und der zweite Akt sollte in der Queen's Hall aufgeführt werden! Wiederum half Mary Dodge zu einem beträchtlichen Teil, und auch die Kaiserin und Harry steuerten ihren Part bei. Und da die sängerisch wie dramatisch hochtalentierte Madame Marchesi, die großherzigste Künstlerin, die ich kenne, auf ihre Gage verzichtete und Nikisch mit einem schmalen Salär zufrieden war, konnte ich den Saal für den 28. Mai 1908 buchen.

Was ich während dieser Phase jedoch niemandem sagte, war, dass mir Harrys Gesundheit seit Längerem ernsthafte Sorgen bereitete. Zunächst hatte ich seine Erschöpfung der kräftezehrenden, abschließenden Arbeit an seinem neuen Theaterstück *Buondelmonte* zugeschrieben, aber nach eingeschobenen Ruhepausen und Konsultationen bei diversen Ärzten kam schließlich das Verdikt – inoperabler Leberkrebs! Sein Sohn Christopher schrieb mir, obwohl er sehr schwach geworden sei, solle ich das Konzert nicht verschieben, sein Vater wünsche sich nichts sehnlicher, als zum vorgesehenen Termin nach London zu kommen, und er werde ihn begleiten.

Ich holte sie an der Victoria Station ab. Harry konnte allein gehen, schien heiter und ganz der Alte zu sein und sagte mit leichtem Triumph in der Stimme: »Na, es war also richtig von mir, zu kommen!« Er freute sich darauf, mit Maurice Baring über dessen neues Stück und auch über sein eigenes zu sprechen, das er ihm mitgebracht hatte.

Es gibt Bruchstücke des Lebens, die erscheinen uns wie im Traum. So erging es mir mit den folgenden Tagen. Harry saß beim Konzert in der oberen Loge neben mir, unbeweglich. Abendgarderobe stand ihm immer schon gut, und nun mit seinem totenblassen, schmalen Gesicht hatte sein Aussehen etwas Überirdisches, wie eine Donatello-Büste. Sargent bemerkte zu Mary, dass er Harrys Schönheit vorher niemals so intensiv wahrgenommen habe. Wie immer bei solchen Gelegenheiten, gab Mary im Anschluss an das Konzert für die Künstler und einige enge Freunde ein wunderbares Souper. Harry begab sich sofort in sein Hotel, wo Christopher ihn zu Bett brachte und mir berichtete, er habe keine Schmerzen und sei unendlich froh, dass alles so wunderbar gelaufen sei. Natürlich hatten alle Freunde erkannt, dass er schwer krank war, aber gemäß seinem Wunsch richteten wir ihnen aus, er würde sich freuen, wenn sie noch im Hotel oder später dann bei seiner Tochter Clotilde auf dem Land vorbeischauen würden.

Ich musste sofort am übernächsten Tag zu meinem Kammerkonzert nach Paris aufbrechen, auch weil Harry mich drängte, ich müsse dort unbedingt für meine Bekanntheit sorgen. Als die französischen Kritiken herauskamen, ließen ihre enthusiastischen Stimmen ihn aufblühen wie nach einer Wunderdroge, hätte man nicht gewusst, dass es für ihn keine Heilung mehr gab. Ich glaube, ich habe den frankophilen Harry nie glücklicher gesehen! Meine Haushälterin hatte mein Fahrrad und auch den Hund, den Harry so liebte, bei meiner Rückkehr zum Bahnhof gebracht. One Oak war drei Meilen entfernt von Clotildes Haus, und ich hatte entschieden, dass ich am besten jeden Tag hinüberradeln würde; das würde die Situation für Clotilde vereinfachen und für Harry die Tagesroutine ein wenig auflockern. Ich kann gar nicht sagen, wie gerührt ich über die Selbstverständlichkeit war, mit der seine beiden Kinder meine tägliche Anwesenheit akzeptierten. Dann kam die Zeit, in der die Schmerzen oder zumindest das Unwohlsein bei Harry einsetzten; und vermutlich auch wegen der Medikamente wurden unsere Unterhaltungen immer seltener – büßten aber nichts von ihrem Witz und ihrer Tiefe ein. Als ich eines Morgens ankam, saß er in einen Schal gehüllt auf einem Stuhl, während Christopher ihm liebevoll den Rücken massierte. Harry hatte mir gegenüber einmal das Verhältnis zu seinem Sohn mit zwei Fahrradfahrern verglichen, die sich sanft in die Kurven legen und die Fahnen am Lenker leicht flattern lassen. Das erzählte ich den beiden, als ich sie so sah, und sie lachten. Mich durchfuhr indessen die schmerzvolle Frage, ob mir jemals eine solch innige Beziehung mit einem anderen Menschen gelänge.

Die letzten vierundzwanzig Stunden war er nicht mehr bei Bewusstsein und starb friedlich am Morgen des 13. Juni 1908. Seine Asche wurde auf dem Friedhof in der Campagna Romana beigesetzt, zu dem wir früher oft geradelt sind, und es beruhigt mich, ihn an dem Ort zu wissen, den Shelley als »sun-warm soil« beschreibt, wie Harry es mir dort einmal zitiert hat.

Die Suffragetten

Als Jeanne d'Arc im Jahr 1920 heiliggesprochen wurde, war ich vermutlich nicht allein mit meiner Verwunderung darüber, dass die Nation, die im Allgemeinen als die patriotischste gilt, erst nach Jahrhunderten einer Frau die Ehre erwies, die ihren Erzfeind für immer über den Kanal zurückgedrängt hatte. Das lässt sich nur teilweise erklären. Jeanne hatte der stärksten Macht der Welt getrotzt, hatte sich nicht gescheut, gegenüber der Kirche unverblümt auszusprechen, dass es hinter ihr den Einen gab, dessen Befehlen man zu gehorchen hatte, mit oder ohne den bischöflichen Segen. Selbstverständlich war innerhalb der klerikalen Hierarchie niemand befugt, einen gefährlichen Präzedenzfall zu schaffen, indem man dieser Rebellin einen Heiligenschein zugestand.

Und da war noch ein weiterer Gesichtspunkt. Es gab eine Menge feiger Verbrechen im Laufe der Geschichte, aber nur eins, dass der Auslieferung Jeannes an die Engländer gleichkommt – das Verbrechen, das auf dem Kalvarienberg endete. Und weil weder einzelne Menschen noch Regierungen hinterher eine Zuneigung für diejenigen übrig haben, die sie vorher verschämt um Hilfe angefleht haben, musste die Jungfrau mehr als vierhundert Jahre auf ihre Aufnahme in den Heiligenkalender warten.

Aber wenden wir uns der Gegenwart zu. ›Keine Besteuerung ohne Vertretung‹ ist ein Grundsatz der englischen Verfassung. Und so spielten die Männer ein zwar althergebrachtes, aber deshalb nicht weniger hässliches, politisches Spiel – abgesehen von John Stuart Mill, der schon seit 1880 mit dem Stimmrecht für Frauen deren politische Vertretung forderte –, wenn sie uns nicht nur ständig das Geld aus der Tasche zogen, sondern auch den Massen suggerierten, unsere Forderung nach dem Wahlrecht als schiere Unvernunft abzutun. Was die Militanz der Suffragetten betrifft, so glaube ich, dass die Hälfte der Nation heute einigermaßen versteht, dass die Ausübung von Gewalt der größte Minuspunkt für die Machthabenden selbst war; aber die Politiker werden auch in den kommenden Jahren weiterhin unser militantes Vorgehen als schändlich abqualifizieren, als lächerlich oder unangebracht – je nach Temperament des einzelnen Redners. Da viele Frauen ihre Beurteilung politischer Vorgänge immer noch von den Männern übernehmen, werden weitere Jahrzehnte vergehen, bis Emmeline Pankhurst als das angesehen wird, was sie wirklich war – eine noch erstaunlichere Gestalt als Jeanne d'Arc, die ihre Wunder nicht im Zeitalter der Romantik, religiösen Begeisterung und mystischen Exaltiertheit vollbracht hat, sondern als sie das harte Licht des Skeptizismus im 20. Jahrhundert anstrahlte.

Eines Tages wird ihre Lebensgeschichte erzählt werden, von einer Person, die das nötige Hintergrundwissen mitbringt, ich denke, es sollte unbedingt eine Frau sein, eine begnadete und luzide Schriftstellerin. In der Zwischenzeit wird hier eine Frau, die in den schrecklichen Jahren von 1911 bis zum Kriegsausbruch eng mit Emmeline Pankhurst verbunden war und danach mehr oder weniger eng mit ihr in Kontakt blieb, ihre Eindrücke und Erfahrungen von ihrem Kampf erzählen. Von ihr, die ihr eigenes Leben gering achtete und es schließlich genauso bereitwillig für ihr Land gab wie jeder Mann, der 1914 freiwillig in den Großen Krieg zog.

Es war das Jahr 1910, als Emmeline Pankhurst in mein Leben trat und es von Grund auf änderte. Zunächst war sie ungehalten, aber dann amüsierte es sie, dass die umfassende Bedeutung der Suffragettenbewegung, genauer gesagt, ihre Militanz, einer englischen Frau ausgerechnet von einem österreichischen Mann nahegebracht worden war, als er zusammen mit ihr, die erst noch bekehrt werden musste, an einem italienischen Strand lag.

Hermann Bahr und seine Frau Anna von Mildenburg – die nach Meinung all ihrer Zuschauer herrlichste unter Wagners Isolde-Darstellerinnen – hatten sich mit mir in Venedig getroffen, und wir hatten in aller Herrgottsfrühe ein Boot zum Lido genommen. Die beiden Österreicher schwammen wie die Fische im Wasser und zeigten ihre Tauchkunststückchen, ausgedacht von Anna, die eine sehr ausdrucksstarke, geniale Mimik besaß, vom Sublimen bis hin zum Grotesken. Als Professorin für dramatischen Gesang an der Münchner Musikakademie brachte sie ihren Studenten Richard Wagner nahe und in den Pausen machte sie ihnen außerdem in haarsträubenden Sketchen vor, wie die Hexe in ›Hänsel und Gretel‹ gespielt werden sollte.

Mir war soeben die Ehrendoktorwürde für Musik von der Universität Durham verliehen worden, und aus diesem Anlass bekam ich einen Brief von Lady Constance Lytton. Als Mitglied der Women's Social and Political Union, WSPU, kontaktierte sie Frauen, die eine Auszeichnung erhalten hatten, um sie nach ihren Ansichten über das Frauenwahlrecht und dem Einsatz militanter Mittel zu seiner Durchsetzung zu befragen.

Und nun hörte mir Bahr, der gerade aus England zurückgekehrt war, höchst erstaunt zu, wie ich mich über Lady Lyttons Brief indifferent äußerte, und ja, der Himmel möge mir verzeihen, mich sogar ein wenig darüber lustig machte.

»Ich bitte Sie!«, entgegnete er. »Diese militante Bewegung ist das einzig wichtige Thema am Puls des Lebens in England, vielleicht sogar in Europa, und ihre Mrs. Pankhurst ist meiner Meinung nach die erstaunlichste Persönlichkeit, die England bisher unter seinen zahlreichen Genies hervorgebracht hat.« Er erzählte mir, er habe kürzlich die unterschiedlichsten Debatten vom Parlament bis zum Trafalgar Square verfolgt und dabei nicht eine einzige schlechte Rede von diesen sogenannten wilden Frauen gehört. »Sie sind die Einzigen«, wiederholte er, »die die realen Bedingungen beim Namen nennen.«

Ich war beeindruckt und im Nachhinein sehr froh, dass ich Lady Constance Lytton noch nicht geantwortet hatte.

Zwei Wochen danach ging ich zu einem Treffen bei Lady Brassey, um Emmeline Pankhurst zu hören und sie kennenzulernen. Sie war eine grazile Frau etwas unter Durchschnittsgröße, man könnte sagen von zartem Äußeren, wobei ihre wohlproportionierte Figur, die raschen, gewandten Bewegungen, der klare Teint und die weichen, sanften Augen, die unvermittelt aufflammen konnten, auf eine exzellente Gesundheit verwiesen. Sie wusste wohl, dass ich eine Künstlerin war und keiner Suffragettengruppe angehörte, und so wurde ich, gelinde gesagt, etwas frostig empfangen. Kurze Zeit später jedoch, am Beginn einer der tiefsten und engsten Freundschaften, sagte ich ihr, wie mir bei unserer ersten Begegnung die Worte des verkleideten Herzogs von Kent zu König Lear in den Sinn gekommen waren:

> *»Kent: In Ihrer Ausstrahlung ist etwas, das ich sehr wohl würd' führend nennen.*
> *Lear: Was wäre das?*
> *Kent: Autorität.«*

Kaum zwei Wochen vergingen, und mir wurde klar, ohne hundertprozentiges Engagement, ohne mich rückhaltlos einzubringen, war es unmöglich, der Sache der Suffragetten ernsthaft dienlich zu sein – Kunst und Politik sind schlecht nebeneinander zu betreiben. Ich steckte noch mitten in einem musikalischen Projekt. Nach dessen Abschluss entschied ich mich, der WSPU zwei Jahre meines Lebens zu widmen und danach ebenfalls mit voller Kraft wieder zurück an meine künstlerische Arbeit zu gehen.

Aus diesen Jahren existiert kein Bericht, kein Tagebuch von mir; zwischen Menschen, die in solcher Art Aktivitäten und ständige Arbeitstreffen eingebunden sind, mag es wohl auch keine nennenswerte Korrespondenz geben. Mrs. Pankhurst besaß gewisse, instinktive Verhaltensweisen, die man beinahe royal hätte nennen können, wenn sie nicht aus Selbstschutz aufgebaut worden wären. Intimere Freundschaften hatte sie bisher von sich ferngehalten, ihre unendliche Liebe und Bewunderung für ihre älteste Tochter erfüllte alle Bedürfnisse ihres Herzens.

In den zwei Jahren konnte ich dennoch Einblicke in Seiten ihres Wesens gewinnen, die außer mir wahrscheinlich nur wenige kannten. Sie mochte Poesie und Natur, und wenn sich die Gelegenheit ergab, konnte sie auch Musik genießen, hatte ihr Leben aber ganz der Aktion gewidmet. »Ich bin einfach eine Agitatorin«, sagte sie immer von sich. Die Geburt und Erziehung der Kinder, die Politik und der ständige Kampf gegen Armut waren der Inhalt ihrer jungen Jahre, Muße für Kulturelles gab es da nicht. Aber sie hatte einen großen Teil ihrer Jugend in Paris verbracht (ich weiß nicht mehr, wann und warum) und sprach fließend Französisch, und das schützte sie vor der farblosen Perspektive der Mittelklasse, die sie sich sonst vielleicht zu eigen gemacht hätte.

Ihr Mann hatte nicht das Geringste einer langweiligen, mittelständischen Mentalität an sich; er war Rechtsanwalt und ein Freund von John Stuart Mill, und sie sprach von ihm stets als einem angenehmen, ja heroischen Menschen, einem Idealisten, der auch noch für aussichtslose Fälle kämpfte und der sie immer mit seinen ungeheuer amüsanten Geschichten erheitern konnte.

Sie hatte keine eigene Wohnung, sondern lebte im Lincoln Inn Hotel, in der Nähe des WSPU-Büros, und manchmal belegte ich das zweite Bett in ihrem Zimmer. Im eigentlichen Wortsinn war sie nicht religiös oder metaphysischen Spekulationen zugeneigt, aber sie hatte ein tiefes Empfinden für das Zentrum der Unermesslichkeit (wie wir das in meiner Carlyle-orientierten Jugendzeit nannten), für die Dinge, die jenseits von Leben und Tod, Streben und Verwirklichung, Erfolg und Versagen oder Liebe und deren Verlöschen liegen, für die Verbindung des Einzelnen mit dem universellen Sein.

Ein Abend ist mir besonders in Erinnerung geblieben, an dem sie und ich im Schlafrock am Fenster standen und zusahen, wie die Dämmerung sich durch die Nebel jenseits der Themse Bahn brach. Sie stand vor einem großen Wagnis, bei dem es hart zugehen und das unweigerlich zu ihrer längeren Inhaftierung führen würde; vielleicht dachte sie schon an den unvermeidlichen Hungerstreik, während ich die Bitterkeit derjenigen spürte, die dazu verdammt war, machtlos zuzusehen.

Die Stirn an das Glas gepresst, starrten wir schweigend hinaus in die zunehmende Dunkelheit, und ganz allmählich wuchs in uns die Erkenntnis, dass ihre Liebe für die geknechteten Frauen und die Hoffnung auf Verbesserungen und dass meine Musik und unsere Freundschaft, dass all das Teil des Geheimnisses war, das unsere Augen bannte. Und auf einmal stellte sich das Gefühl ein, dass es so in Ordnung war; einen Moment lang standen wir genau im Mittelpunkt einer sich wie verrückt drehenden Welt, dort, wo sich nichts bewegt, wo immerwährende Ruhe herrscht. Eine höchst eigenartige Erfahrung. Wir sagten nichts, wir sahen uns nur an und fragten uns, warum wir uns so sehr gesorgt hatten ... Keine von uns beiden hat diesen Augenblick in der Dämmerung je vergessen.

Sentimentale Menschen haben ein Faible für süßliche Darstellungen und hängen an Attributen wie zum Beispiel ›Die Lady mit der Lampe‹, um die glühendste und ruhmreichste Reformerin Florence Nightingale angemessen zu beschreiben. Selten wird bei den pathetischen Heldenverehrungen jedoch des Humors gedacht. Also fürchte ich fast, dass einige von Mrs. Pankhursts Weggefährtinnen über meine folgende kleine Geschichte schockiert sein werden, obwohl ich sie persönlich sehr typisch und amüsant finde.

Trotz gelegentlicher militanter Aktionen bin ich der Meinung, dass die Polizisten diejenigen waren, die uns im Grunde am besten verstanden. Diese Gesetzesvertreter, deren Frauen aus dem Volk kamen, mussten täglich mit Gewohnheitstrinkern und gemeinen Kriminellen fertigwerden; sie konnten daher sehr schnell unterscheiden zwischen gewöhnlichen Gesetzesbrechern und freundlichen, schwächeren, oft älteren Frauen, die lieber alle möglichen Übergriffe bei Ausschreitungen auf sich nahmen (manche erlitten Unaussprechliches im Gemenge und Getümmel von Straßenaktionen), als sich mit Ungerechtigkeiten abzufinden. Aber der junge Pöbel von London nutzte unseren Kampfgeist als willkommenen Vorwand für Vandalismus, und bei der folgenden Situation hatte die aufgebrachte Menschenmenge bereits ihren absoluten Siedepunkt erreicht.

Es war anlässlich einer großen Versammlung in der Royal Albert Hall, eine dieser erstaunlich erfolgreichen Fundraising-Veranstaltungen, die die WSPU häufig durchführte, Emmeline Pankhurst und Annie Kenney sollten als unwiderstehliche Hauptbittstellerinnen auftreten. Manchmal wurden bei einer Veranstaltung 6.000 £ oder 7.000 £, bei einer Gelegenheit sogar 10.000 £ in ein paar Stunden gesammelt, aber da es sich um Finanzangelegenheiten handelte, wurden diese hart erarbeiteten Summen nie in der Presse erwähnt!

Die militante Kampfbereitschaft war ein kostspieliges Unterfangen und hing größtenteils von den Versammlungen in der Royal Albert Hall ab. So ist es nicht verwunderlich, dass mit Herannahen des Tages die Gesichter der führenden Frauen immer ernster wurden. Auf dem Weg zur Versammlung verriet Emmeline Pankhursts Schweigen ihre Nervosität, und als unser Wagen, geschmückt mit den violett-weiß-grünen Unionsfarben, langsam die Piccadilly entlangfuhr, säumten johlende Männer und Frauen mit Buhrufen die Straße und wurden nur durch eine Polizeikette von weiteren Tätlichkeiten zurückgehalten. Plötzlich kam der Wagen mit einem Ruck zum Stehen: Eine Frau lag davor, die von der Stoßstange erfasst worden war. Hass und Gewalt lagen spürbar in der Luft, und darüber erhob sich Verwünschungsgeschrei. In Sekundenschnelle war Emmeline Pankhurst auf dem Fahrdamm, umfasste mit einem Arm das pausbäckige Opfer der »Suffragettenbrutalität«, wie schon lauthals gerufen wurde, während sie mit der ihr angeborenen Autorität mit dem anderen einen Polizisten herbeizitierte, um die Ambulanz zu ordern. Dabei war ihre Bestürzung so augenscheinlich, so offensichtlich ihr echtes Bedauern, dass sie wegen ihrer Versammlung die Verletzte nicht selbst ins Krankenhaus begleiten könne, dass es im Handumdrehen dieselbe zuvor aufgebrachte Menge war, die plötzlich Mrs. Pankhurst tröstete und ihr versicherte, dass die gestürzte Lady ganz bestimmt keinen körperlichen Schaden davongetragen habe, was sich später bestätigte. Die gesamte Zeit hindurch zeigte Emmeline Pankhurst das Gesicht eines Engels, strahlte sanftes Mitleid und besorgte Zuwendung aus, und ihr Arm umfasste immer noch die Lady, die sich wieder völlig erholt hatte und sich überschwänglich bedankte. Am Ende redete die vormals feindselige Menge Mrs. Pankhurst freundlich mahnend zu, sie möge doch schnell wieder in ihren Wagen steigen, sonst versäume sie noch ihre Versammlung! Es waren noch einige Halfcrowns gesammelt worden, und wir fuhren los, begleitet von Hochrufen. Sie ließ sich etwas heftig auf dem Rücksitz nieder, Nervosität und Stress fielen von ihr ab, sie beugte sich hinüber zu mir und flüsterte mir fuchsteufelswild ins Ohr: »Diese alte betrunkene Vettel! Wäre ihr nur recht geschehen, wenn wir sie wirklich erwischt hätten!«

Meine Jahre bei der WSPU tauchen in meiner Erinnerung wie eine Laterna Magica auf, ein Bild steigt auf nach dem anderen, wobei mir die genaue Abfolge nicht mehr gegenwärtig ist; sie spielt auch keine große Rolle.

Am Beginn meiner Mitgliedschaft stand eine Begebenheit, die ich hier zuerst voll Stolz erzählen möchte, bevor der weitere Bericht über die sich überstürzenden Ereignisse einen solch persönlichen Bezug nicht mehr erlaubt. Es handelt sich um die formelle Vorstellung meiner Komposition des *March of the Women.* Der Vorstand hatte sich von mir ein Kampflied der Suffragetten gewünscht, und nachdem ich die Musik geschrieben hatte, trug Cecily Hamilton den Text bei, was keine leichte Aufgabe war: »*Shout, shout, up with your song! Cry with the wind for the dawn is breaking!*« Ein Suffragettenchor hatte es gründlich einstudiert, wobei die Klage laut wurde, dass ein bestimmtes ›Es‹ schwer zu treffen sei, aber da es sich bei dem Intervall um ein typisch englisches handelte, musste das eben bewältigt werden. Wir wurden von einer Orgel begleitet und einem Kornett, das kraftvoll die Melodie vorgab, als wir in einer prächtigen Prozession – mit mir in Doktorhut und Robe neben Emmeline Pankhurst – durch den Mittelgang in die Royal Albert Hall einzogen; und dort wurde mir ein wunderschöner Dirigentenstab überreicht, in dessen Goldfassung das Datum »23. März 1911« eingraviert war.

Ein weiteres Laterna-Magica-Bild erscheint: Wir sind bei der Vorbereitung unserer Flucht auf den Kontinent. Dort will Emmeline Pankhurst sich mit ihrer Tochter Christabel beraten, die sich sofort nach ihrem letzten Gefängnisaufenthalt nach Paris abgesetzt und die Urkundensammlung und Wertpapiere der Organisation sowie weitere Unterlagen mitgenommen hatte, bevor die Regierung sie bei der angeordneten Durchsuchung finden würde. Seitdem wurde die Bewegung aus der Avenue de la Grande Armée geleitet, und Suffragetten, die nicht auf der Gesuchtenliste standen, pendelten als Kuriere zwischen Paris und London. Es war Christabel, die jede Strategie minutiös entwarf und ausarbeitete, ihre Mutter und wir anderen setzten sie dann mit Eifer um. Selbstverständlich trug Emmeline Pankhurst als die Ältere viele brillante Ideen zu den geplanten Aktionen bei; die beiden waren, wie sie oft sagte, ein ideales Team, wie zwei Seiten einer Medaille. Ein perfekteres Zusammenspiel zwischen Mitgliedern einer Familie hätte es nicht geben können.

Die Nacht brach an. Durch eine großzügige Spende stand Mrs. Pankhurst ein schneller Wagen zur Verfügung, mit dem sie sich mit zwei weiteren Getreuen über Nebenstrecken meinem Haus in Woking näherte, wo sie mich an der vereinbarten Stelle aufnahmen. Von dort war es meine Aufgabe, mit aus dem Fenster gerecktem Kopf den Wagen auf Abkürzungen über Land zur Straße nach Southampton zu leiten. Zwar war ich die Strecke in meiner Jugend oft mit meinen Jagdhunden entlanggaloppiert, aber mit einer Suffragette als Amateurin am Steuer in stockfinsterer Nacht den Weg auszumachen, war eine ganz andere Sache. Wir wagten weder anzuhalten, um nach dem Weg zu fragen, noch das Licht aufzublenden, um die Schilder zu lesen, denn wir waren sicher, dass die Polizei uns verfolgte; wir hofften jedoch, dass wir sie in die Irre hatten führen können und sie nun die Straßen nach Newhaven kontrollieren würden.

Emmeline Pankhurst und ich waren gut verkleidet. Am Nachmittag zuvor hatte ein nichtsahnendes Hausmädchen mir bereitwillig zwei prachtvolle Kleider für meinen angeblichen ›Theaterbesuch‹ aus dem Schrank einer meiner reichen, leidenschaftlich gegen die WSPU eingestellten Cousinen herausgesucht, die gerade verreist war. Da mein Haus als möglicher Aufenthaltsort von Mrs. Pankhurst häufig beschattet wurde, hatte ich es als vornehm gekleidete Dame mit dunkler Perücke, Schleier, Brille und Paket durch den Hinterausgang verlassen und ein unauffälliges Taxi bestiegen.

In der Nähe von Southampton machten wir, soweit ich mich erinnere, noch eine Pause und erreichten dann ohne weitere Zwischenfälle im Morgengrauen die Fähre nach Le Havre. Auf dem Schiff wurde ich plötzlich von einer Fremden angesprochen, die mich aufgrund der Verkleidung wohl für meine Cousine hielt, sich aber auf meinen kühlen, überraschten Blick hin schnell und verwirrt zurückzog. Mrs. Pankhurst jedoch, hingerissen von ihrer Schwäche für schöne Kleider, lachte und sagte wieder und wieder zu mir: »Ich wünschte, meine Liebe, du würdest immer so aussehen wie jetzt!«

In Paris angekommen, schickte ich die Kleider an ihre Besitzerin zurück und erhielt bald darauf eine Postkarte, auf der sie mich informierte, sie habe sie in mein Haus geschickt, weil sie selbst sie nicht mehr tragen könne, »da sie nun verunreinigt sind«, wie sie wörtlich schrieb. Nach meiner Rückkehr sandte ich sie ihr wiederum zurück, mit der Bemerkung, vielleicht würde ihr Hausmädchen die Verschmutzung nicht stören – aber ich möchte nicht unerwähnt lassen, dass besagte Cousine später zu einer glühenden Bewunderin von Emmeline Pankhurst wurde; und als ich später im Gefängnis saß, kümmerte sie sich ausgesprochen fürsorglich um mich.

In der Zeit danach überschlugen sich die Ereignisse: Die leitenden Frauen der Organisation wurden regelmäßig eingesperrt, was sie nicht hinderte, kaum entlassen, sofort wieder die nächste Aktion vorzubereiten; Treffen wurden abgehalten, bei denen die Rednerin trotz polizeibewachter Zugänge nicht nur in den Vortragssaal hineingelangte und auftrat, sondern auch durch geheime Ausgänge wieder verschwand, ohne ihren Verfolgern eine Spur zu hinterlassen. Das berüchtigte *Katz-und-Maus-Gesetz*, wonach Hungerstreikende zwar entlassen, aber nach Gesundung sofort wieder eingekerkert werden mussten, sollte zwar erst 1913 von Innenminister McKenna erlassen werden, doch Hungerstreiks waren bereits jetzt an der Tagesordnung; die allgemeine Stimmung war angespannt, und sie wurde auch nicht besser durch die ständigen Beteuerungen der Minister, »man würde schließlich aller Militanten habhaft werden«. Die Leute hatten das zu oft gehört. Schon drei Jahre zuvor hatte die sanfte Marion Wallace-Dunlop mit dem ersten Hungerstreik den Weg vorgegeben, und ein Jahr später hatte Lady Constance Lytton unter der gefälschten Identität ›Jane Wharton, Näherin‹ bewiesen, dass sie und zwei andere Suffragetten im Gefängnis zwangsernährt worden waren. Sie erlitt darauf einen Herzanfall, von dem sie sich nie wieder richtig erholte. Und immer noch erscholl der Schreckensschrei in den Gefängnissen: »Sie kommen, sie kommen!«

Ich glaube, es war zu jener Zeit, etwa Anfang 1912, als ich auf Bitten des Headquarters bei der Gemahlin eines dieser Minister um eine Audienz ersuchte. Sie sollte zwar strikt gegen das Frauenwahlrecht sein, doch wir hofften, dass ich ihr in einem persönlichen Gespräch das klarmachen könnte, was die Männer nicht begreifen wollten, weil sie ähnlich dachten wie einst die römischen Kaiser, die geglaubt hatten, sie könnten das Christentum ausrotten, wenn sie es zunächst einfach ignorierten und dann später die Christen verfolgten. Als ich das Treppenhaus hinaufstieg, öffnete sich eine Tür nach der anderen, der Kopf eines routinierten Sekretärs erschien, und ich wurde jeweils prüfend in Augenschein genommen. Später erfuhr ich, dass dies eine Vorsichtsmaßnahme gegen Bombenanschläge war und dass man meine Gastgeberin davor gewarnt hatte, mich zu empfangen. Doch sie war unerschrocken. Ich hatte sie aus früheren Begegnungen vage als freundlich in Erinnerung, sie dagegen wusste bestens über mein intensives Musikleben Bescheid und begrüßte mich mit den Worten: »Oh, meine Liebe, wie können gerade Sie ihrer Kunst zugunsten der Politik entsagen!«

Das war genau die Gesprächseröffnung, die ich brauchte. Ich erklärte ihr, dass sie daraus ersehen könne, wie viel die Sache uns bedeute, und dass ich als Frau in der männlichen Komponistenwelt mehr als die meisten Menschen über die verheerende Wirkung von Vorurteilen Bescheid wüsste. Als sie mir entgegenhielt, es sei doch bedauerlich, von der Leiter herabzusteigen, wenn man gerade einige Stufen erklommen habe, antwortete ich, dass ich insbesondere um meiner Musik und meiner Seele willen nicht anders handeln konnte. Ich legte ihr im Einzelnen dar, dass weitere Schrecknisse unerwarteten Ausmaßes geschehen könnten, wenn sie ihren Mann nicht davon überzeugen könne, dass der militante Kampf um das Stimmrecht nicht aufhören würde, bis es erreicht sei. Und ich fügte hinzu, sie als Frau wisse sicherlich, was Frauen in der Lage seien zu erdulden, wenn erst der tiefste Urgrund ihres Seins erschüttert wird; ich führte die Prostitution an, den Mädchenhandel, den Umgang mit Geschlechtskrankheiten und die Verschleppung des Jugendschutzgesetzes im Unterhaus. Sie solle doch versuchen, den leichtgläubigen Männern nahezubringen, zu welchen Tragödien ihre Illusionen schließlich führten.

Sie hörte mir geduldig und aufmerksam zu und versprach zu sehen, was sie tun könnte, und sagte dann: »Nun aber, um der alten Zeiten willen, singen Sie bitte noch etwas für mich, bevor Sie gehen!«

»Ich werde Ihnen meinen *March of the Women* vorsingen«, rief ich aus, lief zum Klavier und hatte mich schon mit vollem Elan hineingestürzt, als die Tür aufgerissen wurde und ein verängstigter Bediensteter sie daran erinnerte, dass im Stockwerk unter uns eine wichtige Sitzung stattfand. Wir flohen in einen anderen Raum, und ich sang nicht nur den Marsch für sie, sondern auch noch Brahms und Schubert und anderes. Woraufhin sie mich umarmte und sagte: »Wie können Sie mit Ihrer Begabung so etwas wie die Politik auch nur mit der Kneifzange berühren!«

»Aber ich habe Ihnen doch erklärt«, war meine Antwort, »dass ich es gerade *wegen* meiner Musik tue!«

Sie sah einen Moment lang verwirrt aus, aber dann sagte sie: »Ah, Sie meinen wegen der Werbewirkung?!«

Niemand sollte hierbei auf die Idee kommen, dass sie diese Bemerkung mit beleidigender oder böser Absicht geäußert hatte. Es war einfach eine harmlos naive, höchst amüsante, aber doch typische Antwort, die mir wieder vor Augen führte, dass gewisse Gefühle und Ziele keinen Anklang finden können bei einer Mehrheit der Menschen, weil sie ihr Leben auf einer völlig anderen Ebene leben.

Das Schlichtungsgesetz, das das Wahlrecht immerhin auf etwas mehr als eine Million vermögende Frauen ausdehnen würde, war in zweiter Lesung angenommen worden und sollte sehr wahrscheinlich im März 1912 verabschiedet werden. Wie immer, wenn es für einen Wahlrechtsentwurf reale Chancen gab, hatte der militante Flügel der Suffragetten zum Waffenstillstand aufgerufen. Plötzlich stand jedoch das allgemeine Wahlrecht für alle Männer im Vordergrund, bei dem die Frauen nur noch als Zusatz erwähnt wurden, der zu einem späteren Zeitpunkt verhandelt werden sollte, nachdem dieses allgemeine Wahlrecht für Männer verabschiedet worden wäre, das sich dann die Labor Party auf die Fahnen schreiben wollte. Kurzum, die militanten Suffragetten durchschauten, dass sie ausgetrickst werden sollten, und riefen wieder alle Flügel zur Tat auf, noch bevor der fragliche Gesetzentwurf tatsächlich vom Parlament abgelehnt wurde, wie sie es auch vorhergesagt hatten.

Es wurde eine große Schaufensteraktion geplant, die so koordiniert werden sollte, dass etwa hundertfünfzig unserer Aktivistinnen dafür gleichzeitig ins Holloway-Gefängnis kommen würden, um damit die Regierung in Verlegenheit zu bringen und hohe Kosten zu verursachen.

Und hier steigt wieder eines meiner Laterna-Magica-Bilder auf: Es zeigt Emmeline Pankhurst beim Wurftraining, um mit einem Stein ein Fenster zu treffen. Wir waren auf ein Heidestück vor meinem Haus gegangen, und ich sammelte vor einer hohen Tanne einen Haufen schöner, runder Steine. Man hat schon gehört, dass manche Leute sogar einen Heuhaufen verfehlen; das in etwa geschah im Folgenden. Ich glaube, sie hatte in ihrer Jugend niemals Ball gespielt, denn der erste Stein schlüpfte ihr nach hinten aus der Hand und traf beinahe meinen Hund. Sie versuchte wieder und wieder aus einer Entfernung von etwa drei Metern den Baum zu treffen, und bei jedem Fehlwurf, es gab eine Menge davon, wurde ihre Miene verbissener und wütender. Als endlich ein Wurf gelang, huschte ein derart glückseliges Lächeln über ihr ganzes Gesicht, dass ich vor Lachen über ein Heidekrautbüschel stolperte.

Nun, leider führte das Training jedoch nicht zum Erfolg. Das Fenster von Downing Street, das Mrs. Pankhurst sich ausgesucht hatte, wurde von ihr pflichtgemäß ins Visier genommen – ich glaube, die Polizei nahm sie nach zwei Würfen fest –, aber ihre Steine gingen noch nicht einmal in der Nähe des Ziels nieder. Ich hingegen warf das von mir ins Visier genommene Fenster sogleich ein und wurde dann um Mitternacht aus der Vine-Street-Wache von dem wunderbaren Mr. Pethick-Lawrence, der immer für uns bereitstand, um mit einer Kaution auf irgendeinem Polizeirevier zu erscheinen, erst einmal ausgelöst. Die anschließende Verhandlung genoss ich und verliebte mich geradezu in unseren Richter, Sir Rufus Isaacs, in dessen Augen ich eine amüsierte Sympathie aufblitzen sah. Als er mich jedoch in die Enge getrieben hatte, sprang Emmeline Pankhurst auf und ermöglichte mir mit einer weiterführenden Frage den Ausweg. So kann ein erfahrener Fisch gleichsam mit einem Schlag seiner Schwanzflosse den Neuling von dem geöffneten Netz wegtreiben. Aber sie meinte nur, dies sei eine viel zu kleines Vergehen für ein so großes Aufheben, was vielleicht auch stimmte – für ihresgleichen.

Es fiel mir nicht sehr schwer, die verhängte Gefängnisstrafe von zwei Monaten in Holloway abzusitzen, weil Mrs. Pankhurst unter uns Gefangenen war, obwohl ich mich nie an das schreckliche Gefühl gewöhnen konnte, das das Zuschlagen der Eisentür und das Umdrehen des Schlüssels hervorrief. Die gnädige Wärterin steckte uns in nebeneinander liegende Zellen, und bei den Hof- oder Kirchgängen und anderen Gelegenheiten, die eine gutherzige Aufseherin herbeiführen kann, sahen wir mehr voneinander, als die Bestimmungen es eigentlich hergaben. Sie ließ uns zum Beispiel zur Teezeit ›nur für einen Moment‹ allein in Emmeline Pankhursts Zelle oder sie vergaß, mich sofort in die meine zurückzuführen. Aber das bedeutete nicht, dass Mrs. Pankhurst sich durch solche Vergünstigungen beschwichtigen ließ, auch nicht davon, dass einige Polizisten oder Ermittler ihr entgegenhielten: »Glauben Sie mir, das alles hier trifft mich noch viel mehr als Sie!«

Und wenn sie darauf mit verächtlicher Kälte antwortete: »Ich würde einen derartigen Job lieber hinwerfen, als Frauen so zu behandeln wie Sie sagen, dass es Ihnen nur Ihre *Pflicht* gebietet«, dann war das Schlimmste an ihrer Äußerung, dass jeder wusste, es war die Wahrheit. Neulinge wie ich wurden von den mitgefangenen Suffragetten unterwiesen, unsere überkommenen Vorstellungen von Benehmen und Anstand hintanzustellen und stattdessen so viel es irgend ging aus unseren Leiden protestierend herauszuschlagen. Oh, und dabei konnten die verheerenden Auswirkungen, die die Gefängniskost auf die Verdauung hatten, gar nicht mehr übertrieben werden! Wir sollten auch auf keinen Fall sinnlose Regeln hinnehmen und gegen das dubios-trübe aussehende Badewasser laut Einspruch erheben – das heißt, wir sollten dem Direktor und den kontrollierenden Beamten das Leben in jeder Hinsicht so unerträglich wie möglich machen. Es waren zuvor auch andere Taktiken ausprobiert worden, aber diese waren keine so guten Störfaktoren und wurden deshalb nicht mehr angewandt; Neuzugänge wie ich sahen bald ein, dass sie ihre üblichen Einstellungen und Verhaltensweisen wohl oder übel aufgeben mussten. Mir zum Beispiel war der Gefängnisdirektor recht sympathisch, wahrscheinlich weil er mich ein wenig an meinen Lieblingsschwager erinnerte. »Was denn, dieser Unmensch!«, war Emmeline Pankhursts angewidert-erstaunte Reaktion – also verbarg ich meine Zuneigung und strengte mich an, ihm das Leben zur Hölle zu machen.

Der Gefängnissport im Hof wurde von den jüngeren Gefangenen organisiert und machte allen großen Spaß. Oft verschönten auch aufreizende Zeichnungen oder Slogans in kämpferischem Ton für Stunden die Hofmauern, bevor sie entdeckt und abgerissen wurden – woher wir das Material für ihre Herstellung hatten, die Leinwand, das violette, weiße und grüne Papier und sogar Hammer und Nägel, entzieht sich meiner Kenntnis. Offenbar waren einige Wärterinnen mit Blindheit geschlagen und zeitweise auch mit Taubheit.

Ich habe oft darüber nachgedacht, ob diese zwei Monate in Holloway nicht die einzigen meines Lebens waren, in denen ich mich in ausnahmslos guter Gesellschaft befand. Man stelle sich das nur vor – dieser bunte Haufen von mehr als hundert Frauen, alte und junge, reiche und arme, starke und schwache, und jede einzelne hatte sich von dem Gedanken an sich selbst verabschiedet, hatte alle nur möglichen Konsequenzen in Kauf genommen, war bereit, alles zu vergessen, außer der Idee, für die sie hier war. Unter ihnen waren auch ältere Damen – Mrs. Brackenbury war achtundsiebzig! –, die für das unerbittliche Gefängnisleben ganz und gar nicht tauglich waren, junge, gut ausgebildete Frauen, die eine vielversprechende Karriere aufgegeben hatten, die sie Gott weiß was für Opfer gekostet hatte; zahllose arme Arbeiterfrauen, Krankenschwestern, Schreibkräfte, Verkäuferinnen und dergleichen, die berechtigte Zweifel haben mussten, ob ihre Arbeitgeber sie weiterbeschäftigen würden. Aber darüber sprachen sie nie, dachten vielleicht nicht einmal daran in Holloway. Da verwundert es nicht, dass manche von uns mit Dankbarkeit und tiefem Respekt an diese Zeit zurückdenken, denn wo sonst auf der Welt hätten wir auf diesen aufrechten Geist treffen können, der dort im Holloway-Gefängnis vorherrschte?

Im Sommer 1913 war meine aktive Zeit mit dem WSPU wie vereinbart vorbei und Emmeline Pankhurst freute sich für mich, dass ich nun versuchen konnte, die Fäden meiner Kompositionstätigkeit wieder aufzunehmen. Allerdings begleitete meine ständige Sorge sie, denn sie war wieder festgenommen worden, nach Paris geflohen, wieder zurückgekehrt, und das ›Katz und Maus-Spiel‹ nahm kein Ende.

Inzwischen hatte ich in Wien mit der Oper *The Boatswain's Mate* begonnen, in die auch Ideen der Suffragetten und ihrer Kämpfe einflossen – die männlichen Figuren sind lebensuntüchtig gestaltet, und die Hauptfigur Mrs. Waters erinnert an eine von Pankhursts Leibwächterinnen, die auch mit der Schusswaffe umgehen konnte. Doch es gab nur feministische Anklänge, es sollte keine politische Abhandlung sein, auch wenn ich für die Ouvertüre Motive aus dem *March* genommen habe. Im folgenden Mai wurden meine kühnsten Träume wahr, zwei meiner neuesten Opern sollten gleichzeitig an führenden Häusern Europas aufgeführt werden: Ich erhielt für den Februar 1915 eine Zusage von Bruno Walter für *Strandrecht* in München und für *The Boatswain* in Frankfurt. Im Hochgefühl schrieb ich an Emmeline Pankhurst, dass sie es sei, die neues Feuer und Schaffenskraft in mein Leben brächte, und es meine höchste Freude sei, ihre Liebe errungen zu haben; wobei ich natürlich wusste, dass ihre Vision eher in der Umarmung der Menge bestand, nicht in der einer einzelnen Person.

Als wir uns im Juli 1914 in St. Malo trafen, kam mir auf dem Quai der Schatten dessen, was Emmeline Pankhurst gewesen war, entgegen, gestützt von zwei militanten Suffragetten. Alle Vorsichtsmaßnahmen waren auch diesmal wieder getroffen worden, um ihre Abreise geheim zu halten, aber man darf wohl annehmen, dass ihre Feinde sehr froh waren, sie in solch einer miserablen Verfassung loszuwerden – nach ihrem zehnten Hungerstreik! Aber sie erholte sich erstaunlich gut, als sie, wie sie mir erzählte, das erste Mal seit fünfundzwanzig Jahren wieder im warmen Meer baden konnte.

Selbst in diesem abgelegenen Ort an der französischen Küste war der Nachhall der Schüsse von Sarajevo zu vernehmen, aber es dachte niemand ernsthaft an einen bevorstehenden Krieg. Doch dann verschwanden an einem Tag fünf, sechs deutsche Kellner unseres Hotels …

Ab Anfang August 1914 war Europa im Krieg. Irgendwie schafften wir es zurück nach England, wo Emmeline Pankhurst erklärte, jetzt sei nicht mehr das Wahlrecht das Problem, sondern ob es überhaupt noch ein Land geben werde, in dem man würde wählen können! Die Suffragettenflotte war vom Dienst suspendiert, die militanten

Frauenrechtlerinnen nahmen Kurs auf ihre Pflichten für ihr Land.

1915 stieß ich zu einer meiner Schwestern an der italienischen Front und wurde nach Paris geschickt, um dort eine Ausbildung zur Röntgenassistentin zu absolvieren. Danach wurde ich der XIII. Division der französischen Armee als Freiwillige zugeteilt, die in dem riesigen Hospital von Vichy dabei half, vor den Operationen die verbliebenen Munitionspartikel in den Körpern der Verwundeten zu lokalisieren.

Emmeline Pankhurst sprach auf Rekrutierungsversammlungen am Trafalgar Square und im ganzen Land und ging später nach Wales, wo es Unruhen und ständige Streikdrohungen der Minenarbeiter gab.

Allmählich traten unsere unterschiedlichen Sichtweisen zutage, auch was ihr Lieblingsprojekt betraf. Sie wollte ein großes Heim für Kriegskinder einrichten, was mir nicht einleuchtete, wo es auf nahezu jedem Hügel im Land ein Waisenhaus gab. Aber als sie nicht die gewohnte Unterstützung fand, berief sie eine Versammlung in London ein, beklagte den fehlenden Verantwortungswillen und erklärte sich spontan bereit, selbst vier Kinder zu adoptieren, wenn sich vier weitere Ladys fänden, die eine gewisse Unterhaltssumme besteuern würden, während sie sie aufzog. Als Anhängerin von Montessori und ähnlichen Erziehungsmethoden war sie bereit, dieses Experiment zu wagen; schon allein, um mitzuerleben, wie die Kinder unter idealen Bedingungen vorbereitet würden auf eine Welt, die offen wäre für alle Frauen – woran sie fest glaubte. Vielleicht sei eine solche Idee nichts für Leute, die Hunde den Kindern vorzogen, meinte sie sarkastisch auf meinen Einwand, ob es weise sei, sich eine derartige Verantwortung aufzubürden, wenn man in keiner Weise über irgendwelche gesicherten Finanzen verfügte. Schließlich blieb sie mit vier kleinen Kindern zurück, und alle ihre Briefe in den nächsten Jahren, aus Kanada, den USA oder wo sie sonst auf Vortragsreisen war, endeten mit dem Satz: »Ich wäre so gern ständig zu Hause, aber ich muss erst genug für die Kinder und mein Alter verdient haben.«

Im Januar 1918 wurde den Frauen schließlich das Wahlrecht zuerkannt, eine Nachricht, die wir alle ohne große Gemütsregung aufnahmen, weil der Krieg alles überschattete.

Im November, als der Krieg seinem Ende zuging, lag ich apathisch niedergestreckt von einer Lungenentzündung gepaart mit Influenza, sodass ich den Tag des Waffenstillstands gar nicht richtig wahrnahm. Im ganzen Land herrschte eine verheerende Grippeepidemie, es war kein Arzt zu erreichen, und da ich von ihren dicht aufeinanderfolgenden Verpflichtungen wusste, sagte ich Emmeline Pankhurst nichts von meiner Krankheit. Sie hatte aber meine Haushilfe angerufen und erschien zwei Tage später mit hastig beschafften Herzmedikamenten, schaffte es, Dr. Strode herbeizurufen und zwei Stunden nach seiner Injektion besserte sich mein Zustand endlich. Diesen beiden verdanke ich es, dass ich dies hier überhaupt niederschreiben kann.

Ende des Jahres erfuhr Mrs. Pankhurst eine ihrer wahrscheinlich bittersten Niederlagen. Sie hatte ihre Tochter bei ihrer Kampagne um einen Parlamentssitz unterstützt, aber Christabel unterlag. Anfang 1919 nahm sie in Paris an der Friedenskonferenz teil und traf Aristide Briand. Er war ein Verfechter des Frauenwahlrechts und meinte, dass nun wohl die Zeit für die französischen Suffragetten gekommen sei, »Fensterscheiben einzuwerfen«.

»Aber ganz und gar nicht«, war ihre Antwort, »die Französinnen werden niemals Scheiben einschlagen müssen, wenn die Männer, die politischen Einfluss haben, ihnen das Wahlrecht als Anerkennung für ihre Leistungen im Krieg zusprechen!«

Ich hätte gern sein Gesicht gesehen, als ihm beschieden wurde, Männer müssten sich selbst für das Frauenwahlrecht einsetzen und sollten nicht das Pferd von hinten aufzäumen!

In den nächsten Jahren hatten wir nur sehr wenig Kontakt, unsere Lebenslinien hatten sich in unterschiedliche Richtungen entwickelt. Aber mir war einiges zu Ohren gekommen oder sie berichtete es mir bei den zwei, drei kürzeren Zusammentreffen.

Im Sommer 1921 war Emmeline Pankhurst mit ihren inzwischen nur noch drei Kindern (eines lebte bei Christabel) und ihrer selbstlosen Freundin Miss Pine nach Victoria zurückgegangen. Dort hatte sie von der Kanadischen Regierung den Posten einer Lektorin für Sozialhygiene bekommen und bereiste von ihrem festen Wohnsitz in Toronto aus das ganze Land. Zurück in England, schloss sie sich später der *Anti-Socialist Union* an und warb bei Veranstaltungen in der Royal Albert Hall für die Konservative Partei. Und wieder waren die Menschen, die sie von früher kannten oder die sie zum ersten Mal sahen, völlig hingerissen von der Überzeugungskraft ihrer Rede, ihrer ausdrucksstarken Stimme, deren leisestes Flüstern bis in die höchste Galerie hinaufstieg, und der unvergleichlichen Klarheit ihrer Sprache. Für 1929 bekam sie selbst den Wahlkreis Whitechapel und St. George's angeboten, und ein Jahr zuvor war es ihr, zusammen mit dem Mann einer meiner Nichten, gelungen, die konservativen Stimmen auf lokaler Ebene zu verdoppeln. Sie holte frühere Organisationstalente wie Barbara Wylie für den sogenannten Fuchsia Club heran, die neu gegründete Frauenorganisation der Konservativen. Außerdem konzentrierte sie sich zusammen mit den Ex-Suffragetten Flora Tristram und Lady Edith Fitzgerald auf das East End; die drei arbeiteten unermüdlich und hingebungsvoll in bester Tradition der Suffragetten, gingen zu jedem einzelnen Laden, in jedes Mietshaus, jede Kneipe und hielten sogar Reden unter freiem Himmel.

Aber das alles war eine zu harte Arbeit für eine Frau, die auf die siebzig zuging und die ihre ganze Lebensenergie und Gesundheit all die Jahre bis zur Erschöpfung für unsere Belange eingesetzt hatte. Dazu kamen die ständigen finanziellen Sorgen. Nach einem Zusammenbruch konnte sie sich nicht mehr erholen; sie war schließlich so schwach, dass sie auf eine Pflegestation gebracht werden musste, wo sie am 14. Juni 1928 starb.

Der Gedächtnisfonds Pankhurst sorgte dafür, dass das Porträt, das Georgina Brackenbury, Tochter der damals betagten Mitinsassin von Holloway, von Emmeline gemalt hatte, für die National Portrait Gallery gekauft wurde. Und am 6. März 1930 konnten wir in den Victoria Tower Gardens eine Bronzestatue von Emmeline Pankhurst enthüllen – nur etwa hundert Meter entfernt von dem Parlamentsgebäude, in das die Frauen nach ihrem fünfzig Jahre währenden Kampf endlich Einlass gefunden hatten.

Der Platz war mit den WSPU-Fahnen geschmückt, um die sich die Frauen drängten; es waren Krankenschwestern und Kriegsteilnehmerinnen in ihren Uniformen gekommen, Studenten in ihren Roben, und auf der Tribüne warteten Politiker, die ehemals ihre erbittertsten Gegner gewesen waren, darauf, sie in ihren Reden zu ehren; wer Medaillen und Auszeichnungen oder unsere Abzeichen hatte, ließ sie in der Sonne glänzen. Und obgleich der März ein ungünstiger Blumenmonat ist, wurden aus den Gewächshäusern der Wohlhabenden Girlanden, Kränze und Bouquets in der bekannten Farbkombination geschickt. Bescheidenere Sträuße von Anhängerinnen und Bewunderern waren mit grün-weiß-violetten Schleifen umwunden.

Ich hatte die Ehre, das Metropolitan Police-Orchester zu dirigieren, das ein Arrangement des *March of the Women* spielte und Teile aus *The Wreckers*. Ein ganzes Aufgebot an Polizisten für eine einzige Suffragette – und nur um für sie zu musizieren! Das hätte Emmeline sicher amüsiert.

Meine Flucht nach Ägypten

Auch wenn ich Gefahr laufe, den Anschein der Pietätlosigkeit zu erwecken, so bezeichne ich den Aufbruch zu der folgenden Reise auch als meine ›Flucht nach Ägypten‹, denn in Wahrheit war er genau das. Im eigentlichen Sinne ist der Ausdruck ja nur eine Erfindung der Renaissancemaler, also sei es erlaubt, ihn hier ohne beleidigende Anmaßung zu verwenden.

Wie sich später erwies, war dieser Winter von 1913/14 der letzte im Ägypten des vergangenen Zeitalters. Warum ich aus England dorthin floh? Am Ende meiner zwei aktiven Jahre für den WSPU sah ich ein, dass ich das Schicksal meiner Freundin nicht weiter beeinflussen konnte, wenn ich wieder ernsthaft in der Musik Fuß fassen wollte. Die britische Regierung glaubte immer noch, dass sie der gewaltsamen Proteste auf den Straßen Herr werden könnte, indem sie nahezu alle militanten Anhängerinnen aus dem Verkehr zog oder umbrachte. Und ich wollte nicht dabei zusehen müssen, wenn meine Freundin sich eines Tages wirklich zu Tode hungern würde.

Daher mein Entschluss, mich in dieses weit entfernte Land zu begeben, eine Reise, die mir herrliche Monate voller harter Arbeit bescherte, aber auch voller Freude und Abenteuer.

Als ich das letzte Mal bei Emmeline Pankhurst in Paris gewesen war, hatte ich Ronald Storrs getroffen, den ich von einer Aufführung der *Ballets Russes* kannte, die Sir

Thomas' Vater, Sir Joseph Beecham, nach England gebracht hatte; wir trafen uns bei unserer gemeinsamen Freundin Prinzessin Edmond de Polignac, und er lud mich nach Helouan ein. Er war 1909 mit achtundzwanzig Jahren zum Oriental Secretary to the British Agency ernannt worden und hatte damit die Schlüsselposition in Ägypten für den Generalkonsul und Vizekönig Herbert Kitchener inne. Außerdem war er ein absoluter Musikliebhaber – wo immer er stationiert war, ob in Kairo, Jerusalem oder Zypern, entstanden gleichsam aus dem Nichts Musikschulen, Chöre oder Orchester. Es war also herrlich, ihn in der Nähe zu wissen. Er empfahl mir den Aufenthalt in Helouan, als er sah, dass ich unbedingt Ruhe und Erholung brauchte, denn dort gab es den Palast des Khedive Tewfik, der in ein sehr angenehmes und nicht allzu kostspieliges Hotel umgebaut worden war. Als ich erfuhr, dass ganz in der Nähe ein Wüstengolfplatz lag, buchte ich sofort meine Zimmer und kam am 8. Dezember in Alexandria an. Vor der Weiterfahrt nach Kairo telegrafierte ich Ronald, und er ließ mich am Bahnhof von einem Wagen abholen mit zwei rot livrierten Bediensteten, von der Art, bei denen einem das eigene Gepäck eher dürftig vorkommt, und die mich zu ihm nach Hause chauffierten.

Es war an einem Montag, und ich wusste nicht, dass bei Storrs immer montags zum Tee eine musikalische Veranstaltung stattfand. Daher kann man sich mein Erstaunen vorstellen, als ich bereits auf halber Treppe klar und deutlich meine eigene, meisterlich vorgetragene *Anakreontische Ode* vernehmen konnte. Ich erfuhr, dass der Sänger dem Regiment meines Bruders in Indien angehörte, während die Pianistin die Ehefrau eines ägyptischen Beamten war, ausgezeichnet mit einer Medaille der Akademie von

Neapel. Ich übernahm mit Freuden persönlich den Pianopart; aber als ich erfuhr, dass Ronald für uns einen Besuch der jährlich stattfindenden, persisch-religiösen und berüchtigten Zeremonie arrangiert hatte, sprang ich sofort auf.

Der Anlass zu dieser gruseligen Gedenkveranstaltung war der Mord an Hassan und Hussein, den kleinen Kindern von Ali, dem letzten der vier orthodoxen Kalifen – was an die Ermordung der beiden Prinzen im Tower von London erinnerte. Es war schon ziemlich spät, also verließen wir den musikalischen Abend, und los ging's!

Als wir jedoch bei unserem privaten Zuschauerplatz ankamen, war die Prozession schon weitergezogen. Ich war sehr enttäuscht, doch Ronald hatte im Handumdrehen einen schmächtigen Perser herbeigeordert, der der nämlichen Sekte angehörte – ein heiliger Mann und zugleich Geheimagent der Regierung –, er würde uns alles Sehenswerte zeigen. Für Ronald selbst wäre es unpassend gewesen mitzukommen, und die andere Frau in unserer Runde scheute nach kurzem Nachdenken zurück – teils aus Angst, teils aus Respekt. So blieben nur der Perser und ich. Wir überwanden die Polizeiabsperrung und liefen rasch durch ein paar kleine Nebengassen, bis wir auf die Prozession stießen; wir wanden uns solange zwischen den Häusern und dem Rand der wogenden, schubsenden Menge hindurch, bis wir unmittelbar hinter den Helden der Zeremonie angelangt waren.

Hassan und Hussein wurden dargestellt von zwei sehr kleinen, offenbar unter Drogen gesetzten Jungen mit weiß geschminkten Gesichtern – allem Anschein nach ebenso gegeißelt und blutverschmiert wie die weißen Pferde, auf denen sie festgebunden waren, um nicht herunterzufallen, und auf denen sie mit geschlossenen Augen hin und her schaukelten. Fackelträger fuchtelten wie verrückt mit ihrem Feuer vor den Gesichtern der Menge herum, und die enge Gasse war voll rasender Wahnsinniger, die augenrollend sangen und blutüberströmt einander mit Schwertern schlugen. Ein dicker Blutstropfen traf meine Wange, und inmitten dieses Blutrausches fürchtete ich fast, selbst vor Entsetzen verrückt zu werden. Wenige Europäer waren jemals bis in den Kern dieser tobenden Menge vorgedrungen, und ich war bass erstaunt, dass diese rasenden Orientalen mit ihren Krummsäbeln nur die Luft kurz vor meinem Gesicht zerteilten und nicht versehentlich mich selbst, die unbedingt meinte, sich in solch einem Moment unter sie mischen zu müssen. Ich glaube, ihr religiöser Wahn und das Haschisch hatten sie zu benommen gemacht, um Einzelheiten wahrzunehmen, allerdings nicht zu benommen, um nicht doch noch den magischen Satz zu erfassen, den mein persischer Begleiter unablässig wiederholte, während er mich um die Tobenden herumschob: »Sie gehört zu Kitchener … zu Kitchener!«

Ich bin wirklich froh, dass mich keine Skrupel von meiner Teilnahme an diesem Schauspiel abgehalten haben, denn es war das letzte Mal, dass diese Prozession stattfand; sie wurde danach wegen der zur späten Nacht erst richtig einsetzenden Blutorgien verboten. Doch lange bevor an jenem Abend die Stunde der Orgien schlug, saß ich bereits in der kleinen Helouan-Bahn und war nachts um elf zurück in meinem Hotel.

Nachdem ich mich am nächsten Tag in Kairo persönlich überzeugt hatte, dass das von mir ausgewählte Klavier in den Zug nach Helouan verfrachtet worden war, folgte ich

Ronalds brillantem Vorschlag und richtete mich in dem kleinen Selamlik ein, dem Pavillon, der in den orientalischen Häusern eigentlich als Aufenthaltsraum für beide Geschlechter dient und der etwas abseits vom Hotel lag. Die Wüste begann gleich vor den Toren des Hotels, und in meinem Selamlik standen große Spieltische, gemütliche Sessel und natürlich mein Klavier. Das elektrische Licht funktionierte sehr gut, und ich war mit meiner ganzen Pracht auf mich gestellt – allein mit dem wohlbekannten Gefühl der Leere, das manche Menschen zu Beginn einer neuen Aufgabe befällt. Ich nahm auch meine Mahlzeiten in dem Hotel ein, die Küche war übrigens ausgezeichnet. Die Luft war kristallklar, aber noch nicht kalt, und Ronald hatte mich mit der Art von Bekannten versorgt, die ich bevorzugte – Tennis-, Golf- und Bücherfreunde und weit und breit keine musikalischen Langweiler, dafür aber überall Kamele mit Begleitpersonal.

Der Golfplatz war so etwas wie mein Zufluchtsort; seine Umgebung erinnerte mich zum Teil zwar an die Zeichnungen von Gustave Doré und seine Vorstellung von den Höllenbergen, aber sein Besitzer hielt die Anlage in einem ausgezeichneten Zustand. Im schottischen North Berwick trieb der heftige Wind mitunter den Ball vor einem her, wohingegen es in Ägypten auch bei sorgfältigster Pflege passieren konnte, dass der fein gesiebte und gewalzte Sand unter dem Green nicht nur den Ball, sondern auch den Rasen in Bewegung versetzte, wenn man gerade auf das Loch zielte. Man fühlt sich ein bisschen wie Alice im Wunderland.

Ich hatte einen etwas wichtigtuerischen Schotten zum Golfpartner, der in Helouan lebte und ein paar Mal die Woche geschäftlich nach Kairo fuhr. Er war im Bankensektor tätig und außerdem Generaldirektor von irgendetwas, das ich nie herausfand, was ihm jedoch zu einer ungeheuren Vorstellung von der eigenen Bedeutsamkeit verhalf. In unserer kleinen Welt wurde er nur der ›G.-D.‹ genannt, und als ich ihm ein Match vorschlug, ohne ihm offiziell vorgestellt worden zu sein, starrte er mich an, als hätte ich mir eine ungebührliche Freiheit herausgenommen. Er nahm das Match dennoch an und schlug mich auf dem 18. Loch. Wir waren in etwa gleich stark, und zwischen uns entwickelte sich eine Freundschaft, die fast bis zum Ende meiner dortigen Zeit gehalten hätte, wäre sie nicht an den Felsen von Ulster zerschellt und an seiner Art, alle Gesetzesbrecher gleichermaßen zu verurteilen. Er war scharfsinnig, kultiviert und mit einem ausgezeichneten Sinn für Humor ausgestattet. Beinahe hätte die Suffragette in mir ihn sogar zum Einsatz militanter Mittel bekehrt, besonders nachdem ihn ein befreundeter Rechtsanwalt aus Kairo davon überzeugt hatte, dass dies der einzige Weg sei, unser Stimmrecht zu gewinnen, dass Mrs. Pankhurst eine erstklassige Rednerin sei und er im Old Bailey von ihr eines der besten Plädoyers in seiner Laufbahn gehört habe; er hatte zudem auch ihren Charme gepriesen und ihre Stimme. Jedenfalls begann der G.-D. seitdem, meine wöchentliche Ausgabe der *Suffragette* (das militante Organ) genauestens zu studieren, und Ronald Storrs erzählte, dass er in Kairo von nichts anderem mehr sprach als dem Frauenwahlrecht. Als ich das hörte, vergab ich ihm, dass er meine besten Golfschläge regelmäßig Zufallstreffer nannte, und auch, dass er ständig, was noch unerträglicher war, das Album mit seinem überaus wundervollen Kind präsentierte – beginnend mit dem Tauffoto. Ich fragte mich, was er wohl zu einem Album von meinem geliebten Bobtail Pan gesagt hätte, den ich ebenso innig liebte wie er sein Kind, und den ich viel hübscher fand.

Ich fuhr nur selten nach Kairo, traf Ronald aber häufig auf halbem Weg in Meadi, wo viele Mitglieder der englischen Kolonie lebten, und wo er immer Tennisstunden für mich arrangierte; er selbst war ein draufgängerischer Spieler, und in diesem Winter festigten wir unsere Freundschaft.

Er hatte zu der Zeit finanzielle Probleme, und man sagte ihm nach, dass er deshalb den Frauen, dem Wein und dem Rauchen abgeschworen hatte. Alle möglichen Legenden rankten sich um ihn, von denen mir diejenige besonders gefiel, nach der er mitsamt seinem einzigen Paar vorzeigbarer Hosen in den Nil gesprungen sein soll, um den Hut einer verzweifelten Lady vor einem herannahenden Krokodil zu retten. Ich habe allerdings inzwischen gelernt, dass man etwa zweitausend Meilen den Nil hinauffahren muss, um einem Krokodil zu begegnen ... aber Fakten interessierten Märchenerzähler bekanntlich nicht.

Am Neujahrstag 1914 tat sich eine fantastische Möglichkeit für mich auf. Ich hatte mich inzwischen mit den Hunters und ihrer Bekannten Mrs. Wild angefreundet, die den Winter bei ihnen verbrachte und eine meiner bevorzugten Golfpartnerinnen geworden war. Kapitän Hunter, ein reizender Mann, war der Oberbefehlshaber der Ägyptischen Küstenwache, und es gehörte auch zu seinen Aufgaben, auf den jährlichen Kamelmärkten im Sudan die Tiere für seine Küstenwache auszuwählen. Wir hatten vereinbart, dass ich ihn auf der demnächst anstehenden Reise begleiten würde, zusammen mit Mrs. Wild, die ebenso abenteuerlustig war wie ich, und mit Mr. Gordon Morice vom Kamelkorps, seinem für diesen Zweck ernannten Adjutanten. Wir sollten am 16. Januar aufbrechen, mit der Bahn nach Suez fahren und dann weiter mit dem Schiff zu einem Ort namens Mersa Halib, um von da auf Kamelen knappe zehn Meilen ins Landesinnere zu reiten, wo wir weitere zehn Tage im Freien kampieren würden, bevor wir um den 1. Februar nach Kairo zurückkehren sollten. Keine noch so große Summe hätte ausgereicht, eine solche Reise offiziell zu buchen, aber da Kapitän Hunter ein großzügiger Gentleman war, kostete alles nur ungefähr acht Pfund – was weniger war, als ich für die Vollpension in Tewfik ausgeben würde!

Die Ausflugsdaten fügten sich wunderbarerweise hervorragend in meine persönlichen Pläne ein. Erstens befand sich Emmeline Pankhurst in Sicherheit in Paris und würde den Kampf nicht vor Beginn der Parlamentssitzungen wieder aufnehmen, das hieß, nicht bevor ich schon längst wieder zurück in Helouan wäre – also brauchte ich mir keine Gedanken darüber zu machen, dass mich während der Reise kein Telegramm mehr würde erreichen können, weil ich für einige Wochen von der Zivilisation abgeschnitten war. Zweitens war meine Arbeit so weit fortgeschritten, dass ich hoffte, den ersten Akt von *The Boatswain's Mate* vor unserem Aufbruch zu beenden, was sich auch bewahrheitete. Unser Gepäck sollte nicht mehr als je zwei Kamelsäcke umfassen, in die wir Betttücher, Decken, ein paar Medikamente und jede Menge Bücher hineinstopften. Kapitän Hunter und Edythe Wild waren beide gute Schützen und hatten Gewehre dabei, Mr. Gordon Morice und ich die Golfschläger; warum sollte sich nicht irgendwo ein Platz mit neun Löchern anlegen lassen?

Am Abend vor meinem Aufbruch strafte der G.-D. seinen Ruf Lügen, ein Geizhals zu sein, und gab ein üppiges Dinner für mich und seinen Anwaltsfreund. Dieser war in Kairo für seine schonungslose Offenheit bekannt, stellte sich jedoch als sehr charmant heraus. Er vertrat das militante Vorgehen der Suffragetten vehement und war so überzeugt, dass nichts anderes uns zu unserem Wahlrecht verhelfen würde, dass der G.-D. schließlich sagte, vielleicht um mich zu provozieren: »Wie dem auch sei, es gefällt mir nicht, dass sie das Votum auf diese Weise erreichen.« Worauf ich heftig erwiderte, und dieses eine Mal ließ ich meine übliche Schwäche, stets um einen verbindlichen Ton bemüht zu sein, hinter mir: »Glauben Sie vielleicht, dass wir es mögen, dass die Männer so stur sind, so in ihrem angeblichen Sinn für Gerechtigkeit verfangen, dass es keinen anderen Weg geben kann? Wir wünschten bei Gott, Sie wären anders, aber Sie wissen selbst, Sie sind es nicht, und deshalb müssen wir Sie so nehmen, wie Sie sind!«

Der Rechtsanwalt sagte laut lachend: »Bravo! Da sieht man, dass Sie das hervorragende Pankhurst-Training genossen haben!« Erfreulicherweise nahm der G.-D. alles mit großer Gelassenheit, und wir gingen in der freundschaftlichsten Stimmung auseinander. Am nächsten Tag stieß ich in Kairo zu meiner Reisegesellschaft und bestieg den Zug nach Suez in höchster, wenn auch wohl gezügelter Aufregung.

Ich habe niemals einen Ort gesehen, der weniger wie eine ›Hauptstadt‹ aussah als Mersa Halib, das einfach ein winziges arabisches Fort war, nicht größer als mein Holzschuppen zu Hause; ein sudanesischer Sergeant mit einem Soldaten, zwei gut aussehende junge Männer, wohnten darin, und in greifbarer Nähe umstanden fünf oder sechs arabische Zelte einen Brunnen – den einzigen im Umkreis von Hunderten von Meilen. Die kleine, natürliche Hafenbucht war zum Meer hin durch Korallenriffe geschützt, mit einer engen Durchfahrtstelle für unser Boot, die allerdings wegen der dicht unter der Oberfläche liegenden Felsspitzen nur bei Tageslicht benutzt wurde. Kein Verkehr gelangte in die Nähe dieser einsamen, kleinen Station, wie auch, warum auch? Handel gab es dort nicht, bis auf unser Schiff, das sich einmal im Jahr hineinmanövrierte. Als später die Kamele eingeladen wurden, saß ich in einem Beiboot und bewunderte das fantastisch schillernde Farbspiel der zahlreichen Fische, das beinahe irreal anmutete. Wir ritten etwa sechs Meilen landeinwärts, auf eine überwältigende Bergkette zu. Hier schlugen wir unser Camp auf – vier geräumige Zelte für uns selbst, ein größeres als Speise- und Aufenthaltsraum, eins für den Koch und den ägyptischen Bediensteten (ein erstaunlicher Bursche, der Haus- und Kammerdiener und Kellner in einem war).

Wir holten noch Liege- und andere Stühle vom Schiff, und hinter einer gespannten Plane wurde auf aufgebockten Bohlen unsere Küche eingerichtet. Zwischen uns und dem Bergmassiv erstreckte sich gleichsam ein weites Amphitheater aus niedrigen Hügeln. Dornenbüsche verteilten sich wie Punkte auf dem platten, weißen Sand, und da wir am Rand der Regenzone waren, gestattete die Natur ein paar südliche Grashalme und sogar kleine, gelbe Blumenbüschel.

In dieser Gegend werden die besten Kamele Afrikas gezüchtet. Sie zu vergleichen mit den Tieren von anderswo wäre so, als vergliche man gewöhnliche Ackergäule mit den Rassepferden auf der Rennbahn von Epsom Downs in

London. Hier deckte die Küstenwache ihren jährlichen Bedarf an Kamelen für den halben, in Kairo üblichen Preis. Die Kamelbesitzer lebten in der ganzen Umgebung verstreut, und die bevorstehende Ankunft des Schiffes wurde ihnen stets mitgeteilt; Mr. Gordon Morice, der verantwortlich war für das ganze Unternehmen, hatte die Aufgabe, überall herumzureiten und sicherzustellen, dass sich alle rechtzeitig auf den Weg machten. Edythe Wild und Hunter versuchten sogleich bei der Gazellenjagd ihr Glück. Ich bestieg auch mein Kamel, ein viel sanfteres Tier mit weicherem Tritt als dasjenige, das mich hergebracht hatte. Ein Bediensteter begleitete mich, dessen Kamel mit Stöcken, Flaggen und Blechdosen beladen war, und wir machten uns auf die Suche nach einem geeigneten Ort für einen Neun-Loch-Golfplatz, den wir auch mühelos fanden und anlegen konnten.

Wie den meisten Menschen gefiel mir das Camp-Leben außerordentlich gut, nur der ständige Wind war ein Störfaktor, zumindest am Tage. Aber genau mit Sonnenuntergang legte er sich, und dann fing das eigentliche Leben an, das Leben mit den Sternen. Auf See und überall sonst haben sie am Horizont nur einen schwachen Schein, hier jedoch steigt noch der kleinste Stern sofort zu seinem vollen Glanz auf und sendet das gleiche Strahlen aus wie noch Stunden später, wenn er die Hälfte des Firmaments durchlaufen hat. Sogar in dem relativ städtischen Helouan ist man Nacht für Nacht aufs Neue vom verschwenderischen Reichtum der Sterne fasziniert. Wie soll man erst diesen Glanz beschreiben, der sich in der Wüste präsentiert, wenn man kein Dichter ist?

Wir schliefen alle bei geöffneter Zelttür, mit den Sternen

scheinbar unmittelbar über uns. Es war ein unvergessliches Erlebnis, das erste Mal das Kreuz des Südens zu sehen! Es sollte um halb vier aufgehen, und ich wachte tatsächlich auf, lag ruhig auf meinem Bett und schaute wartend hinaus. Gegenüber zeichnete sich die Silhouette der Berge ab, und plötzlich erhob sich, eingerahmt von der Zeltöffnung, über dem Gebirge das Kreuz – auf solche Weise präsentiert, würde mich das Glücksgefühl dieses ersten Eindrucks nie mehr verlassen. Ich warf mir einen leichten Morgenmantel über und ging von da an jede Nacht in die totenstille Wüste hinaus. Manches Mal konnte man sogar das Meer vernehmen, und da dankte man dem Wind, den man tagsüber verfluchte, dass er den wunderbaren Zweiklang aus Stille und entferntem, sanftem Rauschen herübertrug.

Den Besitzern war gesagt worden, dass siebzig Kamele gebraucht wurden, und allmählich trafen sie ein, in Grüppchen von zwei oder drei, ohne jegliche Eile, und versammelten sich etwa ein halbe Meile entfernt von uns. Mr. Morice und ich vergnügten uns inzwischen mit rasanten Golfmatches, meist in aller Frühe und beide noch im Pyjama, mit unseren hochgewachsenen, sudanesischen Soldaten-Caddies, die uns die Schläger anreichten, wie Ministranten, die für den Priester beim Abendmahl das heilige Messgerät bereithalten. Die anderen beiden waren meist unterwegs zur Gazellenjagd, obwohl ich nicht verstand, wie man diese grazilen, kleinen Tiere erschießen konnte; ich vertraute Edythe Wild an, dass ich dabei das Gefühl hätte, als würde ich auf meinen Hund schießen. Allerdings muss ich zugeben, dass mich das nicht davon abhielt, die Gazellensuppe oder das Fleisch als willkommene Abwechslung zum Dosenessen zu genießen.

Als ungefähr hundert Kamele angekommen waren, begann eine überwältigende Reiterschau, und dabei übertraf ein besonders wagemutiger und eleganter Darsteller alle anderen; seine Geschichte kennenzulernen erweckte meine brennende Neugier.

Die Familie dieser Person war der Meinung gewesen, sie sei eine Frau, und hatte sie mit einem älteren, reichen Scheich verheiratet; zwei Jahre später jedoch wurde die Ehe aufgelöst. Der Scheich und seine Familie machten geltend, ›betrogen‹ worden zu sein, da sie gar keine Frau sei. Ihre Familie und sie hielten dem entgegen, wenn nichts Erwähnenswertes im ehelichen Sinne erreicht worden sei, so läge der Fehler klar bei dem Scheich. Wie dem auch sei, ob sie nun glaubte, dieser schlechte Start würde ihr weiteres Fortkommen als Frau beeinträchtigen, oder ob die größere Freiheit eines männlichen Lebens sie anzog, sie entschied sich, als Mann zu leben, kleidete sich in Lendentuch und Turban, bewaffnete sich mit Schild, Schwert und Speer und wurde zu ›Mohammed, dem Kamelbesitzer und Hirten‹.

Mohammed hatte ein angenehmes Äußeres: volle Lippen, strenge Gesichtszüge, helle kluge Augen, ein schönes Lächeln und den Anflug eines Barts. Ich hätte ihn für einen sehr attraktiven jungen Mann um die dreißig gehalten, aber die Männer sagten mir, er sei weder Frau noch Mann – wenn auch vielleicht mit etwas mehr männlichen Anteilen, denn er zahlte den jungen Mädchen immer fünf Schilling für einen Kuss, wiewohl nur einen von der öffentlichen, harmlosen Art. Ich kannte mich in den sexuellen Vorlieben des Volkes der Bisharin nicht aus, fragte mich allerdings, ob dieser Rückschluss zwingend war, und beschloss, der Sache auf den Grund zu gehen. Also bat ich George Hunter, Mohammed in mein Zelt einzuladen.

Unter den gegebenen Umständen war es nicht leicht, ein Gespräch mit ihm einzuleiten. Alle Scheu beiseite geschoben, musste ich zuerst Morice, unserem Arabischexperten und Dolmetscher zwischen dem Kamelkorps und den Bisharin, erklären, was er Mohammed und seinem Onkel sagen sollte. Es wurde natürlich eine großzügige Summe vereinbart und die Verabredung getroffen, dass nur ich allein im Zelt oder in seiner Nähe sein würde ... Mohammed war einverstanden, bestand aber zu meiner Verwunderung darauf, dass ich vor unserem Treffen unbedingt eine seiner Reitdarbietungen anschauen müsse – was ich auch tat. Da er bei der Aussage blieb, wirklich ein Mann zu sein, dachte er vielleicht, wenn ich erst einmal gesehen hätte, dass er wie wahnsinnig herumgaloppierte, an einem Zeh von seinem Kamel herunterhing und weitere Waghalsigkeiten vollführte, dann würde ich auf jeden Fall seinen Anspruch unterstützen – denn keine Frau könnte es ihm gleichtun. Wenn er dies dachte, so bewies es nur, dass die Bisharin natürlich keine Ahnung haben konnten, wessen die Suffragetten fähig waren und wie manche Frauen über das schier unglaubliche Leistungsvermögen ihres Geschlechts dachten!

Wir konnten schließlich die Einzelteile seiner Geschichte zusammenfügen. Sein Onkel begann mit sichtlichem Stolz zu berichten, dass Mohammeds Schwester die Frau des Omdar war, sprich des Gouverneurs, und dass er den Scheich vor zwölf Jahren verlassen und sich sofort der Schaf- und Kamelzucht zugewandt hatte; er war darin sehr erfolgreich und galt auch als bester Kamelreiter im Land. Er rasierte sich von Zeit zu Zeit, war bei beiden Geschlechtern beliebt, aber niemand durfte ihm nahekommen, und außer den 5-Schilling-Küssen gab es auch kein Gerede über irgendwelche Frauengeschichten.

Es wurde ausgemacht, dass unser Treffen zum Schluss stattfinden sollte, nachdem alle Kamelgeschäfte erledigt waren. In der Zwischenzeit sahen wir uns manchmal; auf dem Kamelrücken spielte Mohammed sich ein bisschen auf und lächelte dabei sein freundlichstes Lächeln, sodass ich das Gefühl hatte, wir seien so etwas wie Freunde geworden. Ich fragte mich oft, ob der Weder-noch-Status sein Leben besonders schwierig gemacht hatte – aber offensichtlich hatte er die Schande, zurück zur Mutter geschickt zu werden, ohne tiefgreifenden Schaden überstanden und hatte seine neue Position erfolgreich gefestigt. Und vielleicht waren es diese Reflexionen, die ein zartes Band der Sympathie herstellten, ich empfand Zuneigung für ihn und umgekehrt war es wohl auch so.

Schließlich war der Tag gekommen, unser Treffen sollte nun kurz vor dem Ablegen auf dem Schiff stattfinden. Wir zogen uns in meine Kabine zurück. Zunächst fragte Mohammed mich mit unmissverständlichen Gesten, ob ich, sagen wir einmal, *verheiratet* war. Dann entkleidete er sich, und die Untersuchung begann. Ich bin nur eine Doktorin der Musik, nicht der Medizin, sodass ich mir nicht anmaße, das Ergebnis in exakte Worte fassen zu können. Ich kann nur so viel sagen, dass er kein kompletter Mann war und noch viel weniger eine komplette Frau, was, so sollte man meinen, der Scheich nicht erst nach zwei Jahren herausgefunden haben dürfte, sondern nach zwei Minuten.

Meine Erinnerungen an diesen Tag verschwammen alsbald, schwächten sich ab und die Einzelheiten verblassten sehr schnell, so einzigartig sie auch gewesen waren. Und so beeilte ich mich, alles niederzuschreiben, was mir bemerkenswert erschien, um es an die Britische Medizinische Gesellschaft zu schicken. Aber auf der Rückreise quer durch Europa brach der Krieg aus, und meine Aufzeichnungen gingen verloren.

Es gab im Übrigen einige recht amüsante Nachwirkungen. In Helouan erreichten mich drei schriftliche Reaktionen auf meine brieflichen Schilderungen. Die erste war typisch für Emmeline Pankhurst: »Das sieht dir ähnlich, die ganze Sache so gründlich und nahezu geschäftsmäßig zu handhaben!« Der zweite Kommentar kam von meiner geliebten ältesten Schwester, die sehr gläubig war und die, auch wenn sie immer eine gute Kameradin gewesen war, doch zu Anflügen von frühviktorianischer Sentimentalität neigte: »Oh, meine Liebe«, schrieb sie, »wie konntest du dich nur auf so etwas einlassen mit diesem armen Menschen!«

Darauf antwortete ich: »Wieso? Du sprichst doch auch nicht vom armen Rossetti, weil er nicht nur Maler, sondern zugleich noch Dichter gewesen ist?! Der glückliche träfe es viel eher, würde ich sagen!«

Der beste Kommentar kam von meiner jüngsten Schwester, die mir kürzlich sogar versicherte, dass sie immer noch derselben Meinung sei, wobei ich hoffe, dass ihr das überstrapazierte Wort ›Genie‹ in diesem Kontext verziehen wird: »Ich fand das ziemlich unverfroren – was mich bei dir nicht verwundert. Du hast immer schon nach deinen eigenen Regeln gelebt, sprichst alles offen und direkt an, was andere hinter versiegelten Lippen und niedergeschlagenen Augen verbergen. Das ist fester Bestandteil deiner Wesensart, wie sie sich auch in deiner Musik widerspiegelt, zum Beispiel muss jeder bei deiner *Anakreontischen*

Ode spüren, dass dahinter ein unkonventioneller, ja heidnischer Geist steht. Oft frage ich mich, ob Genies diese außerordentliche Dualität immer haben, dass sie einerseits fähig sind zu den edelsten und schönsten Gefühlen und andererseits oft die abscheulichsten Dinge tun!«

Das scheint mir für diese Reise der perfekte Schlussakkord zu sein, und es bleibt nur zu ergänzen, dass wir am 1. Februar wieder zurück im Tewfik waren.

Seit meinem Aufenthalt in der Wüste war ich regelrecht süchtig nach den Sternen, und so kann man sich denken, was geschah, als ich auf dem Tennisplatz zufällig den jungen Mann traf, der für das Observatorium von Helouan verantwortlich war. Ein paar Nächte später schaute ich das erste Mal in meinem Leben durch ein riesiges Teleskop. Ich sah den Mond und den Saturn und den Zentralstern vom Schwert des Orion, eigentlich eine riesige Wolke aus Gas und Millionen von winzigen Sternen. Dieser Anblick überwältigte mich mehr als jeder andere, den mir irdische Schönheit je gewährt hatte.

Wir alle haben schon unvergessliche Sonnenuntergänge gesehen, oder manch einer erinnert sich an ein Gewitter über sturmgepeitschtem Meer, was auch mich einmal beeindruckt hat – zum Glück erst auf dem letzten Teil meiner Überfahrt nach Amerika, als ich meine Seekrankheit schon im Griff hatte. Und alle Bergsteiger kennen die Gipfel oder Gletscher, die sich, wenn das Wetter umschlägt, plötzlich in etwas Überirdisches zu verwandeln scheinen. Auch in dieser Hinsicht waren die Götter mir gnädig. Einmal, wir hatten Unterschlupf gefunden in einer Hütte am Gipfel des Monte Rosa, waren wir von einer dichten Nebelbank eingeschlossen. Dann, ganz unerwartet, teilte sich der Nebel, und da erhob sich vor uns, fast zum Greifen nahe, das Matterhorn, in strahlenden Sonnenschein getaucht! Nur eine halbe Minute später zogen sich kohlschwarze Wolken davor zusammen; sie wurden von hellen Blitzen durchzuckt, türmten sich vor dem Matterhorn auf und verhüllten es sofort wieder. Der Spalt hatte sich wieder geschlossen und uns atemlos staunend zurückgelassen. Niemals hätte ich geglaubt, dass ich noch beeindruckendere Erfahrungen machen könnte!

Wenn man nicht gerade ein Astronom oder Mathematiker ist, wird die Sternenpassion in unseren Breiten leider nur wenig gefördert; aber ich befand mich in Ägypten, und die drückende Hitze, über die ich mich bei Tag beklagte, ließ mich die Nächte genießen, am meisten, wenn ich um vier Uhr morgens auf dem Rücken lag und vom Dach des Tewfik-Hotels den Himmel betrachtete. Mein neuer Freund lieh mir einen Sternenatlas, und nun war ich nicht nur in der Lage, nach bestimmten Sternen zu suchen, sondern konnte damit auch die Wunder nachvollziehen, die ich in der Wüste gesehen hatte – Konstellationen, die nördlich von Suez unsichtbar sind. Bisher hatte mich Orion mehr als alles andere am Firmament beeindruckt, aber meine größte Aufregung entstand, als es hieß, der auf der Karte am imposantesten dargestellte Skorpion würde Ende März auftauchen – in unseren Breiten sieht man höchstens einmal einen kleinen Teil von ihm, ganz unten am Horizont.

Nun hing mein Herz nicht mehr nur an der sehnlichst gewünschten Beendigung der Ouvertüre von *The Boatswain's Mate*, sondern noch stärker daran, diesen unbekannten Teil der Milchstraße zu Gesicht zu bekommen. Also blieb ich ungebührlich lange in Helouan, um diesem neuen Vergnügen zu frönen. Und meine beiden Wünsche wurden erfüllt; dieser nie erblickte Teil der Milchstraße mit ihrem beängstigenden, schwarzen Areal darin war die Nackenschmerzen sehr wohl wert, die mich noch monatelang begleiteten, nachdem ich aus Ägypten zurückgekehrt war.

Als ich mich am 15. April 1914 von meinem geliebten Tewfik-Hotel verabschiedete, war ich so sicher, dass ich im Winter wiederkommen würde, dass ich, nach der Konsultation meines Freundes vom Observatorium über die Highlights am November- und Dezemberhimmel, schon einmal mein Zimmer reservierte.

Danach ging es weiter nach Wien. Diese Stadt, die ich immer so schön gefunden hatte, kam mir nach meinen Erfahrungen in der Wüste auf einmal verqualmt, schmutzig und laut vor.

Mein Verleger war sehr zufrieden mit *The Boatswain's Mate* und Bruno Walter wollte die Oper in München herausbringen, daher blieb ich noch ein paar Tage, um Details für den Druck und Ähnliches zu klären. Aber ich wollte auch Arthur Schnitzler treffen, dessen literarisches Werk ich sehr schätzte; wir kamen überein, demnächst gemeinsam ein Projekt zu erarbeiten. Dann fuhr ich aufs Land, um Hugo von Hofmannsthal zu besuchen. Ich kannte den Librettisten von Strauss recht gut von einem früheren Wien-Aufenthalt und schätzte ihn selbst genauso sehr wie sein poetisches Werk. Er begrüßte mich mit wortreichen Kommentaren über mein gesundes, gestähltes Aussehen; er meinte, ich sähe aus wie ein Kavallerieoffizier, der gerade von einem Feldzug gegen die Mahdi zurückkommt ...

Wie seltsam, ein paar Wochen später sollte das Attentat von Sarajevo den fürchterlichsten Krieg einleiten, den die Welt bis dahin erlebt hatte – und hier in Wien, dem Dreh- und Angelpunkt von allem, hegte keine Seele, die ich traf, auch nur die leiseste Vorahnung der bevorstehenden Tragödie!

Resümee meines Lebens

Einmal begann ich vor einer jungen, fachkundigen Studentengruppe am King's College der Londoner Universität meine Vorlesung über die Benachteiligung von Komponistinnen mit einer Legende, die bisher unveröffentlicht war, die aber den Kern meiner Erfahrungen traf.

Die Legende besagt, dass eines Nachmittags, als Adam gerade schlief, Eva dem großen Gott Pan gewissermaßen vorgegriffen hat. Sie bohrte Löcher in ein hohles Schilfrohr und begann das zu tun, was allgemein als einem Instrument ›Töne zu entlocken‹ bekannt ist. Davon erwachte Adam. »Hör mit diesem furchtbaren Getöse auf!«, schrie er und fügte nach einer Weile hinzu: »Und überhaupt, wenn hier jemand herumtönt, dann bist das nicht du, sondern ich!«

Ab hier ist die alte Inschrift verblasst – aber was an Wörtern entzifferbar ist, liest sich wie ›unweiblich‹ ... ›Sexappeal‹ ... und nahezu unleserlich ›L-l-th‹. Woraus man entnehmen kann, dass Evas Weigerung, mit dem Krach aufzuhören, Adam an seine erste, unbeugsame Frau Lilith erinnerte, und daher forderte er nun bei Eva mit Nachdruck seine Vorrangstellung ein. Wenn diese Geschichte zeigt, welche Ermutigung weibliche Musikschaffende vom Beginn der Welt an erfuhren, dann ließe sich das über die Jahrhunderte weiterverfolgen bis heute, wo uns die Möglichkeit einer musikalischen Karriere weiterhin verweigert wird. Und zwar meist nicht aus böswilliger Absicht (obwohl es auch das immer gegeben hat), sondern aufgrund des Weges, den unsere Zivilisation eingeschlagen hat, um uns zum Schweigen zu bringen. Also müssen wir sehr, sehr laut werden!

Nachdem ich im Jahr 1919 meine Autobiografie *Impressions that Remained* (dt.: *Bleibende Eindrücke*) veröffentlicht hatte, kam aus meiner Leserschaft von Zeit zu Zeit die freundliche Nachfrage: »Wann können wir Ihre nächsten *Eindrücke* lesen?« Und auch wenn diese Frage lediglich als höfliche Einleitung zu einer Konversation gemeint war, folgte darauf stets meine ausweichende Antwort: »Oh, ich weiß es nicht. Wahrscheinlich niemals!«

Ich hatte die *Impressions* in einem französischen Militärhospital geschrieben, in dem ich als Röntgenassistentin Granatsplitter in den Körpern von Verwundeten lokalisierte, um dem Arzt genau anzugeben, wie tief sie eingedrungen waren. Dabei zuzusehen, wie er das Skalpell ansetzte, das ihn beim Schnitt in einen zwar betäubten, aber doch lebenden Körper als Experten oder Kurpfuscher entlarvte, war beileibe kein Job, der zum Komponieren inspirierte. Aber in den Pausen meine Memoiren zu entwerfen, empfand ich als willkommene Ablenkung. So entstanden die *Impressions*. Sie sind nicht an Musikkenner gerichtet, obwohl ich beim Eintauchen in die Vergangenheit naturgemäß einiges hochholte, das unmittelbar mit der Musik verbunden war. Wenn ich zum Beispiel schilderte, wie ich der Queen meine *Messe* vorspielte oder den *Wald* in Deutschland produzierte, dann galt mein eigentliches Interesse den menschlichen Begegnungen; die Musikstücke dienten dabei als Stütze für die Detailstudien von Balmoral und Berlin, mit denen ich ein allgemeines Lesepublikum unterhalten wollte. Das Schreiben machte mir viel Spaß und ich war so erfolgreich, dass ich mich nach verschiedenen, eher als Essaysammlungen zu bezeichnenden Büchern schließlich wieder meinen Memoiren zuwandte.

Was meine Hörprobleme betrifft, so glaube ich, dass sie schon sehr lange latent vorhanden waren, obwohl mein Freund Harry Brewster sie früher immer herunterspielte: »Du bist nur betäubt von dem, was du als Nächstes sagen willst.« Aber vor etlichen Monaten fing eine diagnostizierte Taubheit an, sich zwischen mich und meine Musik zu drängen, sodass ich sogar beim Dirigieren die Differenzierungen immer schlechter unterscheiden konnte. Auch im Parkett zu sitzen ist eher schmerzlich, wenn man nicht richtig hören kann; das war tragisch für mich, denn die neuen Kompositionen interessieren mich mehr als alles andere auf der Welt, und ich war schon immer eine begeisterte Zuhörerin!

»Aber kannst du nicht Noten lesen wie ein Buch?«, könnte man fragen. Nein, das kann ich nicht, und komplizierte, moderne Partituren so leicht zu lesen wie Normalsterbliche *Alice im Wunderland*, das können nur die wenigen Dirigenten, die ständig mit moderner Musik zu tun haben.

Gelegentlich hatte ich für einige Zeit noch Freude daran, in die neuere Musik auf Schallplatten hineinzuhören. Dann setzte vor einigen Monaten das verzerrte Hören ein ... also, adieu Musik! »Aber du kannst doch auf jeden Fall immer noch komponieren«, mag man einwenden. Ja, schon, aber ich muss gestehen, dass meine halbe Freude am Komponieren immer darin gelegen hat, zu hören, was ich geschrieben hatte. Natürlich kennt man die Geschichte von Beethoven, aber ich weiß von niemandem, der sich dieser Kategorie zuordnen könnte. Außerdem war er taub geworden, als er noch jung und voller Inspiration gewesen war. Und dennoch, trotz des schweren Defizits hoffte ich, dass die Musikerin in mir doch noch siegen könnte, weil es da etwas gab, das ich so gern vor meinem Tod noch komponieren wollte. Solange man Herr seiner Sinne ist, und wenn man sich allmählich an die Begleitgeräusche gewöhnen könnte ... es könnte vielleicht alles geschehen ... und man beginnt zu träumen!

Ein weiterer schwerer Tiefschlag kam aus unerwarteter Richtung – als die Bank in Argentinien, die unser Familienvermögen verwaltete und von der die Hälfte meines Einkommens herrührte, von einem Crash betroffen war. Das Komponieren ist ein sehr kostspieliges Geschäft, zumindest wenn man anstrebt, dass die Werke auch tatsächlich aufgeführt werden. Also muss ich beständig Geld verdienen und darf keines verlieren, aber das Unabwendbare geschah dennoch. Mein Banker präsentierte mir statt des üblichen Kontoauszugs das desaströse Ergebnis der im Wert massiv gefallenen Aktien ... die Lebensader zur Musik war abgeschnitten, mein Lebenstraum geriet ins Trudeln.

Natürlich tut das Loslassen weh. Wenn man jedoch bereits als Schulmädchen seine Hefte mit Gedichten, Theaterstücken und Liebesbriefen gefüllt hat, dazu Satiren, Schmähschriften, Gebete und sonst noch alles Erdenkliche geschrieben hat, ist man tatsächlich in der Lage, auch einen argentinischen Bankencrash zu verwinden. Man ersetzt einfach die Komponierfeder durch den Schreibstift ... Eine solche Frau hat also keinen Grund, sich zu beklagen! Vielmehr kann sie dem Schicksal dankbar sein, dass es sie mit einem zweiten Instrument gesegnet hat, auf dem sie das Lied ihres Lebens zum Klingen bringt, so gut sie es eben vermag.

Vor vielen Jahren stieß ich auf eine Weisheit, die mich seither wie ein Credo begleitet: »Man sollte sich darauf einstellen, sein Leben unzählige Male ganz von vorn zu beginnen«, was für mich heißt, dass das kreative Leben nie aufhört, solange du noch atmen kannst.

Das ist eine tröstliche Überlegung, denn man kann nicht bestreiten, dass das Alter einiges an Herausforderungen bereithält. Viele Schriftsteller, angefangen bei Shakespeare, haben lange Listen ihrer mühseligen Altersgebrechen aufgestellt; für eine Frau hingegen sind die geringeren schon lästig genug – zum Beispiel die Auswahl der angemessenen Kleidung oder die sorgfältige Verteilung ausgedünnter Haarpracht über entblößte Häupter.

Doch das Alter hat auch sein Gutes. Du kannst deine Vergangenheit mit Distanz betrachten, so als stündest du auf einem hohen Felsen und würdest ein fremdes Schiff weit draußen auf dem Meer sehen; bald ist es im Wellental, bald wird es hin und her geworfen zwischen den Wellenkämmen, doch es bleibt immer ein weit entferntes Schiff. Ich habe für meine Rückschau alle möglichen alten Quellen durchgesehen, um sie in meine Erinnerungen einfließen zu lassen; mitunter habe ich auch Briefe herangezogen, die wegen der *dramatis personae* für sich sprachen oder sonst Unerwähntes ergänzten.

Bleibt noch zu sagen, dass es der Autorin bei intimeren Episoden kaum mehr vorstellbar war, dass es sich bei der betroffenen Person um eine junge oder jüngere Ausgabe ihrer selbst handelte, das Schiff war schon zu weit vom

Ufer entfernt, der Name auf dem Bug kaum noch erkennbar. In solchen Fällen möge das in unsichtbarer Tinte über allem eingetragene, immerwährende Motto gelten – wofür der anglonormannische König gepriesen sei, der es dem Land hinterlassen hat, das sonst vielleicht einer nonkonformistischen Prüderie zum Opfer gefallen wäre: *Honi soit qui mal y pense!*

Auch meine Ehrungen sollen nicht unerwähnt bleiben. Die erste Auszeichnung erhielt ich sehr wahrscheinlich aufgrund meiner Verdienste im Rasentennis, das ich in den 1890er-Jahren oft im Burghof von Durham Castle mit dem Neffen eines schüchternen Domkapitulars spielte, der uns dabei gern, verborgen hinter dem Vorhang seines Fensters, zusah. Als die Universität Durham 1910 entschied, ihre Titel auch an Frauen zu verleihen, gedachte dieser Kapitular, der meinen Werdegang verfolgt hatte, meiner und schlug mich für die Ehrendoktorwürde vor.

Die zweite habe ich wohl dem Golfsport zu verdanken. Es gab 1922 eine Auseinandersetzung im Woking Golf Club, der eigentlich ein reiner Männerclub ist, mit nur geduldeten, ›temporär‹ genannten Mitgliedschaften für Frauen, die jedoch mit der größten Zuvorkommenheit behandelt wurden. Nun benutzten einige Ladys immer eine Abkürzung vom Gemeinschaftsbereich zu ihrem Trakt, obwohl sie gebeten wurden, dies nicht zu tun, da sie an den Umkleideräumen der Herren vorbeiführten. Der Sekretär war schon ein, zwei Mal bei unserer Spielführerin vorstellig geworden, aber einige Delinquentinnen ließen sich nicht einschüchtern und nicht von ihrem schockierenden Tun abhalten. Schließlich wurde mir zugetragen, dass sogar ein Spielverbot für Frauen an den Wochenenden drohe, sodass ich mich berufen fühlte, bei der Versammlung des Clubfrauenkomitees eine Rede in der Angelegenheit zu halten. Ich führte an, dass diejenigen unter uns mit Auslandserfahrung wüssten, dass man dort nicht so zart besaitet sei, und soweit man die britischen Männer kenne, seien sie es auch nicht. Unter allgemeinem Gelächter stimmten wir ab, dass die Abkürzung beizubehalten sei, und die Sache war vom Tisch. Da viele der Spielerinnen verheiratet waren, drang der Tenor meiner Rede bis zu den Ehemännern. Als Lord Riddell aus London, ein Mann mit einem Faible für Literatur, ein Wochenende zusammen mit Stuart Paton verbrachte, dem sogenannten ›Mussolini‹ des Woking Golf Clubs, äußerte er den Wunsch, die Verfasserin der *Impressions* kennenzulernen. Und sein Augenzwinkern bei der Erwähnung des lustigen Damentreffens zeigte mir, dass er sehr gut über die Interna informiert war.

Bald darauf war Neujahr. Lord Riddell und unser damaliger Premierminister, Lloyd George, waren zu der Zeit unzertrennlich. Als die Frage der Ehrungen aufkam (›Wir sollten die Frauen etwas mehr berücksichtigen‹) und dabei mein Name zufällig vor seiner Majestät erwähnt wurde als ein möglicher für den schmückenden Zusatz DBE (*Dame Commander of the Order of the British Empire*), so denke ich, dass es moralisch vertretbar ist, anzunehmen, dass diese Ehrung mir dank der Szene im Woking Golf Club zuteil wurde.

Dann bleibt noch, neben dem Ehrendoktor der University of St. Andrews den der University of Oxford zu erwähnen. Am 23. Juni 1928 empfing ich ihn bei der Encaenia-Zeremonie von dem Kanzler, der eher literarisch als musikalisch interessiert war. Als ich erfuhr, dass ich ihm meine Nominierung verdankte, hoffte ich, dass ich die Ehre, den kleidsamsten der Oxforder Doktortalare tragen zu dürfen, dieses Mal meinen Büchern verdankte.

Habe ich mir auch Feinde gemacht mit meiner Art zu schreiben? Oder mit meiner Art zu komponieren? Wenn ja, so musste ich dieses Risiko eingehen, musste die Brücken hinter mir einreißen. Denn das war ich mir schuldig – ich, die ich so viel über die Direktheit der Frauen gesagt habe und ihren Mut, für ihre Integrität einzustehen. Der Wert meiner Musik wird wahrscheinlich erst erkannt werden, wenn von der Komponistin nichts mehr übrig ist als Punkte und Linien auf dem Notenpapier.

Wenn der Geist von Freiheit, Unabhängigkeit und Abgeklärtheit das Herz des Künstlers durchströmt und plötzlich das Brackwasser seines ganz persönlichen Schicksals in den weiten Strom menschlicher Erfahrung mündet, wenn etwas davon in das Kunstwerk eingeflossen ist, dann war es der Mühe wert. Und sollten die Zuhörer auch nur ein schwaches Echo eines solchen Geistes in meiner Musik wahrnehmen, ob jetzt oder nach meinem Tod, dann bin ich zufrieden ... mehr als zufrieden.

1933 war das Jahr meines fünfundsiebzigsten Geburtstags, der mir einen äußerst reizend formulierten Brief bescherte, unterzeichnet von den meisten unserer leitenden Musiker; er kündete ein Festival an, das zu meinen Ehren veranstaltet werden sollte, die ich, soweit mir bekannt, das älteste Exemplar in der britischen Komponistenriege war, und deren Leben gemäß dem Psalmisten eigentlich schon vor fünf Jahren ein schmerzloses Ende hätte finden sollen.

Es ist immer dem Engagement einzelner Menschen zu verdanken, die im Schweiße ihres Angesichts solch spontane Beiträge zusammenstellen. In meinem Fall würde derjenige mir die Nennung seines Namens niemals verzeihen, aber es war die einzige Person mit dem Geist, dem Einfluss und der Liebe zu mir und meinem Werk, die solch ein Unterfangen bewerkstelligen konnte. Die Grundidee war, dass mit dieser Vorführung von Beispielen aus vierzig Jahren Arbeit (das Meiste davon praktisch unbekannt) eine englische Komponistin sich endlich glücklich ins Rampenlicht gerückt sehen sollte, die bis dato eher in den Hintergrund verbannt worden war.

Die Summe von 400 £ für die Kosten wurde von vier meiner engsten Freunde aufgebracht. Ich dachte zurück an das Jahr 1889, als ich zum ersten Mal die Musikarena betreten hatte, und sagte mir: ›Dieses Festival wird wie das große, finale Leuchten am Ende eines Feuerwerks werden.‹ Tatsächlich besteht eine auffallende Analogie zwischen der sorgfältig geplanten Inszenierung von Pyrotechnik und der Karriere einer Komponistin, mitsamt Rohrkrepierern und ähnlichen Fehlzündungen.

Man kann leicht ermessen, was es für die Jubilarin bedeutete, als sich um elf Uhr zusammen mit weiteren Kompositionen die Töne ihres ersten und letzten Chorwerks, *The Mass* und *The Prison*, in den strahlenden Himmel erhoben, dirigiert von ihrem alten Freund Thomas Beecham. Er hatte dies nicht nur in seiner gewohnt freundlich-zugewandten Weise angeboten, sondern brachte meine Musik auch in einer Art zum Klingen, wie ich es mir niemals erhofft hätte – und noch dazu gerade so, als liebe er sie selbst! Ich kannte seine Präferenzen, was moderne Musik betraf, wusste, dass er sich, trotz seiner engen Freundschaft mit mir, nicht viel aus meinen Werken machte.

Es ist wunderbar, hier noch einmal weitere Details

dieses Festivals in Erinnerung zu bringen – besonders das Abschlusskonzert in der Royal Albert Hall zusammen mit meinem Besuch in der Königsloge. Was für eine überraschende Auszeichnung, für die die Geehrte so wenig gerüstet war, dass sie erst nach dem üblichen Bühnenapplaus und ihrem anschließenden Aufstieg in den royalen Äther bemerkte, dass wohl die ganze Zeit ein gewisses Wollunterhemd durch die Seidengaze der Ärmel ihres besten Festgewands hervorgelugt hatte! Man braucht nicht zu betonen, dass nicht das kleinste Zucken eines königlichen Augenlides mein Missgeschick verriet; ganz im Gegenteil – ich wurde in der royalen Loge mit so vielen kleinen Gesten menschlicher Sympathie und Intuition bedacht, dass ich mir fortan Queen Marys große Beliebtheit in allen Bevölkerungsschichten bestens erklären konnte.

Nach dem Konzert gab es noch die *Mad Tea Party* in einer nahe gelegenen Lyons-Teestube, wo die Gäste selbst ihren Tee, die Brötchen und Törtchen zahlten, und wo eine der Mäzeninnen, als sie zum ersten Mal in ihrem Leben eine solche Lokalität betrat, sich umgehend aus dem Staub machte. Du liebe Güte, war das ein Spaß, obwohl wir, Nina, Nelly, Bob und ich, an unsere drei Schwestern denken mussten, die meinen musikalischen Geschicken in all den Jahren so treulich gefolgt waren, besonders an Alice und Mary, die uns erst vor ein paar Monaten verlassen hatten. Und auch einige der Gäste gedachten Marys hervorragender Gastgeberschaft nach so manchem Konzert; wäre sie noch am Leben gewesen, hätte es eine Lyons Tea Party niemals gegeben; und wir stellten uns lachend vor, wie sie so eine ›stillose Schulparty‹ gefunden hätte, wo die armen Schüler auch noch ihren eigenen Verzehr bezahlen mussten! Die Versammlung all dieser alten und neuen Freundinnen und Freunde wäre auch irgendwo anders unvergesslich gewesen, aber der amüsante Effekt des Zusammenseins an diesem Ort wird, glaube ich, allen in unauslöschlicher Erinnerung bleiben: Violet Gordon Woodhouse und Virginia Woolf mit Vanessa Bell waren da, sowie Joyce Wethered, Laura Lovat, Duncan Grant, Maud Warrender, Diana Cooper, Vera Brittain und Winifred Holtby; Thomas Beecham war mitgekommen und Hugh Allen; Ethel Steel, die großartigste Direktorin, die die Royal School of Bath jemals hatte, fand nur noch ein Plätzchen auf einem Schirmständer, und dann drängten sich dort noch die vielen anderen, weniger bekannt, aber nicht weniger geliebt.

In meinen Memoiren sollte es, wie gesagt, nicht nur um Musik gehen, denn die muss man anhören und nicht nur darüber lesen, sondern sie sollten auch eine Art Regieanweisung für die Kampfszenen einer weiblichen Karriere sein, die allzu oft im Verborgenen stattfand.

Vielleicht hat es manche Leser verwundert, wieso dieses Festival mir endlich zu Berühmtheit verhelfen sollte, und sie mögen sich fragen, ob ich nicht längst berühmt war. Also, mit dem Berühmtsein ist das so eine Sache. Ja, es stimmt, ich habe meine eigenen Opern dirigiert und liebe Bobtails; ich trage immer nur Tweedkleidung und an kalten Winternachmittagen habe ich darin sogar Konzerte gegeben; ich war eine militante Suffragette und habe zu meinem *March of the Women* vom Fenster des Holloway-Gefängnisses herunter mit meiner Zahnbürste den Takt geschlagen, ich habe Bücher geschrieben, Reden gehalten, Rundfunksendungen gemacht, und ich achte nicht immer darauf, dass mein Hut gerade sitzt – wegen all dieser und weiterer einschlägiger Gründe habe ich eine gewisse Bekanntheit erlangt. Wenn ich in London ein Paar Schuhe kaufe und mich zu erkennen gebe, bekomme ich die Tüte mit dem Satz überreicht: »Wir brauchen doch in *Ihrem* Fall keinen Nachweis, Madam!«

Ich bin tatsächlich berühmt – oder sollte man doch lieber sagen, bekannt? Aber das ändert nichts an der Tatsache, dass ich seit über vierzig Jahre sozusagen meinen Job mache, und es ist mir dabei nicht gelungen, auch nur ein winzig kleines Rädchen im englischen Musikapparat zu werden. Meine Bekanntheit hat auch nicht geholfen, meinen Namen auf die Programmzettel zu bringen. Constant Lambert, ein mitfühlender, äußerst kluger Gratulant, hat meine schwierige Situation, die durch das Festival verbessert werden sollte, der Tatsache zugeschrieben, dass ich bei meinen Kompositionen andere musikalische Formen vernachlässigt und mich stattdessen der Oper zugewandt habe; außerdem sei da noch meine Konzentration auf Deutschland. Aber hatte ich mir nicht vergeblich die Knöchel wund geklopft an den Türen der englischen Konzerthäuser, bevor ich mein Augenmerk zurück auf Deutschland richtete? Denn ich habe England immer geliebt, auch wenn Patriotismus heutzutage mit Vorbehalt zu sehen ist – was niemanden wundern kann, wenn man sieht, was in seinem Namen geschieht.

Nun mag man mir entgegenhalten, dass es Hunderten von Künstlern ähnlich ergeht, aber ich musste zudem gegen eine Menge von Entmutigungen ankämpfen, die kein Mann kennt, und die nur solche Männer überhaupt ermessen können, die über große Vorstellungskraft und intellektuelle Integrität verfügen. Erst durch die Erfahrungen in unserem Kampf um das Wahlrecht wurde mir klar:

Selbst wenn ich – trotz meines Geschlechts, meiner ausländischen Ausbildung und der widrigen Bedingungen in der englischen Musikwelt – alle Hindernisse überwinden würde, dann erst, wenn ich schon mit einem Bein im Grab stünde. Aber wenn man seine Musik nicht in der Öffentlichkeit zu Gehör bringen kann, ist das, als empfehle man einem Maler, seine Werke im dunklen Keller zu verstecken. Meine Hoffnung, dass zum Beispiel nach dem deutschen und niederländischen Erfolg meiner *Messe* mir auch in England Aufführungen ermöglicht würden, zerschlug sich; und jedes Mal waren die Begründungen, die mir durch gute Freunde zugetragen wurden, dieselben: erstens mein Geschlecht, zweitens meine mangelnde Bekanntheit in England. – Schachmatt!

Und da gab es noch einen weiteren Gegner, und das war die von mir so titulierte ›Maschine‹, ein komplexes, bestens funktionierendes Netzwerk, bestehend aus verschiedenen Einheiten der einzelnen Bereiche des Musiklebens, den Dekanen der Colleges, den leitenden Verlagen, den Wortführern der Landes-Musikkomitees, der Presse und so weiter. Seine Verflechtungen sind im Einzelnen so subtil, dass einem beim Aufspüren derselben ganz schwindelig wird, aber ist man erst einmal auf ihrer Spur, gibt es an ihrer Existenz keinen Zweifel.

Eine weitere Erscheinungsform solcher netzwerkartiger Zuständigkeiten findet man bei der BBC. Wiederum steht man vor einem mysteriösen Komplex von Abteilungen, einer Ansammlung von ›Chefs‹, die verantwortlich sind für Englands musikalische ›Menüs‹; einige sind für den Braten zuständig, andere für die Vorspeisen und wieder andere für besondere Delikatessen, sie sind die Wichtigsten in der Belegschaft. Kurz gesagt, es handelt sich um eine *Società*

Anonima, die unter dem Allgemeinbegriff ›Musikdirektoren‹ zusammengefasst wird.

Möglicherweise kann das Musikgeschäft im modernen Industriezeitalter nicht anders geführt werden – und erst recht nicht in einem so großen Konzern wie der BBC, noch dazu in einem Land, das mehr an Geld als an Kunst interessiert ist, in dem künstlerische Ideale und Ziele nicht viel zählen, es sei denn, sie bringen zufällig Geld ein. Wenn Netzwerke, Komitees und Gruppeninteressen über die Kunst bestimmen, darf man nicht darauf hoffen, dass dabei solche großartigen Künstler herauskommen, wie wir sie von anderswo kennen: Levi, Mahler, Nikisch, Richter, Muck, Mottle oder Bruno Walter und ihresgleichen. Ob auf dem Parnass oder in Jerusalem – man kann nicht Gott und dem Mammon gleichzeitig dienen.

Doch dieser Teil der Geschichte einer Außenseiterin ist so wenig erbaulich, dass ich lieber noch zu einem amüsanteren Thema komme – zu dem meiner eigenen Unterlassungssünden und meinem heftigen Temperament.

Das Leben hat mich eine Tatsache gelehrt: Wenn man Hindernisse nicht überwinden kann, ist das niemals nur die Schuld der anderen. Zweifellos hätte ich meine Karten besser ausspielen können, hätte bedächtiger, achtsamer sein sollen. Vernon Lee hat mir einmal dazu geschrieben: »Ich frage mich, ob du deine Mitmenschen nicht mitunter überfährst mit deiner kolossalen Persönlichkeit und deinem stürmischen, lauten ›Saus und Braus‹.«

Das ist ein völlig zutreffender Kommentar, aber ich halte dieser Klage über meinen ›Saus und Braus‹ immer entgegen, dass die Suffragetten sagten, es sei sehr einfach, in graziöser Weise mit dem Strom zu schwimmen, aber einer Gegenströmung zu trotzen erfordere etwas ganz anderes. Dennoch hatte Vernon sicher recht. Denn als meine Freundin Madame de Polignac in Paris Graf Seeberg, den Intendanten der Dresdner Oper, traf und ihn fragte, ob er zufällig ihre Freundin Ethel Smyth kenne, rief der entsetzt aus: »Kennen? Das kann man wohl sagen!«, und er fuhr fort, dass er in die nächste Droschke springen und die Stadt umgehend mit dem nächsten Zug verlassen würde, wenn er meiner in Dresdens Straßen zufällig ansichtig würde. Meine ›Attacke‹ im Zusammenhang mit der Aufführung von *Der Wald* konnten Hochwohlgeboren mir offenbar nie verzeihen!

Auch eine Anmerkung von Julius Röntgen charakterisiert eine meiner Schwächen sehr gut: »Statt nur mit und durch die Musik zu leben, muss deine Existenz immer und überall in ihr allein aufgehen!« Und das tat sie in England nie. Ich bin auf dem Land groß geworden, in London konnte ich nie richtig gut schlafen oder arbeiten. Für meine besondere Tätigkeit brauche ich die ländliche Ruhe, meinen Hund und, ich bekenne mich hierin schuldig, auch die sportliche Herausforderung. In meinem Garten zu sitzen, der eigentlich die platt gewalzte frühere Weide für das Pony und den Esel des Vorbesitzers war, und im nächsten Haus eine verwilderte Heide, oder die Felder mit dem Fahrrad oder mit meinem Hund Marco und später mit seinem Nachfolger Pan zu durchstreifen – das brauche ich, um friedlich und so hart und viel zu arbeiten wie nötig, um danach zu schlafen wie ein Murmeltier.

Aber abgesehen von den persönlichen Schwierigkeiten und subtileren Widerständen, als sie sich aus meinem Geschlecht ergeben, fühlte ich mich im Londoner Musikleben stets wie eine Fremde. Ich, die schon als Anfängerin mit Menschen Umgang hatte, denen die Musik heilig war – Menschen wie Clara Schumann oder Levi, Nikisch, Brahms, die Herzogenbergs, die Röntgens und die Griegs, oder Tschaikowsky, Dvořák und Kirchner. Ich, die in Deutschland erlebt hatte, welche Rolle die Musik über alle Klassen hinweg spielte, und die den Unterschied zwischen oberflächlicher Zuneigung zur Musik und der Hingabe mit Leib und Seele kennengelernt hatte. Ich konnte von all dem nur spärliche Spuren in London finden. Musik war für mich Religion, Mathematik, Leidenschaft, Tragödie und Komödie zugleich, und diese Besessenheit erleichterte mir den Kontakt mit anderen Musikern nicht gerade; wer möchte schon so eine ungestüme, weiße Krähe zur Freundin haben, die ungeladen in das gemütliche, schwarze Nest hineinfliegt!

Und dann gab es auch einige Gelegenheiten, bei denen ich mir selbst einen Strich durch die Rechnung machte; zum Beispiel als ich das Spielfeld verließ, gerade als es etwas vorwärts ging, um mich für zwei Jahre den Suffragetten anzuschließen. Tatsächlich bekam ich 1910 nach einigen meiner Konzerte, die ich zum Teil auch dirigierte, die besten Kritiken, die ich je erhalten hatte; die *Times* war dabei und Mr. Barrett von der *Morning Post*. Derart positive Besprechungen habe ich erst wieder bei der Uraufführung von *The Prison* erlebt und nach meinem Geburtstagskonzert mit Beecham. Ich brauche wohl nicht zu erwähnen, dass ich mein Engagement für die Suffragetten nicht bereue, aber – wie heißt es so treffend – weggegangen, Platz vergangen. Als ich im Frühjahr 1914 aus Ägypten zurückkam, wohin ich mich im Winter zurückgezogen hatte, um *The Boatswain's Mate* zu beenden, brach der Krieg aus, und alle sorgfältig eingefädelten Termine für

1915, einschließlich *The Wreckers* in München und *The Boatswain's* in Frankfurt mit Bruno Walter, waren für immer geplatzt.

Nachdem ich nun versucht habe, eigene Erklärungen für meinen schwierigen Status in der Komponistenwelt zu finden, von dem ich gehofft hatte, dass er durch mein Festival aufgewertet würde, muss ich auch noch den doppelten Schicksalsschlag meiner argentinischen Bankenpleite und meiner einsetzenden Taubheit erwähnen – und ich muss mir eingestehen, dass sich eine gewisse Schicksalsergebenheit eingestellt hat. Aber dennoch ... sogar jetzt noch, zu einer Stunde, in der vielleicht alle Leidenschaft erloschen sein sollte, überwältigt mich die Traurigkeit darüber, dass es mir nicht gelungen ist, die Frauen und Männer in meiner Heimat mit meiner Musik ebenso bekannt zu machen wie mit meinen Büchern.

Dankenswerterweise hat Sir Thomas mit meinem Festivalkonzert zumindest eine Möglichkeit eröffnet, dass die BBC *The Prison* vielleicht in ihre Symphoniekonzert-Serie aufnehmen wird. Aber ich weiß, dass auch wiederum eine Ablehnung kommen kann, weil das Chorwerk irgendeiner Voraussetzung nicht entspricht – ähnlich wie bei *Alice im Wunderland*, wo ›alle Leute, die eine gewisse Größe überschreiten, den Hof verlassen müssen‹. An diesem Punkt vermeine ich Harry Brewster, den Autor unseres gemeinsamen Werkes, zu hören, wie er zu mir sagt: »Und wenn mein Buch und deine Musik auch verschwänden, glaubst du wirklich, das zählt so viel? Denk an die verschwenderische Natur, sie bedauert ihre Verluste nie, sie fährt fort zu erschaffen und zu zerstören, immer wieder von Neuem.« Und ich lese wieder die Fabel, die er mir in einem seiner

Briefe geschrieben hat, über einen alten Mann, der, als er im Sterben liegt, zu seinen drei Söhnen sagt, auf dem Feld, das er ihnen hinterlässt, sei ein Schatz vergraben. Kaum war er tot, fingen sie an zu graben, was zur Folge hatte, dass das Feld jedes Jahr eine reichere Ernte hervorbrachte – den Schatz.

Ich glaube, so geht es sehr oft im Leben, zumindest auf meines trifft das zu. Meine Tage waren gesegnet mit Freundschaft und Gesundheit, und die schlimmsten Strapazen und Entmutigungen blieben mir im unvermeidlichen Existenzkampf erspart; was ich auch erreicht oder verfehlt habe, ich habe herrliche Tage im Freien verbracht. Und wenn ich auch nicht genau das Erwartete hervorgeholt habe, so habe ich doch einen Schatz gefunden.

Ich will nicht so tun, als habe es keine traurigen, frustrierenden, ja sogar verzweifelte Zeiten gegeben. Aber wie Harry Brewster mir in einem anderen Brief schrieb: »Ich bin den ganzen Weg gegangen, traurig und glücklich. Denke nicht an die Traurigkeit, das betrifft nur das vergängliche Selbst und existiert daher nicht wirklich.«

Das letzte Wort soll der ›Prisoner‹ für mich sprechen: »Ich danke euch, ihr Tage der Hoffnung und des Stolzes ... ich danke dir, beklagenswerte Einsamkeit ... und euch, ihr Schatten derer, die mich liebten! ... Und nun lasst die Banner flattern und Musik erklingen!«

Epilog
Nachtrag ins Buch der Passionen

Virginia Woolf sagte 1931 in einer Rede vor der *London National Society for Women's Service* über Ethel Smyth: »Sie gehört zum Stamm der Pioniere, der Wegbereiter. Sie ist uns vorausgegangen, hat Bäume gefällt, Felsen gesprengt und Brücken gebaut, um den Weg frei zu machen für die nach ihr Kommenden. Daher verehren wir sie nicht nur als eine Musikerin und Schriftstellerin, sondern auch als Felsensprengerin und Brückenbauerin.«

Ethel Smyth hat Virginia Woolf 1930 kennengelernt. Aber sie schreibt in den elf Jahren bis zu deren Selbstmord 1941 kein Porträt von Virginia, deren Name der letzte ist auf der langen Liste von Ethels »Katalog der Leidenschaften ... der die Mädchen und Frauen auflistet, die für meinen Heiratsantrag infrage kämen, wenn ich ein Mann wäre« (*Impressions*). Begonnen hatte sie diese Eintragungen ins Buch ihrer Passionen als Schulmädchen, und später entwirft sie in ihren *Autobiografischen Schriften* sehr lebendige Bilder von ihren erwachsenen Freundinnen und Beziehungspartnerinnen, wie Lisl Herzogenberg, Lady Ponsonby oder Pauline Trevelyan und anderen.

Nicht so von Virginia Woolf. Ethel Smyths ganz persönliche Empfindungen für Virginia lernen wir nur durch Ethels Briefe und Tagebücher kennen, und das – wegen der mangelhaften Veröffentlichungslage – im Wesentlichen durch die Berichte und Zitate ihrer beiden Biografinnen Louise Collis und Christopher St. John (Pseudonym von Christabel Marshall), die Zugang zu ihren privaten Unterlagen hatten.

Virginia Woolfs Sicht und das Erleben ihrer Beziehung zu Ethel Smyth können wir hingegen in ihren schon ab 1975 veröffentlichten Briefen und Tagebüchern bei der *Hogarth Press* nachlesen, dem von Leonard und Virginia Woolf 1915 gegründeten Verlag.

Ihre Aufzeichnungen beginnen bald nachdem Ethel ihr geschrieben hatte, dass sie unbedingt die Frau sehen müsse, die *A Room of One's Own* (dt.: *Ein Zimmer für sich allein*) verfasst hat: »Gerade hatte ich mich hingelegt ... da hörte ich ein kraftvolles Stapfen die Treppe hinauf, und siehe da, eine stämmige, alte Frau (älter als ich erwartet hatte) von militärischem Aussehen, in einem strengen Kostüm und doch etwas verwuselt unter ihrem Dreispitz, brach in mein Zimmer herein.«

Noch während dieses ersten Zusammenseins nennen sich die beiden beim Vornamen: »... alles war geklärt, in nur fünfzehn Minuten hatten wir das Fundament gelegt für eine unvergängliche Freundschaft – wie vernünftig, wie schnell – und sie legte los ... ›Man sagt, ich bin eine Egoistin. Ich bin eine Kämpferin. Ich fühle mit den Unterlegenen.‹«

Ethel ist bei ihrem ersten Besuch in jenem Februar 1930 einundsiebzig Jahre alt, Virginia achtundvierzig; und zu Beginn dieser neuen Freundschaft ist Virginia nicht gerade charmant, wenn sie ihre anfänglichen Beobachtungen festhält, etwa, dass Ethel eine breite Stirn hat, auf der eine Ader an der Schläfe wie ein Wurm anschwillt, wenn sie sich ereifert, oder dass dabei ihre sonst blassen Augen aufblitzen und sie rot anläuft. Ethels Kleidungsstil widerstrebt Virginia auch. Dennoch vermag sie von vornherein hinter Ethels Getöse und Egozentrik etwas »Feines, Erprobtes und Erfahrenes« zu spüren. Und ihr gelingt es gut, eine Verständigung herzustellen (im wörtlichen Sinne), trotz hohem Stimmaufwand und den Hilfen von Hörrohr sowie Kladde und Bleistift, die Ethel mitgebracht hat und die Virginias Mann Leonard entnervt das Weite suchen lassen.

Nach nur einem langen Nachmittag sind die beiden Frauen sicher, dass dies der Beginn einer bedeutsamen Freundschaft ist. Ethel schickt ihr, gleich nachdem sie zu Hause in Woking angekommen ist, die zwei Bände ihrer *Impressions*, die Virginia schon lange kennt und schätzt, aber nicht mehr wiederfinden kann, und dann Brewsters *The Prison*. Und es folgt in kurzer Abfolge Brief auf Brief, in denen Ethel über ihre Gedanken bei der Lektüre von Virginias Büchern schreibt, sie zu ihren eigenen Büchern befragt, und in denen sie immer wieder bedauert, dass sie sich nicht schon viel früher getroffen haben, und fragt, wann sie wieder zu ihr zum Tavistock Square kommen darf.

Doch Virginia hat nicht Ethels ›Sturmvogel‹-Mentalität. Sie ist gesundheitlich wieder sehr angeschlagen, die Arbeit an ihrem Buch *The Waves* (dt.: *Die Wellen*) nimmt sie mit, und sie erleidet einen erneuten Zusammenbruch, sodass Leonard sie zu absoluter Ruhe ermahnt; er findet Ethel zu anstrengend. Und doch schreibt Virginia einige Zeit später an Ethel, dass es ihr nun wieder gut gehe, und sie fürchte, dass sie auseinandergerissen wurden, gerade als sie sich Dinge von großer Wichtigkeit sagen wollten. Es folgen ein reger Austausch und viele Begegnungen; und als Virginia

Ethel in Woking besucht, ist sie positiv überrascht. Das Haus besticht mit seinen weißen Rohputzwänden und der freundlichen, üppigen, rosa und roten Rosenberankung. Ethel beeindruckt sie einmal mehr durch ihren aufrechten, sturmerprobten und scharfsinnigen Geist, ihren energiegeladenen Charakter voller Offenheit und Leichtigkeit, und sie rühmt bei aller Eigenwilligkeit auch Ethels Großzügigkeit und dass sie als Gastgeberin über eine weitaus größere Gewandtheit verfügt, als wenn sie irgendwo als Gast erscheint.

Ethel ist offensichtlich verliebt, bekommt aber im Laufe der nächsten Monate, im Auf und Ab gegenseitiger Freundschaftsbeteuerungen und mancher brüskierenden Szenen und Briefe zu spüren, dass Virginia ihre Leidenschaft nicht auf die gewünschte Weise teilt. Ethel vertraut ihrem Tagebuch an, dass für sie, wie für viele Frauen, »Passion unabhängig ist vom Sex« – obwohl er nicht aufgehört hatte, eine Rolle zu spielen, lange nachdem eigentlich alles Körperliche für sie vorbei gewesen sein sollte. Sie sei immer noch zu einer innigen und absorbierenden Leidenschaft fähig, die der für ihre großen Jugendlieben in nichts nachstehe. Sie resümiert jedoch, dass sie trotz ihrer tiefen Gefühle die Tatsache akzeptieren muss, dass man sich bei Virginia mit dem zufrieden zu geben habe, was diese bereit ist zu geben. Was Ethel in ihren Bemühungen allerdings nicht nachlassen lässt. Was wiederum Vita Sackville-West, die Dritte in der Runde (mit den sozusagen älteren Rechten), zum Anlass nimmt, ihrer langjährigen, innigen Freundin Virginia ihr Bedauern auszusprechen. Sie meint, dass die arme Virginia sich eine wahre Liebestyrannei gefallen lassen muss; außerdem scheine Ethel unendlich viel Zeit zu haben und setze dies bei anderen auch voraus, denn sie sei sofort verärgert, wenn Virginia ihre Briefe nicht Punkt für Punkt und umgehend beantworte, und Vita urteilt gnadenlos: Hemmungsloser kann man ein Ziel nicht verfolgen! Aber Vita gibt zu – und sie kennt Ethel recht gut von ihren vielen Begegnungen ab Ende der 1920er-Jahre –, auch wenn Ethel anspruchsvoll und oftmals wirklich lästig ist, langweilig ist sie nie.

Und Ethel bleibt weiter aktiv. Als Leiterin der BBC-Sendung *A Point of View* (dt.: *Standpunkt*) lädt sie Virginia Woolf im April 1930 zu einer gemeinsamen Rundfunksendung ein. Die Eingrenzungen schreibender Frauen, die diese schildert, und ihr Ruf nach materieller Unabhängigkeit entsprechen genau Ethels Credo. Sie hatten sich kaum wahrgenommen während der Kampfzeiten, aber beide hatten die Suffragetten unterstützt, wobei Virginia freilich keine Fenster eingeworfen, sondern Büroarbeit gemacht und gelegentlich an Demonstrationen teilgenommen hatte.

Anfang Januar 1931 sprechen beide, Virginia und Ethel, auf der Versammlung der *National Society for Women's Service.* Über die Arbeit an dieser Rede sagt Virginia Woolf später, dass sie ihr den Anstoß zu ihrer feministischen Streitschrift *The Guineas* gegeben habe und zu dem Buch *The Years*, deren eine Protagonistin, die Suffragette Rose, sie nach dem Vorbild Ethels gestaltet hat.

Ethel hat inzwischen eine Denkschrift für Harry Brewster verfasst, die sie der Neuauflage von *The Prison*, das sie auch vertont hat, hinzufügen will, und hofft, dass die *Hogarth Press* der Woolfs sie herausbringt. Doch Leonard konnte Harry und seine Werke noch nie leiden, und obwohl Virginia versucht, ihm gut zuzureden, nachdem sie das Skript gelesen und einzelne Verbesserungen vorgeschlagen hat, bleibt er unerbittlich. Es wird bei Heinemann publiziert.

Zu einer Probe von *The Prison* nimmt Ethel Virginia mit, die eine beißende Schilderung in ihr Tagebuch notiert. Demnach stand Ethel in ihrem zerknitterten Filzhut, in Pullover und kurzem Rock am Piano oder schritt vehement auf und ab und dirigierte mit einem Bleistift, wobei ihr ein Tropfen an der Nasenspitze hing. Und dennoch überlegt Virginia, ob es gerade Ethels unverstellte Direktheit und absolute Ehrlichkeit ist, die sie vor der Lächerlichkeit bewahrt, und ob sie vielleicht tatsächlich das wichtigste Musikereignis in London ist. Die Uraufführung von *The Prison* findet unter Ethels eigenem Dirigat im Februar 1931 in Edinburgh statt und ist ein großer Erfolg bei Publikum und Presse. Im Anschluss an die weniger gut ankommende Londoner Aufführung gibt ihre Gönnerin Lady Rosebery (die Witwe des Earl of Rosebery, des ehemaligen Premierministers und Autors) für Ethel eine rauschende Party. In ihrem Hochgefühl lädt Ethel Virginia ein, sie an den Berkeley Square zu begleiten, was diese auch tut, aber unglücklicherweise leidet sie gerade wieder an starken Kopfschmerzen und einer Depression; ihre Nerven sind nach der Anstrengung durch die mühevolle Beendigung von *The Waves* aufs Äußerste angespannt, die geringste Aufregung könnte einen Zusammenbruch hervorrufen. Und statt sich wie sonst mit ihrem scharfen Witz über Ethels in ihren Augen groteske Societysucht lustig zu machen, fühlt sie sich mitgeschleppt und vorgeführt bei diesen »ältlichen Butlern oder Adligen, Lady R., jung mit kurzem Haar, Lord Revelstoke vorbildlich und Kaviar, Lady Oxford gespannte Zurückhaltung, mit Blicken wie Pfeilspitzen, und so weiter, Gesamteindruck: Getrommel und Geschnatter – alles eine einzige Anstrengung, Spannung und Nutzlosigkeit …« Sie beklagt sich bei Leonard, Ethel habe sie hinterrücks den Wölfen und Geiern ausgesetzt, und wäre er nicht da, um sie aufzufangen, würde sie sich umbringen, so sehr habe sie gelitten. Die ahnungslose Ethel wird erst durch Virginias Vorwürfe nach der Party mit deren Leiden konfrontiert. Und obwohl Virginias Einschätzung von Ethels sozialem Umfeld ebenso negativ ist wie Ethels Vorbehalte gegenüber der Bloomsbury-Gruppe, die sie als zu sozialistisch und zu gewollt unkonventionell empfindet, können die beiden auch diesen Konflikt wieder überwinden.

Sie tauschen sich intensiv über ihre Arbeit aus; so regt Virginia im Laufe des Jahres 1933 Ethel dazu an, in ihrem Buch *Female Pipings in Eden* ein umfangreiches, biografisches Kapitel über Emmeline Pankhurst aufzunehmen.

Und als 1936 der weitere autobiografische Band *As Time Went On* erscheint, steht auf der ersten Seite: »… um der blumigen Verlockung solcher Phrasen wie ›in Liebe und Bewunderung‹ nicht zu erliegen, begebe ich mich lieber auf soliden Grund und widme dieses Buch, allein weil es auf ihr Anraten geschrieben wurde, Virginia Woolf.«

Wie immer bei der gegenseitigen Beurteilung ihrer Bücher, ist Ethel auch bei *Flush* ehrlich. Sie findet Virginias Erzählung von Elizabeth Barrett Brownings abenteuerlichem Leben aus der Perspektive ihres Hundes *Flush* zwar äußerst komisch, aber nach ihrem Geschmack ist der Hund unpassend vermenschlicht. Ihr eigenes Hundebuch *Inordinate (?) Affection* von 1936 ist gewissermaßen eine Antwort darauf; es reflektiert die Liebe der Menschen zu ihren Hunden als treue Lebensbegleiter – ein Thema, mit dem sie sich bestens auskennt, hat sie doch in all den

Jahren mit ihren eigenen Hunden, darunter mehrere namens Pan und einem namens Marco, viele Erfahrungen gesammelt.

Ethels letzte biografische Arbeit gilt Maurice Baring; auch dieses Skript wird von Virginia gegengelesen, und Ethel versucht bei Baring einen von Virginia empfohlenen, persönlicheren Stil durchzusetzen, obwohl dieser ihm nicht behagt.

Bis zum Schluss ermuntert Virginia ihre inzwischen völlig taube Freundin zum literarischen Schaffen, freut sich über den neuen Band ihrer Autobiografie *What Happened Next* – wobei sie selbst an zermürbenden Selbstzweifeln leidet. In ihrer Angst vor dem erneuten Kontrollverlust über ihr Selbst vertraut sie der widerstandsfähigen Generalstochter an, was für ein Schutz ihre Stärke und ihre großartige Unbefangenheit für sie bedeuten. Als Ethel sie im Juni 1940, ein knappes Jahr vor Virginias Tod, in ihrem neuen Haus besucht, spiegelt der warme Ton des anschließenden Briefs an Ethel ihre enge Verbundenheit:

»Du hast dich an der Ecke vom Mecklenburgh Square nicht mehr umgedreht, als du weggingst, und nicht gesehen, wie ich dir nachgewinkt habe, voller Dank, dass du den Weg auf dich genommen hast. Meine Dankbarkeit und ja, meine Liebe wurden von deinem grauen Mantel und deinem Strohhut aufgefangen. Schade, dass das Winken tonlos ist, sonst wärst du mit meinem Lied im Ohr nach Hause gegangen.«

Auch während der Zeit des Zweiten Weltkriegs stehen die beiden in ständigem Kontakt. Virginia Woolf erlebt noch die Bombardierung ihres alten und auch des neuen Hauses, bevor sie sich im März 1941 das Leben nimmt. Ethel bleibt von der Ausbombung verschont und erliegt ihrer Diabetes, gepaart mit einer Lungenentzündung, am 8. Mai 1944.

Ihr Bruder Bob wählt beim Verstreuen ihrer Asche als Grabgesang aus *The Prison* die Zeile: »Und nun lasst die Banner flattern und Musik erklingen.«

Anmerkungen der Herausgeberin und Übersetzerin

Glyndbourne – der gefeierte Kultort eines der besten Opernhäuser Europas, inmitten der herrlichen Landschaft von Sussex, bei dessen jährlichen Festivals die glücklichen Kartenbesitzer auf dem legendären Rasen in der extralangen Pause lustwandeln und picknicken – hat im Sommer 2022 die erste Oper einer Komponistin aufgeführt: *The Wreckers* von Ethel Smyth!

Im September desselben Jahres fand ein Symposium am Staatlichen Institut für Musikforschung in Berlin statt mit anschließender konzertanter Aufführung derselben Oper in der Berliner Philharmonie. Am Weltfrauentag 2022 wurde eine Statue, die Ethel Smyth dirigierend und in Lebensgröße zeigt, in ihrem Wohnort Woking enthüllt. 2021 gewann ein Vokalalbum von *The Prison* einen Grammy und im Frühjahr 2020 widmete die Feminale der Musik des Zentrum für Kunst und Medien Karlsruhe ihr eine virtuelle Podiumsdiskussion. 2018/2019 anlässlich des Jubiläums von ›100 Jahre Frauenwahlrecht‹ gab es in Deutschland und England Gesprächs-Konzerte mit verschiedenen Werken von Ethel Smyth. Und bereits 2008 wurden zu ihrem 150. Geburtstag Symposien an den Hochschulen für Musik Detmold und Paderborn sowie an der University of Oxford veranstaltet – um nur einige Highlights der zunehmenden Beachtung von Ethel Smyth in jüngerer Zeit zu nennen.

Wo immer ihrer gedacht wird, in welcher Form auch immer, sind die Menschen erstaunt, wie vielfältig die Begabungen und Facetten dieser außergewöhnlichen Frau sind: Komponistin und Dirigentin, unermüdliche Netzwerkerin, Schriftstellerin und Suffragette, die offen lesbisch oder unverheiratet mit einem Partner lebte. Möglichst viele Aspekte von all dem galt es, in dieser Zusammenschau ihres autobiografischen Werkes einzufangen, und genau darin lag auch die Herausforderung, denn Ethel Smyth hat in ihren zehn sprühend-geistreichen Bänden nicht nur über sich selbst geschrieben, sondern immer auch Politik und Zeitgeschehen analytisch und oft mit kämpferischem Ton miteinbezogen. In *Female Pipings in Eden* beklagt sie nicht nur ein weiteres Mal, dass und wie massiv weibliche Talente behindert werden, sondern man kann aus diesen *Weiblichen Flötentönen* (beziehungsweise aus ihren *Paukenschlägen*, wie das vorliegende Buch im Anklang an Ethels »Saus und Braus« titelt) klar heraushören, dass sie mit ihrem literarischen Werk zu einem öffentlichen, materialistisch-feministischen Diskurs beitragen will. Wie hervorragend ihr das gelungen ist, zeigen zum Beispiel die Wechselwirkungen mit *A Room of One's Own* und mit Virginia Woolfs letzten, noch dezidierter feministisch ausgerichteten Schriften und Äußerungen.

Für ihre Lebensgeschichte hat Ethel Smyth jedoch nicht die Form des Essays gewählt, sondern die der Autobiografie. Dabei entfaltet sie ihre Erinnerungen nicht als zielgerichteten Entwicklungsroman, sondern in der Form von Erzählungen mit Vor- und Rückblenden, in die sie unterschiedliche Kleinformen wie Skizzen, Reflexionen, arabeskenhafte Wiederholungselemente oder Humoresken miteinbezieht. Außerdem würzt sie ihre Selbstdarstellung mit einer guten Portion Selbstironie; das macht die Lektüre unterhaltsam und hat Ethel Smyth von Beginn an eine zusätzliche öffentliche Aufmerksamkeit beschert – von der sie auch mit Recht hoffen konnte, dass sie sich positiv auf die Zahl ihrer Musikaufführungen auswirken werde.

Beides, ihr musikalisches und ihr literarisches Werk, ist nun in den letzten Jahren auf dem Weg, wissenschaftlich gesichert, aufbereitet und für ihr begeistertes Publikum weiter zugänglich gemacht zu werden.

Mit seiner Auswahl aus Ethel Smyths umfangreichen Erinnerungen will auch der vorliegende Übersetzungsband zur weiteren Bekanntheit und Entdeckung dieser faszinierenden Künstlerin beitragen.

Die Textauswahl wurde aus folgenden Originalwerken getroffen und übersetzt:

Impressions That Remained, 2 Bde., Longmans, Green & Co., London 1919
Streaks of Life, Longmans, Green & Co., London 1921
Female Pipings in Eden, Peter Davies Limited, London 1933
Beecham and Pharaoh, Chapman & Hall, London 1935
As Time Went On, Longmans, Green & Co., London 1936
What Happened Next, Longmans, Green & Co., London 1940

Zur besseren Übersicht sind hier die übrigen literarischen Werke von Ethel Smyth aufgeführt:

A Three-Legged Tour of Greece, Heinemann, London 1927
A Final Burning of Boats, Longmans, Green & Co., London 1928
Inordinate (?) Affection, Cresset, London 1936
Maurice Baring, Heinemann, London 1938

Another Side of Ethel Smyth. Letters to her Great-Niece E. M. Williamson. Selected and edited by C. Stone, Kennedy & Boyd, Edinburgh 2018

Eine Liste der Kompositionen mit den jeweiligen Daten und Orten sowie den Dirigenten der Uraufführungen, zusammengestellt von Jory Bennet, findet sich in:
The Memoirs of Ethel Smyth, abridged and introduced by Ronald Critchton, Faber & Faber, London 2008

Über Internetzugänge und Schallquellen geben Auskunft:
https//www.EthelSmyth.org
Bibliography, Music, News, Archives
Brohm, Michaela: *Die Komponistin Ethel Smyth (1858–1944)*. Ursachen von Anerkennung und Misserfolg. Eine Untersuchung zum Spannungsfeld zwischen biographisch-psychosozialen, werkimmanenten und historischen Faktoren. Rhombos Verlag, Berlin 2007
https://mugi.hfmt-hamburg.de/receive/mugi_person_00000776#Forschung
Musik und Gender im Internet. Forschungsstand und Werke, Quellen- und Literaturverzeichnis. Melanie Unseld und Sophie Fetthauer 2004
https://miz.org/de/nachrichten/Ethel-Smyth-gesellschaft-in-detmold-gegruendet-n7187
Smyth Gesellschaft Detmold, Deutsches Musikinformationszentrum 2010
https://muwi-detmold-paderborn.de/internationale-Ethel-Smyth-gesellschaft.html
chris-wiley.com /Ethel-Smyth
Christopher Wiley, Universität Surrey zu Bestand des musikalischen und literarischen Werkes

Sekundärliteratur zu weiterführenden Aspekten und Bibliotheken mit unveröffentlichten oder schwer zugänglichen Werken:

Bartsch, C., R. Grothjahn u. M. Unseld (Hrsg.): *Felsensprengerin, Brückenbauerin, Wegbereiterin. Die Komponistin Ethel Smyth – Rock Blaster, Bridge Builder, Road Paver: The Composer Ethel Smyth.* Beiträge zur Kulturgeschichte der Musik Bd. 2, 2010

Collis, Louise: *Impetuous Heart. The Story of Ethel Smyth.* William Kimber, London 1984

Hoffmann, Marleen: *»Work is the only safe source of happiness.« Auktoriale Überlieferungstradition von Werk, Œuvre und Selbstbild bei Ethel Smyth.* Diss., Universität Paderborn 2016

dies.: *»Gute Nacht du mein geliebter Mensch« Die Beziehung zwischen der Komponistin Ethel Smyth und der Sängerin Anna Bahr-Mildenburg.* In: Jahrbuch Musik und Gender Bd. 10, 2017, S. 119–133

Rieger, Eva (Hrsg.): *Ein stürmischer Winter. Erinnerungen einer streitbaren englischen Komponistin.* Bärenreiter, Kassel, Basel 1988

Sparre, Sulamith: *»Man sagt ich sei ein Egoist. Ich bin eine Kämpferin.« Dame Ethel Mary Smyth (1858–1944). Komponistin, Dirigentin, Schriftstellerin, Suffragette.* Verlag Edition AV, Bodenburg 2010

St. John, Christopher: *Ethel Smyth. A biography with additional chapters by V. Sackville-West and Kathleen Dale.* Longmans, Green & Co., London 1959

Inhalt

MIX
Papier
FSC® C014496

1. Auflage 2023

Herausgegeben und aus dem Englischen übersetzt
von Heddi Feilhauer
Umschlaggestaltung: Lisa Neuhalfen, moretypes, Berlin
Covermotiv: Pictorial Press Ltd/Alamy Stock Photo
Satz: Birgit Cirksena · Satzfein, Berlin
Druck und Bindung: GGP Media GmbH, Pößneck
ISBN 978-3-86915-286-8
www.ebersbach-simon.de

Gedruckt auf Papier aus nachhaltiger Forstwirtschaft
Printed in Germany